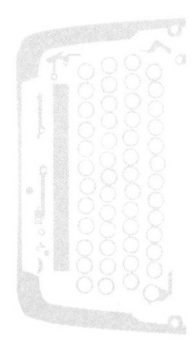

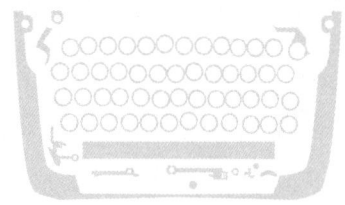

广播电视新闻专业"十二五"规划教材

媒介史

崔 林 著

中国传媒大学出版社

· 北京 ·

序

假如，对不起我是说假如，你今天早上起床的时候突然失忆了，会怎么样？

这是我在课堂上常跟同学们开的一个小玩笑，这个玩笑的创意源自美国现代历史学者卡尔·贝克尔（Carl Becker）在《什么是历史事实？》中的一个假定。

贝克尔说："假定我自己今天早上醒来时失忆了，而其他一切功能都很正常，可是我却想不起过去发生的任何一件事，结果是什么呢？结果就是我不知道我是何许人，在何处，去何方或做何事。我不能到大学去上课，不能在研究会上宣读这篇文章。总之，我的现状是难以理解的，我的前途是毫无意义的。这是为什么呢？就是因为我突然不再知道任何历史了。"

因此，在贝克尔看来，历史不是沉淀在书本里的僵死知识，而是融会在活生生的人生里的记忆。历史对于每个人的现实意义，正如每天早晨我们醒来时所发生的情形：记忆闯进了过去的领域，把对过去发生的事情、见过的东西、讲过的话、考虑过的想法等的印象集合在一起，正是这些印象使我们在一个秩序井然的世界里生活。

这是我所看到的在历史与现实、以往与当下之间建立关联的极为精彩的表述，贝克尔用一个极为浅白的比喻，说明了历史对于现实的意义和价值。与所有人文社会学科一样，"媒介史"的教学和研究对于这个学科而言是最为基础的内容，它不具备这个学科目前更为看重的应用性和操作性，但显然，不了解媒介发展变迁的历史过程和基本规律，媒介的从业者、研究者、学习者就会像失忆一般，对媒介的现实无法理解和把握，对媒介的未来也无从预测和判断。在信息化、数字化、数据化浪潮引发的媒介变革令人应接不暇的当下，这一点显得尤为重要。

除此之外，贝克尔这个比喻的动人之处还在于，他将个人的生命体验带入自己的表述当中，让读者对一个看似耳熟能详却未必真正明白的道理产生切身的体会。好的知识传递总是融入了传受双方个体感悟的互动过程。在写本书第九章电视这一部分的时候，我重读了我的博导朱羽君先生当年那些备受欢迎的著作，她将离休之前出版的自选集题名为《对电视的生命感悟》，我想她是在用自己长达半个世纪的教书治学经历提示我们，如果在与学生的交流中，不能使他们对生活、对生命、对时代有切身的体会和感悟，那么教学就只会成为单向表面的浮浅传授，而不会形成发人深省的鲜活互动。

从未及而立到将近不惑，在与以 80 后、90 后、00 后作为代际标识的数字时代的原住民年复一年的交流碰撞中，"媒介史"的教学和研究让我这个 70 后成为最大的受益者。在媒介大潮的波峰浪谷里，70 后其实是处于谷底两头不靠的一代人，既没有赶上大众媒介一呼万应的黄金时代，在数字浪潮扑面而来之时作为新时代的移民又会天然地感到惶惑和犹疑，如此好像总也赶不上趟，成为这一代人在身份和心灵上难以摆脱的焦虑。也许正因为如此，越是身处一个创新辈出、观念迭代的时期，越是让人体会到培根所说的"读史使人明智"。在读史的过程中，总会不自觉地将自身的命运和当下的现实相联系，以历史的多面镜映照自身，除了令人悲哀地觉察到自己的浅薄、浮躁、渺小，也让人因此意识到个体生命可以借助历史经验的势能超越现实的峰谷，拥有变得丰厚、沉静、博大的可能。

在书房和课堂里待得久了，我也常常抬起头，站起身，借考察讲学和调研创作之际去实地感受这个时代的媒介变迁。在媒介的历史与现实之间进进出出，我越来越清晰地体会到，当前媒介研究的主要理论、概念和方法都来自西方，在中国新闻传播学科的新建和发展之初，这些引入的"新学"还能够适应和引导中国媒介发展和舆论建设的方向，但是，当媒介的发展已经进入全新的数字时代，再用产生于电子时代的传播理论就很难理解和阐释当前的媒介图景了；当中国的崛起已经逐渐形成影响世界发展方式的经验，再用根植于西方工业时代以来的社会变迁、已沦为"旧学"的理论来指导信息时代的东方实践，就真的是南辕北辙了。

实际上，西方有远见的学者们已经在做这样的努力，即在人类文明的整体框架内去重新理解、发现和判断信息、媒介及传播在整个人类发展史上的地位与作用。作为存身于唯一未曾中断的文明体之内，有着源远流长的文化传统支撑的中国媒介研究者，是否应该在这个时代更为自信地转过身来：立足中国，面向全球化的世界；立足当下，面向全人类的历史。如此经年以后，是否也让中国的媒介研究发展出"东学西渐"的可能？

就在这样的疑惑和希望中，我在跟跟跄跄地试图跟上新媒介日新月异变化步伐的同时，也开始回过头去重新打量那些曾经对人类历史产生重大影响的旧媒介，尝试着回到历史的现场，去寻找和揣摩这些媒介与当时社会发展及文明进程的关联。最终凝结而成的这本书，希望在梳理媒介发展变化过程的同时，也在媒介系统的标尺和人类文明的视野中去判断其位置与功用。从每一章的标题上读者大致可以看到，每一种媒介至少都是一对复杂关系的结合体。媒介与人一样，都存在于关系之中，而本书希望能够有所呈现的最大一对关系的关键词就是：媒介与文明。

显然，面对如此宏大的命题，除了必然显示出作者的心有余而力不足之外，本书的出版仅仅意味着：一切才刚刚开始。

崔　林

（中国传媒大学教授、博士生导师）

目　　录

总论　媒介变迁：沉默的双螺旋

媒介是信息的通道，符号的载体；媒介更是文化的通道，文明的载体。

媒介承载了人类的一切记忆，于是我们才知道自己是谁，从哪里来，到哪里去。因此，媒介的历史跟人类的历史一样漫长。

那么，在人类的历史长河中，媒介是如何亦步亦趋地伴随人类社会的变迁而成为今天的模样，并对人类的历史进程产生如此至关重要的影响？

也许正如媒介演化理论的主要倡导者之一保罗·莱文森（Paul Levinson）所言："我们不甘心让电视屏幕上喜欢的形象飞逝而却袖手旁观，所以我们发明了录像机。我们不愿意在文字的沉重压迫下洒汗挥毫，让语词从构思那一刻起就被拴死在纸面上，所以我们发明了文字处理机……"[①]

不要小看这种"所以我们发明了"的力量，它实际上左右了媒介演化的方向和进程。"用达尔文主义的观点来看，媒介互相竞争，争夺我们的注意力，争夺我们的时间，要我们去惠顾、去购买。我们决定出去看电影还是待在家里看电视，看书还是看录像，打电话还是发电子邮件，每一次做决定，我们都在给媒介的兴衰做一点小小的贡献。我们就是媒介种类的环境。可以说，媒介的进化不是自然选择，而是我们人的选择——也可以说是人类的自然选择。"[②]

在现代媒介演化论者看来，媒介的发展不过是人类作为生物不断演化的一个方面而已，"媒介是人的延伸"，媒介同样有一个新物种取代旧物种的过程，这个过程同样可以被视为进化或演化。不过与"物竞天择"的生物演化不同的是，在媒介演化的过程中，主动进行选择的是人类。

问题在于：人类究竟是根据什么原则和标准来对媒介进行选择的呢？

从宏观的技术视角查看媒介史，我们发现，在媒介演化的过程中，人类对媒介进行选择时主要依照两条标准：一是跨越时空的能力，这是传播的"自由度"问题；二是传播达成的效果，这是信息的"保真度"问题，媒介正是在对这两种目标的追求中不断新旧更迭的。正如DNA分子的性质由双螺旋链决定一样，这两条标准在每一种媒介出现的过程中也默默地起到了支配性的作用，我们把这种作用称作"沉默的双螺旋"。

第一节　传播自由与时空束缚

"空间和时间是一切实在与之相关联的构架。我们只有在空间和时间的条件下才能设想任何真实的事物。"作为人类存在方式之一的交流（传播）也必然受到空间和时间的束缚，赫拉克利特（Heraclitus）早就说过，人不能两次踏进同一条河流。传播正是在克服空间与时间束缚的过程中蹒跚前行的。

---

① 莱文森．数字麦克卢汉［M］．何道宽，译．北京：社会科学文献出版社，2001：287-288.
② 莱文森．手机：挡不住的呼唤［M］．何道宽，译．北京：中国人民大学出版社，2004：12.

　　人类的传播从何时开始？我们现在还无从知晓，我们目前知道的是，经过数千年的演化之后，人类终于掌握了语言，而且，"语言是怎样产生的呢？我们只能猜测"①。口语的产生形成了人类传播史上第一个高峰，同时，这种传播方式至今仍然在人类的交往中普遍存在，它仍然是人类使用最为频繁的传播方式。

　　口语产生以后，人类运用自身具备的发音能力，来实现对对象的指认、思考的外化和意义的表达。从家长里短的日常对话到波澜壮阔的《荷马史诗》，从"起之呀呀""饥即求食"的原始欲求到"关关雎鸠，在河之洲"的长歌短吟，人们力图用语音来描述一个个满含意义的场面，并以此来表达自己的意图与思考。口语是一种便捷的传播方式，它基于人自身的发音器官，对于信息的编码只是在人脑内部进行，不需要进行外部物质的转换，人们往往可以不假思索地脱口而出；它借助于无所不在的空气即可传播（相信那时的人们还没有任何真空的概念），不需要借助于其他需要技术含量的物质平台；而且，它是一种真正的即时"交流"：说话者的信息几乎在同时就能传递到倾听者那里，而且能得到及时的反馈，由于信息的交流是双向的、互通的，它好像不存在传者与受众之分。因此，直到现在，这种基于人自身的能力和能量的口语传播仍然是人类使用最为广泛和普遍的传播方式，以口语作为符号的人际交流也被公认为是效果最好的传播方式。

　　然而，以口语为传播符号的人际交流方式并非完美的传播。正是由于这种传播方式基于人自身的能力和能量，它在传播范围方面也就受到人自身能力与能量的限制。这些限制是多方面的，其中最为明显的是空间和时间的限制。首先，由于人的发音能力是有限的，口语所能达到的空间范围即受到限制，因此，柏拉图在他那个时代曾断言，一个城市的大小应以站在市中心广场高喊一声所能达到的范围为宜，这正是因为在声音达到的范围以外，要依靠口语的方式来产生信息的交换是难以实现的。同时，声音稍纵即逝，跟时间一样不可逆转，这种难以保存的特点使口语跨越时间的能力非常低。尽管口语这种传播符号非常易于传递和接收，人际交流的效果也非常理想，但空间和时间的限制使这种交流非常不自由，它只能在一个"鸡犬之声相闻"的小范围内即时地发生，一旦要超越这个时空统一的界限以获得信息传播的自由，人类便需要付出超乎想象的巨大代价。

　　在口语传播的时代，人类要跨越空间传播信息，能够依靠的只能是自身的另外一种能力——行走（或奔跑）。被西班牙征服之前的印加帝国就是一个著名的例子②：在跨越全国

————————

　　① 莱文森.手机：挡不住的呼唤［M］.何道宽，译.北京：中国人民大学出版社，2004：7.

　　② "这个强大的中央集权帝国既没有文字也不懂骑马，而印加的国王为了显示他的权利，总是需要一种准确而秘密的快速传递信息的方式。所以他命人跨越整个国土建了一条笔直的石板路，从基多到库斯科，总长 2 400 公里，并且翻山越岭之处建造了令人吃惊的台阶。总有人不停地在这条主轴线上跑，接踵而至，交替不断，平均每小时跑 10 公里。因为每个人都跑了 20 多公里，所以开始劳累了，接下来的人就在这时候赶上他，在他旁边跑，他仔细给新上来的人说要传送的消息的细节，并让他复述以知道是否明白了消息的内容并且记了下来，直到下一个驿站。消息就这样在这个帝国口口相传，要跑完这 2 400 公里的长路需要 10 天的时间。"让纳内.西方媒介史［M］.段慧敏，译.桂林：广西师范大学出版社，2005：15-16.

的 2 400 公里石板路上依靠口口相传来传播信息，这样的传播方式现在看来是无法想象的，它耗费的人力、物力和时间都让现代人望而兴叹。而另外一个更加著名的例子是马拉松长跑的源起①，在公元前490年的那次口语传播中，通信兵斐力庇第斯达到了人类利用自身能力跨越空间的极限，当然也耗尽了他所有的能量，这一例子残酷地向人类证明：在口语传播阶段，人们要跨越空间，竟然要付出生命的代价。人类现在仍然在用马拉松长跑的方式向斐力庇第斯致敬，从传播的角度来看，这种敬意其实来自于对人类在口语传播时代跨越空间所能达到的极限的崇敬。

那么对于时间这一维度的限制呢？看起来那个时代的人类并没有任何办法，一句话说完以后便无可遁形，人类对于信息的记录和储存只能依赖人自身的信息处理工具——大脑。在其他的媒介出现以前，一条信息要跨越时间，只能通过口口相传的形式，除了以人自身作为媒介来对信息进行记录和保存以外，对于时间，人类只能束手无策地受它摆布。

当然，空间和时间并不是口语传播受到的仅有的限制，即使不考虑口口相传过程中的不稳定性以及作用于主观而容易引起的歧义和误解，仅就外部客观条件而言，口语传播也受到了非常大的局限，《圣经》中"巴别塔"②的寓言很好地说明了这一点。抛开这个故事包含的丰富隐喻，它至少说明人类的口语受到因地域不同而产生语种的限制。全世界现在还有不下 5 000 种语言和重要方言土语，语种的不同形成了口语传播中的巨大鸿沟。

总之，在口语传播阶段，人类离自由的传播还非常遥远，时间和空间的束缚使得传播行为只能在小范围内短时间发生，在此，传播的自由与时空束缚的现实之间构成的这一对人类传播的基本矛盾已经明显地表现出来，这一二元对立一直推动着人类传播向前发展。在深切地感受到空间和时间对口语传播的巨大束缚之后，人类运用自己的智慧以突破这种时空的限制来获得传播的自由也就是理所当然的了。

第二节　时空成本与技术替代

为了实现口语传播所无法达到的自由传播的理想，人类开始试图借助于人自身以外的种种介质来对意义进行外化、物化或是固化，以实现信息的传递。在到达人类传播的第二个高峰——文字传播之前，人类已经有了种种的技术手段来跨越空间和时间，比如结绳、绘画、烽烟、旗鼓，等等。不过，在克服空间或者时间的束缚以实现自由的过程中，这些媒介所表现出来的特点是非常不同的，也正是基于这些不同，我们可以把它们大致划分为

---

① "公元前490年，波斯发动了对希腊的侵略战争。雅典军队在无外援的情况下于马拉松平原与波斯军队决战，最终以少胜多。为了将胜利的消息告诉雅典城的居民，通信兵斐力庇第斯授命跑回雅典，让同胞们早一点分享胜利的喜悦。斐力庇第斯不顾路途的遥远、饥渴和伤痛，穿越了 42.195 公里的距离，一刻不停地跑到雅典城，他到达以后只向自己的同胞高呼了一声'欢呼吧，我们胜利了'就倒在了地上。"吴霁.奥运大观［M］.北京：海洋出版社，1988：11.

② 《圣经·创世纪》第十一章：洪水大劫之后，诺亚的后人来到示拿地，他们团结一心，要建造一座直通上天的高塔——巴别塔，想看看天堂的情境，这当然引起了上帝的恐慌。耶和华为了不让他们成功，就以神魔搅乱他们的语言，使建塔的人们彼此听不懂对方的语言，遂使造塔工程失败。

"空间型媒介"和"时间型媒介"，比如烽烟和旗鼓属于前者，结绳和绘画属于后者。它们都用一定的方式在一定程度上打破了空间或者时间的束缚，但并不像后来出现的文字一样达到非常成熟和自由的程度。

烽烟和旗鼓其实与之前印加帝国的例子中信息传递的方式类似，它们的主要目的是跨越空间。在之前印加帝国的例子中我们已经看到，为了跨越空间对口语传播形成的阻隔（2 400公里），人们依靠自身行走和奔跑的能力，需要花费大量的时间（10天），如果抛开消耗的人力不算，跨越这段空间距离是以消耗时间为代价的。走路需要花时间这个看起来再普通不过的常理，构成了人类传播中的一条基本原理：跨越空间需要以时间为成本。

烽烟与旗鼓和行走与奔跑的不同之处在于，它们使得跨越空间所要花费的时间更短了，也就是说所耗费的时间成本更低了。烽烟能使千里之外的诸侯们迅速知晓都城周围的军情，尽管在中国历史上最著名的一次烽烟传播是一个失败的例子：周幽王燃起烽烟并非因为外敌入侵，而是为了讨得美人一笑。拿信息传播开玩笑的后果是很严重的，周幽王因此丧命。[①]旗鼓同样在军事上被大量使用，其跨越空间障碍的属性与烽烟一致。尽管一个是利用视觉，一个是利用听觉，但二者的共同点都在于使更远距离（人的发音能力达到的范围以外）、更大范围的人们能够在更短的时间内得到信息，它们都可以看作是马拉松长跑的变体。

但是，结绳和绘画的传播方式却迥乎不同。无论是结绳还是绘画，这两种媒介克服的都是另外一个维度——时间。它们通过对一定空间形式的占用来完成对信息的记录和保存，使得后来的人们可以了解到几十年甚至成千上万年以前发生的事情，从而踏进以前的人们曾经踏进的河流。普列汉诺夫（Plekhanov）曾在《论艺术——没有地址的信》中举过一个例子：德国科学家斯巴恩（Spann）在巴西河岸上看到土人画的一条鱼，于是按图索骥，在河中打到了鱼。在这一例子中，河岸上的图画穿越了时间和文化的区隔，向这个陌生的后来者传递了非常实在的信息。

很明显，绘画通过某种空间形式来实现对时间这一维度的超越，正如安德烈·巴赞（André Bazin）所说："倘若人们在我们对绘画的盲目赞叹中没有看到用形式的永恒克服岁月流逝的原始需要，'绘画便实在太无价值'了。"[②]无论是结绳还是绘画，这些媒介（更准确地说是符号）都需要占据一定的空间，来实现对时间的跨越，它们在非常古老的时候就向我们显示了人类传播的另一条重要原理——跨越时间需要占据空间。在以后传播发展的长河里我们将一如既往地看到，信息的传递如果不是即时的，那么它就需要一定的空间来记录和保存，在这里，空间反过来成为跨越时间的成本。

在进入文字传播之前的漫长岁月里，人类在克服时空束缚上的种种努力已经使得一条

---

①《史记·周本记》：幽王得褒姒，爱之……褒姒不好笑，幽王欲其笑，万方，故不笑。幽王为烽燧大鼓，有寇至，则举烽火，诸侯悉至，至而无寇，褒姒乃大笑。幽王说之，为数举烽火，其后不信……缯、西夷、犬戎攻幽王，幽王举烽火而征兵，兵莫至。遂杀幽王骊山下，掳褒姒，尽取周赂而去。

② 巴赞.电影是什么？［M］.崔君衍，译.北京：中国电影出版社，1987：7.

传播的基本规律浮出水面：要使信息跨越空间必须花费时间，要使信息跨越时间必须占用空间，它们合起来构成人类传播发展中的一对基本矛盾，即空间与时间互为成本。

正是在解决这种空间与时间的二元对立中，媒介技术不断更新前行。我们可以非常肯定地说，从人类将口语的意义外化为物的那一刻起，就已经在寻求怎样减少这种成本。实际上，人类多次在传媒技术上取得的进步，不过是使新的技术充当了这种成本的替代物，以使所耗费的空间或者时间的成本不断减少：跨越空间消耗更少的时间，跨越时间占用更小的空间。因此，从技术的角度来说，人类传播的自由度正是以这种成本的多少来衡量的，所耗费的空间或者时间的成本越少，那么说明自由度越高。

其后出现的文字之所以能够成为人类传播的第二个高峰，正是因为它在超越时间方面拥有独特的能力，同时媒介技术的发展又使得它在超越空间方面的能力不断提高，从而使得文字传播在很大程度上实现了人类跨越时空自由传播的基本理想。

文字首先是一个时间型的媒介，它的主要优势在于对时间的跨越能力非常强。之所以有这样的能力，首先是因为文字在符号层面承袭了口语符号的系统：它们不仅可以描述一个具体的场景，同样也可以表达深刻的思考。这种特点是结绳和绘画等时间型媒介所无法比拟的，尽管它们也都能跨越时间，但它们使用的符号都太具象，在传情达意的自由度方面其实还达不到口语的水平。

文字与口语一样都能自由地进行记录、表达、传递，是因为它们都是非常成熟的语言体系，这不仅意味着在符号层面，文字与它指代的事物本身是互相分离的，用符号学的概念来解释就是，它们实现了能指和所指的分离。更重要的是，据现代符号学之父费尔迪南·德·索绪尔（Ferdinand de Saussure）的研究，这种能指与所指之间的组合关系是任意的："能指和所指的联系是任意的，或者，因为我们所说的符号是指能指和所指相联结所产生的整体，我们可以更简单地认为——语言符号是任意的。"[①]比如，要传达某一棵"树"的信息，并不需要在形象上与它一致，无论是汉字的"木—又—寸"组合还是英文的"T–R–E–E"组合都能表达相同的含义。因此，文字与口语在传递信息、表达含义的时候非常自由。正是符号上的优越性使文字能够将鲜活的场景和复杂的哲思浓缩于由看似简单的线条组成的小小字词之中，并使得千百年以后的人们能够很容易地了解当时的情境和前人的思考。

与容易受到传播过程影响的口语相比，文字非常稳定，一旦人们将信息或意义外化，固定在石碑、竹简、纸张这样的载体上，它就非常稳定了，无论是经历时间还是穿越空间，它都不太容易发生改变。"口说无凭，立字为据"，文字的稳定性使我们对它非常信赖，合约的签订、法律的制定等十分重大的任务都只能借助于文字这种符号来完成。

不过，在造纸术发明以前，文字还只是一个比较纯粹的时间型媒介，它被刻在不易风化的岩壁上、不易腐烂的甲骨上，或者是烤制定型的竹简上，保存的时间可以非常久远。但在这个时期，文字媒体跨越空间的能力并不强，它仍然需要占用大量的空间，如果要使

---

① 索绪尔.普通语言学教程［M］.高名凯，译.北京：商务印书馆，1980：102.

它在空间上发生位移就必须耗费大量的能量。即便是在文字传播的过程中起过重要作用的甲骨和竹简也相当笨重，"汗牛充栋""学富五车"常常作为对修养学识的一种褒奖，但其实质不过是文字媒介在当时占据的空间成本太大而已；"韦编三绝"的故事是赞美孔子读《易》时的刻苦勤奋精神，但从传播的角度来看，它其实是竹简在传播文字的过程中诸多不便的重要证明。

尽管"仓颉作书，而天雨粟，鬼夜哭"的说法未必可信，但文字的确是一项伟大的发明：它具有无与伦比的适应性，无论人类后来的媒介技术发生了多少次变化更迭，文字传播始终与时俱进。造纸术的发明使文字得到了前所未有的解放，这种解放不仅是时间上的，也是空间上的。由于纸张可以保存、便于携带、易于制造、廉于购买，它使得文字这种符号从此可以只用很小的空间成本跨越时间，同样也为缩小跨越空间所需要的时间成本提供了便利，人类对于信息的传达更为自由和灵活。在中国发明的印刷术在传到欧洲之后，经过美茵茨的工匠古登堡的改进，使得欧美文明为之一新。其实，印刷术的发明只不过是文字传播进程中的一小步，它使文字传播脱离了传统手书抄写的状态，文字的复制因此变得更加稳定、快捷和方便。不过，在19世纪30年代以前，文字在跨越空间方面还非常笨拙。

电报在19世纪30年代的发明使文字成为一个在克服时空束缚方面的全能符号：它现在不仅能以非常小的空间（纸张）成本跨越时间，同时能以非常小的时间成本跨越空间，它成了一种真正自由的符号。不过由电报所宣告的电力传播时代的来临并不是文字传播的顶峰，因为文字同样能适应最近的信息技术革命。现代数字技术使得文字占用的空间更小，它已经只需要占据非常小的虚拟空间即可实现信息的跨时空传递，并可以非常便捷地进行复制。

从造纸术到计算机，所有的这些技术所努力实现的只不过是提升文字传播跨越空间和时间的性能而已，换句话说，它们都在减少文字传播所需要耗费的空间与时间成本。因此，无论是在印刷术的时代还是在电报的时代，抑或是在计算机时代，它们都可以被称作是文字的时代，文字并没有因为各种新技术的发明而退居传播的二线，它始终是传播的主角。

当然，文字并非美玉无瑕，它在符号上的优势同时也是它的劣根。文字是通过符号与所指对象的分离来传情达意的，因此，文字信号对所指对象信息的传递便不可能那么具体鲜活，文字更长于抽象和概括，它需要依靠信息接受者的经验和想象来完成对信息的复原。无论多么优秀的作家，无论他的文字多么"绘声绘色"与"栩栩如生"，也终究与所表达的那个时空发生的具体场面隔着一层"纸"。

第三节　信息损耗与符号补偿

在媒介不断换代升级的过程中，还有另外一根链条发生着作用，这便是对于传播效果，也就是我们前面所称的"保真度"的追求：人们不仅要在更广袤的空间和更久远的时间范围内去实现信息的传递，同时，人类还梦想信息在传递到另一端的时候还能够保持原汁原味，而不是在跨越空间和时间的旅程中变质变味了。

问题在于，这种对于"保真度"的追求与实现传播自由的技术往往是相矛盾的。在人类传播的进程中，一种技术的产生并非只带来积极的一面，它往往是一把双刃剑，在推动传播获得更大自由度的同时，也会带来对传播效果的伤害——它使信息不再那么真实了。在我们前面提到的技术进步的过程中，一些技术在缩小空间和时间成本的同时正是以信息量的损耗为代价的。这种损耗尤其表现在对时间跨越的目标追求中，技术的进步使信息在跨越时间时所占用的空间成本缩小，但这种缩小往往使信息量受到影响，从而影响到信息传播的效果。

音乐播放媒介演化的例子可以很好地向我们证明这一点。

曾经流行的音乐播放工具是 MP3，而此前 10 年是 CD，此前 20 年是卡式录音带，此前 50 年则是留声机。以上这些工具和介质都能对一场音乐会进行记录与还原，但是从黑胶唱片到 MP3，我们清楚地看到，音乐信号所占用的空间越来越小：一张双面的黑胶唱片一般能容纳 6 首曲子，一盘录音带或一张 CD 唱片一般能容纳近 20 首曲子，而一个 1G 容量的 MP3 播放器则能存放近 1 000 首曲子。从跨越时间所耗费的空间成本来看，MP3 比起黑胶唱片有了质的飞跃。占用的空间越来越小不仅减少了音乐的保存（跨越时间）成本，同时也为音乐跨越空间提供了便利。不仅仅是音乐的传输变得越来越容易，即使是音乐播放工具本身的便携性（可移动性）也在不断增强：一个 MP3 播放器几乎不占什么空间，它常常被挂在脖子下面成为一个装饰物；10 年前的 CD 机则需要一个专门的配袋来盛放；录音机流行的年代，一般的情境是需要一个人坐在自行车的后座上拎着它才能使草坪上的野餐有音乐的陪伴；至于留声机，它一般被放在一个房间里显著而尊贵的位置上，我们无法想象谁能随身带着留声机边走边听音乐。

技术的进步使得音乐的传播越来越自由，人们听音乐也越来越方便。但是，如果从音质的角度来考虑，从黑胶唱片到 MP3，恐怕只能用"一路下滑"来形容。仅仅以 CD 和 MP3 来比较，MP3 的音质显然不如 CD，其中的原因就在于，MP3 其实是一种经过压缩的数字音乐存储格式，它将音乐信号的数量压缩至 CD 的 1/12，因此，它不能提供跟 CD 同样多的信息，在音质上自然不能跟 CD 相比，如果要将 MP3 跟黑胶唱片相比那就更是天壤之别，这也正是很多音乐"发烧友"现在还会四处收集黑胶唱片的重要原因之一。

文字媒介技术的进步与音乐播放媒介演化的例子类似。在这种符号借助于之后不断出现的各种技术实现了人类自由超越空间与时间的传播凤愿之后，文字也带来了巨大的负面效应。由于它像 MP3 的压缩方式一样，将大量的信息压缩为简单抽象的线条组合，从而使得它所传递对象的很多信息被损失掉了。文字在信息接收者那里发生作用，必须借助于信息接收者的经验积累，并在此基础上产生联想，以使同样的符号可以成为信息传递者和接收者的共同经验。"有一千个读者，就有一千个哈姆雷特"，正是对这种传播效果的经典呈现。

从这个角度来看，文字传播的效果甚至还不如远在它之前出现的口语。简单比较一下文字与口语在传播行为上的不同即可发现，文字在替代口语实现人类跨时空交流的时候，将口语交流中的多种非语言符号损失掉了。在口语中，不仅有代表所指对象的"言语"（parole/speech）符号，人的语气语调、音品音质同样传递着非常丰富的信息，还有人际传播的同时伴随着大量的表情、手势、身体语等多种非语言符号。因此，在口语传播的过程中，信息传递本身就是多通道的，这种过程作用于人的多种感觉器官，它比抽象的文字所表达的含义更为丰富。例如，一个人在说"今天天气不错"时，他（她）要表达的很可能是自己心情的愉快，与天气的好坏也许并无多大关系，但是用文字记录下来的时候，我们只能依据文字符号本身理解到一个人对天气的评价。

在文字传播借助于后来出现的技术不断扩大自由度的过程中，对非语言符号的损耗不是如我们所希望的那样减少而是随之加重了。例如，从手抄时代到印刷时代的改变，尽管带来了文字传播在跨越时空上的巨大革命，但印刷使得文字变成千篇一律的符号。尽管印刷文字有着各种字体和字号，但它无法弥补手书文字中所附带的诸多个性特点，一封电报、一封电子邮件和一封亲笔信所传递的情感是非常不一样的。于是，到了互联网时代，人们在使用 MSN、QQ 等网络聊天工具的文字聊天方式进行沟通时，会加入众多由标点符号构成的非常有意思的符号，"比如：'：)'代表微笑，'：('代表皱眉（不悦），'：O'代表窘迫（烦恼），'：D'代表大笑，'：⌒'代表眨眼"[①]，到了移动互联网时代就发展出各式各样的表情包，这些符号其实是在利用人类的非语言传播方式对语言传播的效果进行补偿，它们利用的是绘画这种"肖似符号"，以达到"绘声绘色"的效果。而其实，这样的努力在人类传播过程中早已屡见不鲜了。

从传播符号的角度来看，文字与口语都属于同一类别——语言传播，它们主要使用的都是语言符号。二者在表情达意的功能上都非常强大，但在信息传递的效果方面，它们同样存在着缺陷，"百闻不如一见"，对于所指对象的上百种描绘，还不如身临其境，亲自看一眼来得那么让人信服。正是基于此，在语言传播无法达到的传播效果方面，需要借助于其他种类的传播符号进行补偿，以达到更好的传播效果。这些符号正是另外一种符号类型——非语言符号，它们进入到传播的过程中来，从而使得传播的效果得到改善。这是人类传播技术发展的另一个方面，它对应于在追求传播自由的过程中容易造成的信息损耗，我们把借助于多种符号（尤其是非语言符号）来改善传播效果的这一过程称为"符号补偿"。

人类利用非语言符号来改善传播效果的尝试，早在各大文明的孕育期就已经开始了，那时的人们不自觉地运用与传播对象形似的绘画来记录和传达信息，很多种文字的诞生就直接来源于绘画的线条组合（如汉字中的象形字）。在照相术发明以前，绘画的一个很大的职能就是对实在的对象进行描摹，但无论一个画家技艺多么精湛，他也无法描绘出对象

---

① 孟伟.网络传播中语言符号的变异［J］.现代传播，2002（4）：91-93.

的原型，创作的过程必然经过选择与淘汰、强调与弱化，因此，会有一些信息在这一过程中衰减掉。这种逼近于对象原始状态的努力一直持续到照相术的发明，"照相术既完成了巴罗克艺术的夙愿，也把造型艺术从追求形似的困扰中解放出来"①。

"在达到形似效果方面，绘画只能作为一种较低级的技巧，作为复现手段的一种代用品，唯有摄影机镜头拍下的客体影像能够满足我们潜意识提出的再现原物的需要，它比几可乱真的仿印更真切——因为它就是这件实物的原型。"② 毫无疑问，在达到"形似"这一具体的"保真"效果方面，电影将影像这种多种非语言符号的集合推到了一个新的高度。而电影在默片时代以后的表达效果得到提高，也是由于色彩和有声语言这两种新的非语言符号的加入（默片时代是以文字为伴的，因此，有声语言加入的主要是非语言因素）。尽管受到胶片洗印周期以及定点观看等特点的影响使得它在传播上非常不自由，但就视觉方面对于"形似"的追求而言，电影似乎已达到极致，目前好像还没有一个媒体能与之匹敌。

依靠视觉方面的非语言符号来对传播效果进行改善只是符号补偿的一个方面，声觉方面的大量非语言符号在传情达意上同样有着非常强大的能力，但对于这类符号的借用一直是人类传播的难题。首先，声音很难保存，它不像绘画一样可以通过占用一定的空间形式而传至后世，当然也很难通过一定的时间传递而到达远方，"顺风耳"只不过是人们的夸张想象。文字中当然保留有口语语音的特征，但它保留的是语言元素，比如最重要的是音位特征，至于人声中的更多非语言元素（比如音色、音品、语调、语气），人类一直无法保存和传递。这类似于乐谱中保留了音乐的基本信息，但很多具体的声音信息被损失掉了，导致不同的钢琴家对同一首曲子的诠释会截然不同。因此，对于跨时空的信息交流而言，声音的非语言部分总是缺失的。

这种僵局直到电话的发明才得以打破。亚历山大·格拉汉姆·贝尔（Alexander Graham Bell）在 1875 年发明的电话将语音带入跨越空间的传播之中，它不仅将作为语言的口语延伸到遥远的地方，同时也传递了大量亲切的非语言信息，这是作为文字传播方式的电报所无法实现的。不过，电话仍是点对点的口语传播，它虽然跨越了空间，但是一点也无法跨越时间。托马斯·阿尔瓦·爱迪生（Thomas Alva Edison）在 1887 年发明的第一台录音设备——留声机因此显得非常重要，在它的启发下出现的录音机终于使我们能将声音保存下来。在它的帮助下，人类不仅可以保留和传递口语，同时，音乐（人声或是器乐）、音响元素（风声或是鸟鸣）也可以进入传播中来。无线电的发明使得声音的传递彻底解放了，广播是声觉符号的集成与放大，口语、音乐、音响通过无线电信号进入千家万户，它"时而尖，时而沙"③；时而亲切，时而幽默；时而悲伤，时而振奋，它改变了语言

---

① 巴赞．摄影影像的本体论．电影是什么？［M］．崔君衍，译．北京：中国电影出版社，1987：10.
② 巴赞．摄影影像的本体论．电影是什么？［M］．崔君衍，译．北京：中国电影出版社，1987：12.
③ 鲁迅．知了世界［M］//王得后，钱理群．鲁迅杂文全编（下编）．杭州：浙江文艺出版社，1993：421.

传播在自由度与保真度方面的瓶颈：口语无法自由，文字难以保真。尽管这样的改变只局限在声觉方面，而且并不彻底。

我们看到，在历史长河中，相对于语言传播技术的不断前进而言，非语言传播技术的进步显得异常缓慢。直到最近 100 年的技术革命中，非语言传播方式才得以极大地丰富，人类传播的效果才得到至关重要的改善。

在经过长时间的积累与众多媒体形式的尝试之后，人类终于找到了一种较为理想的媒介，它集纳了之前出现的几乎所有的语言符号与非语言符号，它调和了在人类传播史上始终背离的自由度与保真度这对矛盾，这种媒介就是我们再熟悉不过的电视。它在技术和符号方面的先天优势已经预示了它后来的强大。电视因其无可匹敌的大众化和易受性成为人类传播的第三次高峰，按"沉默的双螺旋链"来理解，很大程度上是因为电视不仅对空间的跨越能力非常强，同时它能运用多种符号来对传播效果进行补偿，从而将之前的传播方式中出现的信息损耗降低到一个其他媒介都无法达到的程度。在空间上的自由度与多符号系统提供的保真度构成了电视在传播模式上的基本优势，当然，这些特性立足于电视不断更新的技术系统。不过电视并不是一个良好的时间型媒介，电视节目很难保存（跨越时间），而且其一播即过的特征，使得电视观众只能是被动地接受信息，而很难形成自由选择、信息互传的互动传播局面。

电视之后出现的互联网则更加自由，正是这个新媒介的应用，首先解决了令电视掣肘的互动难题。在互联网中，传统的传播者与受众的界限模糊了，每个人既可以接收信息，也可以方便自由地发布信息。不过仔细看看这个"新"媒介，会发现它的内容一点都不新，在符号上，不过是文字、图像、声音；在形式上，E-mail、QQ、MSN、SKYPE、博客、播客，不过是把以前的传播方式搬到网络上。互联网之后出现的手机增加了移动的自由度，同时也将之前的电话、网络、照相机等变成它的内容，它就成了一个全新的媒体。这正符合马歇尔·麦克卢汉（Marshall McLuhan）的理论：新媒介的出现并不意味着旧媒介的消亡，而是会将旧媒介变为它的内容。

其实，从宏观的视角来看待媒介演化的整体脉络，会发现类似于从太空俯视地表径流的体系：其源头是口语传播、人际传播，之后每一种新媒介的出现都是一条新的支流，它们不断地汇入，越来越强大，最后汇入"网络"这个媒体海洋，再也分不清是来自何方，这个过程就是媒介融合的过程，形成的状态就是如今各种媒介互为表里的融合现实。

第一章 口语：处处掣肘的全感传播

地球，这颗围绕太阳不停旋转的蓝色行星，在有着 5 000 亿个各由 10 亿颗恒星组成的浩渺星系中，不过是沧海一粟，但它是迄今为止人类在宇宙中唯一的居所。

如果说我们目前还不能确知宇宙是否真的诞生于 150 亿年前的一次大爆炸，那么对于我们栖身的这颗蓝色星球的年龄，则大致能确定是 46 亿年左右。大约在 250 万年前，人类最原始的先祖开始出现在地球上。

250 万年的漫漫岁月，是人类这一物种所经历的全部时光，在地球 46 亿年的历史长河里，不过是电光火石的一瞬，而实际上，在这弹指一挥的 250 万年中，对人类而言真正具有决定意义的时刻直到 5 万年前才发生。正是因为这一时刻发生的某种变化，人类才真正与其他动物种群分离开来。

让人类进化发生如此决定性变化的，就是我们再熟悉不过而且每天都在使用的口语。

第一节 口语的意义

对于我们每天的生活而言，口语是再平常不过的事情。从早起问候到睡前"晚安"，从打打招呼到互诉衷肠，从吹牛谈天到唇枪舌剑，从闭门讨论到公开演讲，说话是一种不大会引起我们注意的基本能力。然而，当我们将视野扩展到人类在地球上繁衍生息的全过程，口语的发明就成为整个人类历史上"前所未有的大事件"，因为会说话的人类意味着"一股新的生物学和地理学意义上的力量崛起了"①。

一、人类的扩张

口语的诞生明显加快了人类在地球上的扩展速度。人类学的研究表明，在口语发明之前，从非洲发源的那群古人类用了 150 万年才缓慢扩展到南欧，与之相比，他们会说话的后代只用了 5 000 年就扩展到欧洲，并在 15 000 年之后到达亚洲。其扩展速度达到每年 1 英里，历经不到 1 500 代，就成为这一星球上分布最广泛的动物种群。在 1 万年前农耕文明的历史即将拉开帷幕时，人类的数量出现了爆发式的增长，从刚开始的数万人猛增至全世界约 800 万人。

二、人类的进化

口语的使用让人类的进化过程明显提速。根据《科技想要什么》一书的作者凯文·凯利（Kevin Kelly）的说法，在过去的 1 万年里，人类基因进化的平均速度比此前快了 100

---

① 凯利.科技想要什么［M］.北京：中信出版社，2011：27.

倍。在人类把狼驯化为狗，并开始养牛、种植谷物的同时，人类自己的身体特征也逐渐改变：牙齿不断缩小，肌肉变得纤细，体毛渐渐褪去。

这种进化过程与此前生物界的进化全然不同。与其他物种主要通过遗传基因的演化来适应环境的改变不同，"人类进化靠的是向后代传递两种信息——遗传信息和语言信息"①。语言让人类能够带着目的且经过思考之后再进行发明创造，而交流与合作又加快了学习和创造的过程。因此，这种进化过程不再像过去那样任由环境改变生物的基因，而是通过改变所处的环境以适应其基因。

历史学家 L. S. 斯塔夫里阿诺斯（Leften Stavros Stavrianos）把这种进化称为文化进化，以区别于以往的基因进化。他认为，基因进化通过基因突变起作用，如果一个物种的基因突变符合自然选择的要求，它就会在生物史中的几千年里成为地球上占据统治地位的物种；文化进化则通过引入新工具、新思想或新制度，一夜之间就可能改变整个社会。②当初人类在非洲、亚洲、澳洲等地开始出现时，人类这一物种也许并不起眼，然而经历了不同于以往的进化过程，这种直立行走、会说话的动物今天已经变成了这颗蓝色星球上最具统治力的物种。

三、信息的力量

在达尔文和恩格斯看来，除了直立行走，制作工具和使用语言是人类与其他动物种群最主要的区别。实际上，制作工具是对能量的处理能力，使用语言是对信息的处理能力，人类社会的发展正是随着这两种能力的提升而不断跃进的。不过长期以来，我们更为重视工具和能量对人类历史的影响，对人类历史的分期就是从工具和能量的视角来进行的，比如石器时代、青铜时代、铁器时代、蒸汽时代、电力时代等。

当信息在现今人类社会中发挥的作用越来越大的时候，人类不再以工具和能量来标识自己所处的历史阶段，而将当前的历史时期命名为"信息时代"，并开始重新审视信息在人类社会发展过程中所具备的力量。历史学家斯塔夫里阿诺斯认为："在百万年来人类与时空、自然力及飞禽走兽竞争的历程中，语言让我们能据以思考并占尽上风，人类发现资讯才是威力最大的武器。"③传播学者保罗·莱文森也认同这样的观点，他在探索信息革命的历史与未来的《软利器》一书中说："显然，抽象语言（含言语和思维）是人类生存的必要条件——没有抽象语言就没有人类。"④

凯文·凯利则更加明确地指出，自然生命和人类创造的技术系统的本质都在于信息。

---

① 林文刚.媒介环境学：思想沿革与多维视野［M］.何道宽，译.北京：北京大学出版社，2007：259.

② 斯塔夫里阿诺斯.全球通史：从史前史到21世纪（上）［M］.吴象婴，等，译.北京：北京大学出版社，2012：6-7.

③ 施拉姆.人类传播史［M］.游梓翔，吴韵仪，译.台北：台湾远流出版公司，1994：70.

④ 莱文森.软利器：信息革命的自然历史与未来［M］.何道宽，译.上海：复旦大学出版社，2011：2.

在他看来，无论生命的定义是什么，其本质都不在于DNA、机体组织或肉体这样的物质，而在于看不见的能量分配和物质形式中包含的信息。"随着科技的物质面罩被揭开，我们可以看到，它的内核也是观念和信息。生命和科技似乎都是以非物质的信息流为基础的。"[1]

显然，信息史观正在成为人类审视历史的崭新视角。信息及其依存的媒介是人类生存的基本环境，当我们用这样的观念和视角来打量人类走过的历史过程，就会发现信息、传播、媒介在人类历史中的作用显得愈发重要。

第二节　语言的产生

令人遗憾的是，人类的语言交流从何时开始，我们现在还无从知晓。在漫长的蒙昧时期，人类的生存状态可能就像班固在《白虎通义·号》中的描述："古之时未有三纲、六纪，民人但知其母，不知其父，能覆前而不能覆后。卧之詓詓，起之吁吁，饥即求食，饱即弃余，茹毛饮血，而衣皮革。""吁吁"是呼喊的意思，可能正是在"饥即求食"的生存欲求中，人类经过上百万年的进化，才终于从难以交流的混沌暗夜走向语言沟通的清澈黎明。

一、语言的起源

对于"语言是如何产生的"这一问题，传播学者威尔伯·施拉姆（Wilbur Schramm）在《人类传播史》一书中将其比喻为"孩子何时首次认出自己的母亲"。在他看来，孩子何时认出自己的母亲，在时间上没有一个明确的临界点，语言的产生也是一样，只是在一个时机成熟的时候就自然而然地产生了。哲学家汉斯－格奥尔格·伽达默尔（Hans-Georg Gadamer）则用"一支正在溃逃的部队是如何停住的"来类比语言诞生的过程，"显然不是由于第一个士兵停住了或是第二个、第三个士兵停住了。也不能说相当数目正在逃跑的士兵停住时这支队伍就停住了，显然也不能说是在最后一个士兵收住脚步时停住了。因为部队并不是在最后一个士兵停住时才开始停止前进。从开始停止到完全停止是一段很长的时间……关于一般知识的情况也正是如此"[2]。在施拉姆与伽达默尔看来，语言的诞生是一个从量变到质变的漫长过程。

总体而言，关于语言的起源，到目前为止主要有神授说、人创说、劳动创造说等几种说法。神授说认为语言是神赐予人类的，比如印度婆罗门教《吠陀》中就认为语言是神赐予人类的一种特殊能力，中国苗族也流传着山神创造了人并传授其语言的故事。人创说则认为语言并非神的赐予，而是人类自己创造的。

人创说也有多种不同说法。其中，摹声说认为语言起源于人类对外界各种声音的模

---

[1]　凯利.科技想要什么［M］.熊祥，译.北京：中信出版社，2011：11.
[2]　伽达默尔.哲学解释学［M］.夏镇平，宋建平，译.上海：上海译文出版社，1994：14.

仿，社会契约说认为语言起源于人们的彼此约定，手势说认为在人类使用有声语言之前曾经历过一个手势语言的阶段，感叹说认为人类的有声语言从抒发感情的各种叫喊声演变而来，劳动叫喊说认为人类的有声语言从人的劳动叫喊声发展而来。

在达尔文提出的进化论的基础上，恩格斯认为语言起源于劳动。在他看来，劳动提出了产生语言的社会需要，为语言的产生提供了心理上的条件；劳动也改善了原始人的发音器官，为语言的产生提供了必要的生理条件。

二、传播的高峰

尽管到目前为止没有任何一位语言学家、历史学家、哲学家和传播学者能够说清语言产生的具体时间、地点，但毫无疑问，口语的产生形成了人类传播史上的第一座高峰。

在口语产生以后，人类运用自身具备的发音能力，来实现对象的指认、思考的外化和意义的表达。从家长里短的对话，到波澜壮阔的史诗；从"起之吁吁，饥即求食"的原始欲求，到"关关雎鸠，在河之洲"的长歌短吟，人们力图用语音来描述一个个满含意义的场面，并以此来表达自己的意图与思考。直到今天，口语仍然是人类社会生活中使用最为广泛、频繁的传播方式。

对此，语言学家爱德华·萨丕尔（Edward Sopir）在《语言论》中说："我们不得不相信语言是人类极古老的遗产，不管一切语言形式在历史上是否都是从一个单一的根本形式萌芽的。人类的其他文化遗产，即使是钻木取火或打制石器的技艺，是不是比语言更古老些，值得怀疑。我倒是相信，语言甚至比物质文化的最低级发展还早；在语言这种表达意义的工具形成以前，那些文化发展事实上不见得是一定可能的。"[①]

第三节　口语的优势

在整个人类传播史中，口语传播是最原始的传播方式。《传播革命》一书的作者弗里德里克·威廉姆斯（Frederick Williams）绘制过一个"传播史表盘"，他以表盘刻度上的24 小时，代表西方晚期智人克罗马努人到现在的 360 个世纪，也就是 36 000 年，因此表盘上的一天等于 360 个世纪。在这个表盘上，口头传播出现在这一天的开始，手写阶段出现在大约 20 时的地方，直到 22 时 38 分，才进入印刷阶段，而电子传播阶段则开始于一天即将结束时的 23 时 57 分。

令人惊叹的是，在其他的传播手段相继诞生之后，口语传播不仅没有消亡，而且始终发挥着不可替代的作用。若是将印刷术、电子传播技术从人类社会中抽离，将会

---

① 萨丕尔.语言论［M］.陆卓元，译.北京：商务印书馆，1985：19.

给人们的生活带来诸多的不便，但是并不至于影响到人的功能的完整性。但是，倘若一个人丧失了口语传播的功能，他就不能算作一个具有健全功能的人。口语传播之所以能够如此历久弥新，经过千年、万年仍然无法替代，正是因为这种传播方式具备了难以超越的传播优势。

一、即时交流

口语传播的第一种优势在于，传播者与接受者处于相同的时空，反馈非常及时。传播学者哈罗德·拉斯韦尔（Harold Lasswell）曾经提出，传播是传者通过某种媒介将一定内容传递给受者并产生了某种效果的过程，在这个过程中，信息接受者对传播者的反馈决定了传播效果。在口语传播过程中，传者发出的信息几乎在同时就能传递到受者那里，并能马上得到反馈，因此，口语的传播效果极其明显。而且，由于信息的交流是双向的、互动的，口语在交流过程中好像不存在传者和受者之分，它是一种真正的即时交流。

基于口语传播的这种优势，传播学者李彬在《全球新闻传播史》一书中说："处于口语传播中的人，他们的传播机能相对来说更为健全，而处在其他传播阶段的人则由于有所凭借而使某种技能日趋退化，正如有空调暖气的人远不如自然环境中的人强健一样。"实际上，口语传播是每个社会个体在现实生活中交流能力的基础，一个人口语交流能力的强弱，对其传播能力将产生至关重要的影响。

二、媒介即人

口语传播的第二种优势在于，媒介即人自身，它基于人自身的发音能力，以及将声音传递出去的能量。

口语是一种极其便捷的传播方式，其信号源于人自身的发音器官，对于信息的编码只是在人脑内部进行，不需要外化为其他符号，往往可以不假思索地脱口而出。它借助于无所不在的空气即可传播，不需要借助于其他人为制造的物质平台。正因为它如此方便，直到现在，这种基于人自身的能力和能量的口语传播仍是人类使用最为普遍的传播方式。

三、语言智慧

口语传播的第三种优势在于其传播符号。口头语言这种符号体系使人类能够通过声音元素的变化与组合来实现复杂的信息传递与交流，其间处处渗透着人类对口语要素进行编码的智慧。这种智慧，正是人类传播得以不断发展的智力支撑。"口语最初仅仅是一种将声音与周围事物或环境联系起来的符号，在人类认识世界和改造世界的社会实践中，逐渐提高了它的抽象能力，成了一种能够表达复杂含义的声音符号系统。"①

经过几万年的不断锤炼推敲，口语传播已经形成非常严密的编码系统，无论是在符号体系还是艺术表达上都已达到极高的境界。世界各地都散播着口语传播的优秀文化结晶，在有着悠久历史的文明古国尤其光耀璀璨。

在具有口语传播传统的古希腊，口头传播文化是其文化遗产中引人注目的一部分，其中最著名的是《荷马史诗》。这部再现了古希腊社会图景的鸿篇巨制，辞章华丽，妙语迭出，精彩、生动的用词和比喻处处可见。它最初只是基于古代传说的口头文学，靠着乐师的口口相传才流传下来。其实除了《荷马史诗》，古希腊还有很多能体现其口语传播传统的作品。

> 晚星带回了，
> 曙光散布出去的一切。
> 带回了绵羊，带回了山羊，
> 带回了牧童，回到母亲身边。

这是古希腊女诗人萨福（Sappho）的诗歌作品之一——《暮色》。在古希腊，女诗人萨福的诗歌被看作是古希腊口语传播传统的集中体现。萨福的诗用当地的口语创作，通过一边弹琴一边吟唱的方式流传，西方诗歌史把这种独特的诗体称为"萨福体"。

古典学研究者瓦纳尔·耶格尔（Werner Jaeger）说："萨福穷尽了个人感情的各个角落"。在"萨福体"的格律中，每一节分为四行，每一行中长短音节在相对固定中略有变化，前三行有点像荷马时代的六韵步诗体，第四行则音节简短，显得干脆明快。相传，与萨福同时代的雅典统治者梭伦（Solon）也是一位诗人，当他偶然听到萨福的诗篇时说："如果我学会了她的音律，我就可以死而无憾了。"可见口语传播的优势被发挥到极致时，能释放出无与伦比的艺术魅力。

作为世界上唯一没有中断且持续至今的人类古文明，中国也有大量口语传播的作品。除了家喻户晓的诗歌作品集《诗经》、脍炙人口的民间传说《梁祝》之外，在中国的西藏、四川、内蒙古、青海等地区广为传唱的《格萨尔王传》也是口语传播的代表作品，这部多民族共同传唱的史诗被称为"世界上唯一的活史诗"。

> 美丽的姑娘在岭国，
> 她往前一步能值百匹骏马，
> 她后退一步价值百头肥羊；
> 冬天她比太阳暖，

---

① 郭庆光.传播学教程［M］.北京：中国人民大学出版社，2011：24.

夏天她比月亮凉；

遍身芳香赛花朵，

蜜蜂成群绕身旁；

人间美女虽无数，

只有她才配大王；

格萨尔大王去北方，

如今她正守空房。

　　这是《格萨尔王传》中的《霍岭大战》部分，其对格萨尔王的王妃珠牡进行描述，语言通俗明了，优美流畅，人物形象栩栩如生。《格萨尔王传》之所以被称为"活史诗"，其"活"就"活"在口语传播的魅力上。由于它的创作方式是口头创作，内容通俗易懂、朗朗上口；又由于它的传播方式是口口相传，选择的各种传播要素在传播过程中易于触发人的情感，使这种带着情感的记忆能够更长久地留存。

　　口语的传播过程要求其内容和形式便于传唱、易于记忆，促使口头语言的内部结构不断优化。对此，加拿大传播学派的开创者哈罗德·伊尼斯（Harold Innis）在《帝国与传播》中说："口语传播的力量，隐含着一种适合它自身结构需要的创造力。吟游诗人创造了一种6音部诗行的史诗，这种韵律严密而富有弹性，适合口语的灵活变异。"[①] 其有助于传播内容的传递和记忆，因此，韵律成为口语传播的重要结构方式，并逐渐稳定成为一种语言艺术形式。随着时间的发展，特别是在文字产生以后，韵律作为一种语言艺术形式被不断丰富完善并传承至今。

　　正是因为口语具备的种种传播优势，基于口语的人际传播才成为人类传播的基础，而且迄今为止，口语依然是使用最为广泛、效果最为明显的传播方式。

第四节　口语的局限

　　当然，口语传播并非万能，也并不完美。如果口语的出现能满足人类对交流的一切需求，那么其后的诸种媒介和传播方式就再无出现的必要了。口语虽然方便且反馈及时，但是也受到多种条件的限制，使得人与人之间的沟通几乎处于一种处处掣肘的状态之中。

一、空间的限制

　　口语传播受到的第一重限制在于空间范围。在能够将人的传播能力延伸开来的媒介诞生之前，口语传播只能在同一空间进行而无法超越。由于口语信号的发送和传递完全

---

　　① 伊尼斯.帝国与传播［M］.何道宽，译，北京：中国人民大学出版社，2003：58-59.

基于人自身的能力和能量，而人的发声能力是有限的。因此，口语所能到达的空间范围很小。

口语传播受到的空间范围的限制在很大程度上影响了当时人类的社会生活。柏拉图在他那个时代断言："一个城市的大小应以站在市中心广场高喊一声可以达到的范围为宜。"而在声音达到的范围以外，要依靠口语传播的方式来达到信息的交流是无法实现的。正如《古诗十九首》中所描述的情景"盈盈一水间，脉脉不得语"，在空间的束缚和阻隔面前，口语传播几乎无能为力。

二、时间的限制

口语传播受到的第二重限制在于时间范围。口语传播是稍纵即逝的，人与人之间的说话"来无影，去无踪"，与时间一样不可逆转。在缺乏外在媒介的阶段，口语传播只能在同一时间进行，无法延续，也无法保存。

口语稍纵即逝的特性，使其具有随意性、不稳定性，直接后果就是可信度与约束力的缺乏。口语对实际行动产生的效果大小，更多取决于传播主体的主观因素。"在口语社会里，道德信条即关于个人举止和公共言行正误的文化传统，唯有仰赖口语的某些特征才能够保存下来，才能够正常运行。"[1]

司马迁在《史记·季布栾布列传》中写道："得黄金百，不如得季布诺。"季布是西汉著名的官吏，其人为人仗义，诚实守信。季布的一句口头承诺必然会兑现，其价值之高，是百两黄金都不能与之相提并论的。"季布诺"的可信度如此之高的原因在于其讲究诚信的主观因素。在中国的成语中，既有"信口雌黄""信口开河"，又有"言而有信""一言九鼎""君子一言，驷马难追"，这些与口语传播的可信度相关的成语，都是在客观约束缺乏的情况下，口语传播对实际行动作用的表现。

三、语种的限制

如果说空间和时间是口语受到的自然维度的限制，那么口语在实际传播过程中还受到各种社会维度的限制，其中最为明显的就是语言种类的限制。

远古时期，由于交通不便，世界各地的人们无法实现自由流动，一个地方的语言不可能在世界范围内普及，因此，只能在本地或是邻近地区"各自为营"，于是就形成了各种语言的差异。直到目前，全世界还有不下五千种语言以及重要的方言、土语。根据语言间的亲属关系，世界上的语言可分为若干个语系，主要有汉藏语系、印欧语系、乌拉尔语系、阿尔泰语系、阿非罗－亚细亚语系、伊比利亚－高加索语系、达罗毗荼语系、马来－波

---

① 林文刚.媒介环境学：思想沿革与多维视野［M］.何道宽，译.北京：北京大学出版社，2007：260.

利尼西亚语系等。语系之下又按亲属关系的远近分为若干个语族，语族之下是语支，语支之下是语种。

即使是同一语种内部，也会因区域的阻隔划分出不同的方言区，方言在世界各地都是普遍存在的。剑桥大学历史学教授彼得·伯克（Peter Burke）在《语言的文化史》一书中谈到这一问题时说："人们在很早以前就认识到了，在不同的地区说同一语言的方式并不一样。'方言'（dialect）一词源于希腊语。它的典型是古希腊的方言，包括爱奥尼亚方言、多立斯方言、阿提卡方言，以及说话时的其他变化。"①

在国土面积辽阔的中国，现代汉语可分为七大方言区：北方方言（官方方言）、吴方言、湘方言、赣方言、客家方言、闽方言和粤方言。在日本这样国土面积相对狭小的国家，也有关东腔、关西腔之分。在英国，英格兰中部以伯明翰为中心的地区的英语鼻音很重，被称为 Brummie；英格兰西北部的利物浦地区的口音粗糙生硬，被称为 Scouse；英格兰东北部的纽卡斯尔地区的口音语调起伏很富音乐感，被称为 Geordie；苏格兰人的英语中多个元音有变异，发"r"音时不太卷舌，被称为 Jock。这些都可以称作方言。彼得·伯克在谈到地方口音时说："也许可以断言，因口音的不同而实行的社会歧视至少可以追溯到 16 世纪末以前。'地方口音'一词就是从那时开始使用的。"②

人类其实很早就认识到语言种类的限制对社会生产和生活的影响。《圣经·旧约》里有这样一个故事。人类的祖先最初讲的是同一种语言，他们在底格里斯河和幼发拉底河之间发现了一块肥沃的土地，于是在那里定居，修建了城池。后来，他们的生活蒸蒸日上，决定用砖和泥修建一座可以通到天上去的高塔，叫做巴别塔。直到有一天，高高的塔顶已冲入云霄，被上帝耶和华知道了。上帝到人世间一看，又惊又怒，认为这是人类虚荣心的象征。上帝心想，人们能建起这样的巨塔，日后还有什么办不成的事情呢？于是，上帝想出了一个绝妙的方法，他决定让人世间的语言发生混乱，使人们互相言语不通，于是塔也就没有建起来。

巴别塔的故事有着多个层面的深刻寓意，从传播的层面来看：一方面，这个故事试图从宗教层面对不同语言的产生作出解释；另一方面，也反映了人类在很早的时候就已经意识到语言的差异对生产、生活的巨大影响。当人们语言相同，沟通顺畅，就能够很快建立起通天之塔，相反，一旦人们因语言的差异而产生交流的障碍，分歧就会产生，人与人之间的合作就受到影响。③

在古代，由于交通工具的不发达，世界各地之间往来并不密切，语系、语族、语支、语种的差异并不是当时口语交流的主要矛盾。而同一语种内部的方言差异造成的交流不便，成为各国，尤其是中国这样幅员辽阔的国家亟须解决的问题。为了弥合这一裂口，确

---

① 伯克.语言的文化史：近代早期欧洲的语言和共同体［M］.李霄翔，等，译.北京：北京大学出版社，2007：50.
② 伯克.语言的文化史：近代早期欧洲的语言和共同体［M］.李霄翔，等，译.北京：北京大学出版社，2007：57-58.
③ 林文刚.媒介环境学：思想沿革与多维视野［M］.何道宽，译.北京：北京大学出版社，2007：266.

立统一的官方语言成为大势所趋。

在中国，"雅言"是我国最早的古代通用语言，相当于现在的普通话。孔颖达在《正文》中说："雅言，正言也。"我国最早的"雅言"是以周朝地方语言为基础，周朝的国都丰镐（今西安西北）地区的语言为当时的"雅言"。《论语·述而第七》中说："子所雅言，《诗》《书》、执礼，皆雅言也。"孔子当时在鲁国讲学，他的三千弟子来自四面八方，孔子就是用"雅言"来讲学的。

《尔雅》是中国最早的一部解释词义的书，是中国古代的词典。《尔雅》也是儒家的经典著作之一，列入十三经之中。其中"尔"是近正的意思；"雅"是"雅言"，是指某一朝代官方规定的通用语言。"尔雅"就是使语言接近于官方规定的语言。可见在当时，一种能克服方言障碍的通用语言已经成为沟通交流的必要。研究口语文化的埃里克·哈弗洛克（Eric Havelock）说："讲演尤其诗歌，是口语社会里管理生活的钥匙。"

官方语言可以看作是古代人们对口语传播的空间局限的一种人为的弥合，当然，并不是每个国家、地区都拥有这种弥合语言差异的能力，它必须建立在交通设施进步的基础上。若是没有强大的交通体系的支撑，即使制定了官方语言，也会因无法普及而难以发挥实效。在当时，只有拥有强大的中央集权的国家才具备建立较为庞大的全国性交通系统的能力，进而拥有普及官方语言的物质条件。

回头去看，我们发现，无论是时空的限制，还是语种的差异，口语所受到的限制正隐藏于其优势的背后。中国古代哲学经典《周易》中说："一阴一阳之谓道。"马克思也说："任何一个东西其实都包含着它的反面。"正是由于优势与局限的相辅相成，才构成了口语传播的魅力与人类传播的潜力。实际上，也正是为了弥补口语传播的诸多不足，突破口语受到的诸多限制，人类才发明了其后的种种传播媒介。

在人类学会说话以后，这种不同于其他地球物种的智能生物，运用已经演变为手的灵巧前肢，制造出这个星球上本不存在的各种工具和器物，从而在不同区域创造出各具特色的文明形态。与此同时，人类也正在运用各自的智慧，利用当地的物质条件来突破口语传播所受到的种种限制，从而创造出各种传播方式与媒介形态。人类文明的诞生、汇聚，必然包含着传播延展、媒介演进的过程。由于传播、媒介在人类文明中的重要性，传播、媒介的演化也必然影响相应文明的形成过程与凝结方式。因此，在这个意义上，媒介不仅是人类文明的载体，也在一定程度上影响着人类文明的进程。

第二章　延伸：时空成本与传播偏向

在口语传播受到各种条件的限制时，作为智能生物的人类开始寻找各种方式，试图突破时空的束缚，从而在更为广阔的时间和空间中实现信息的传播。

其实古人对口语传播的规律早已有所体察。两千多年前，中国儒学思想家荀子在《劝学》中说："顺风而呼，声非加疾也，而闻者彰。"先秦时期的人们已经发现，顺着风向呼喊，尽管声音的传递速度并没有变化，却可以使远处的人听得更为清楚响亮。这是因为正向流动的空气改变了声波的扩散方向，使得更多的音波向听者的方向聚合，这就跟人们向远处的人呼喊时，把双手放在嘴边来"扩音"一样。

初唐的虞世南有另外的发现。这位境界高远的诗人在其诗作《蝉》中写道："居高声自远，非是藉秋风。"不需要借助秋风之力，只要站在高处呼喊，声音自然就能够传递到更远的地方。这是因为低密度的高空阻碍声音传递的元素减少，声波就能够传播得更远。

显然，古人在试图克服口语传播所受的限制时，已经获得相当多的朴素经验。不过，无论是注重凭借外力的顺风，还是强调发声位置的居高，都还无法使口语传播大范围地突破时空限制，实现较为自由的传递。

第一节　口语的突围

在没有任何传播工具的口语传播时代，人类要跨越空间传播信息，能够依靠的只有自身的另外一种能力——行走（或奔跑）。在几万年的历史长河中，为了突破这样的限制，人类付出了令人惊叹的努力，同时也付出了令人震撼的代价。

一、突围的代价

一个著名的例子是马拉松长跑的缘起。公元前490年，希腊与波斯在马拉松平原展开决战，在无外援的情况下，雅典军队最终以少胜多。为了将胜利的消息尽早传递给雅典城的居民，通信兵斐力庇第斯授命从马拉松平原跑回雅典，让同胞们分享胜利的喜悦。他不顾路途的遥远和饥渴、伤痛，穿越了42.195公里的距离，一刻不停地跑回雅典城，到达以后，他只向自己的同胞高呼了一声"欢呼吧，我们胜利了"就倒地身亡了。[①]

这个故事残酷地表明：在口语传播阶段，人类要跨越空间，竟然要付出生命的代价。长途奔跑的过程需要消耗大量的体能，以至于最终难以为继，这是人类尽一己之力来跨越空间传递口语信息所达到的极限，它让人类用生命的代价来表达出能量与信息之间的转换关系。人类现在仍然在用马拉松长跑的方式来纪念忠诚的斐力庇第斯，实际上，这是在向口语传播时代人类跨越空间所能达到的极限致敬。

---

① 吴霓.奥运大观［M］.北京：海洋出版社，1988：11.

显然，斐力庇第斯之所以要用自己的生命来实现一句简单口语信息的传递，是因为这句话对雅典城里留守的人们至关重要。2 500 年前，信息已经显示出它对于一个城邦、一个国家的重要性，这种重要性实际上一点也不亚于其在当今信息社会中的地位。在人类几千年的文明史中，战争胜败这类军事情报在传递时的特殊要求，也促成后来各种媒介技术的出现和提升，即使是互联网的诞生，也受到这种动因的影响。

不过，即使是以生命为代价，人类的口语传播半径也只能达到 40 多公里，在完全依赖人类自身之力的时代，要想让口语传播突破成百上千公里的大范围空间，显然是难以想象的，而出乎意料的是，人类竟然在一个地方将它变成了现实。

在被西班牙征服之前，如今被称为拉丁美洲的这片地域被 400 多年来不断扩张的印加帝国统治着。与所有扩张中的帝国一样，印加帝国也需要一个高效的信息传递系统，但这个强大的中央集权帝国既没有文字又不懂骑马。为了准确而快速地传递信息，印加帝国国王命人修建了一条笔直的石板路，从基多到库斯科，跨越整个国土，总长 2 400 公里，与北京到海南的直线距离相当。安第斯山脉的翻山越岭之处，都建造了令人吃惊的台阶。

在这条口语传播时代的信息高速公路建成之后，人类文明中最壮观的口语信息接力开始了。传递口语命令的人在这条石板路上不停穿梭，交替不断。一个人在跑了 20 多公里后，接下来的人就在这时候赶上他，在他旁边跑，他仔细地给新上来的人说清要传送的信息的细节，并让他复述以明确是否明白了信息的内容并且记了下来，再分头开始下一次的传递。信息就这样在这个帝国口口相传，10 天之后，一条口语信息可以到达 2 400 公里外的终点。[①] 就目前所知，这应该是人类完全依靠自身之力传递口语信息所能到达的最大范围。

我们来算一道简单的数学题：用 10 天时间跨越 2 400 公里的距离，口语信息的传递速度达到了平均每小时 10 公里。用经济学的成本视角来看这个比值，则意味着要突破 2 400 公里的距离，需要消耗 10 天 /240 小时的时间，这是口语传播突破空间所耗费的时间成本。当然，伴随在这个过程中的，还有持续不断的体能消耗。

在马拉松之战中，斐力庇第斯之所以要以生命为代价来传递一句战争胜利的信息，正是想尽早尽快地让雅典城中的人们知道战争的结果。后来的马拉松长跑以最短时间内跑到终点为胜，也是因为消耗的时间成本最小。在此后的人类传播的历史长河中，如何能够减少时间成本的消耗，尽早尽快地将信息传递给对方，并尽可能减少这一过程中发生的能量消耗，成为推动媒介技术不断发展、人类传播不断延伸的基本动因之一。

就口语传播而言，这种人类在 5 万年前开始掌握的传播方式本来就受到时间的限制而难以保存，当人类试图使口语传播突破空间限制的时候，时间又在另一个层面隐蔽地限制着人类的自由。而在后面的探讨中我们还将看到，空间对时间也会形成对应的限制。空间和时间这一宇宙间最恒定的矛盾体，在人类试图突破自身受到的某种限制时，相互纠缠，

---

① 让纳内.西方媒介史［M］.段慧敏，译.桂林：广西师范大学出版社，2005：15-16.

相互裹挟，形成对人类传播和行动自由的多重束缚。

而人类之所以成为人类，正在于能够用自己智慧的大脑和灵巧的双手改变自然界，使其更有利于自己的生存。在口语交流受到来自各种维度的限制之后，如何借助外在的传播工具来突破这种束缚，就成为人类文明发展过程中要不断面对和解决的重大命题，各种传播媒介也正是在这种诉求中不断地被创造出来，最终形成了当今信息无处不在、媒介无处不在的"信息社会"。

二、媒介的诉求

纵观人类的媒介发展史，我们发现，当人类试图突破口语的限制时，人类传播的基本诉求就已浮出水面。无论是发生在古希腊还是发生在印加帝国的故事，都显示出人类传播在突破限制时的一种基本诉求——自由度，即尽可能减少突破限制时的时空成本和能量消耗，以在最大的时空范围内实现信息的传递。而在印加帝国创造的口语传播奇迹中，每次信息接力时的复述显示了人类信息传播的另一种诉求——保真度，即最大限度地减少传播过程中的信息损耗，尽可能原汁原味地将信息传递给对方，以求对方能够接受和了解传者的真实意图。

在马歇尔·麦克卢汉等媒介研究者看来，"媒介是人的延伸"，媒介的发展不过是人类作为生物不断演化的一个方面而已。在人类刚刚开始突破口语受到的限制、实现对人的"延伸"的过程中，我们发现，自由度与保真度、时间与空间、信息与能量这些人类信息传播的基本矛盾已经浮现出来。在此后的人类传播史和文明史中，这些矛盾因子将构建出媒介演化过程的基本框架与坐标、范式与机制，并在此基础上形成贯穿人类传播进程和文明发展的基本脉络。

三、传播的偏向

在人类突破自身局限创造出各种传播媒介的过程中，时间与空间这两种自然维度成为各种媒介必须跨越的障碍。在四五万年的历史长河中，人类不断地与时间和空间交手，但在以互联网为代表的数字媒介出现之前，人类还无法在时间和空间两个层面同时获得自由。传播学者哈罗德·伊尼斯在观察历史后认为，在时间和空间这两种维度上的不同诉求和优势形成了媒介的基本性质，因此，在《传播的偏向》一书中，伊尼斯将媒介分为"时间型媒介"和"空间型媒介"两种类型。

"根据传播媒介的特征，某种媒介可能更加适合知识在时间上的纵向传播，而不适合知识在空间中的横向传播，尤其是该媒介笨重而耐久，不适合运输的时候；它也可能更加适合知识在空间中的横向传播，而不适合知识在时间上的纵向传播，尤其是该媒介轻巧而便于运输的时候。所谓媒介或倚重时间或倚重空间，对于它所在的文化，它的重要性有这样或那样的偏向。"①

媒介在时间或空间上的偏向贯穿了整个人类媒介发展的历史。结绳和岩画有利于克服时间，但不利于克服空间；烽烟和旗鼓则擅长于突破空间，但不利于跨越时间。石碑、泥板、甲骨、金器都很耐久，它们承载的文字具有时间上的永恒，容易传承，但它们不容易移动，不利于空间上的传播。相比较而言，莎草纸、竹简和纸张更为轻巧，容易运输，能够远距离传输信息。

近现代出现的媒介首先致力于空间上的突破。报纸借助于电报和邮政，成为跨越空间能力很强的媒介。广播电视将地球变成了鸡犬之声相闻的小小村落。直到互联网等数字媒介出现，人类才第一次能够在信息传播上实现时间和空间上的双重自由，也正是因为这种自由，信息才开始跟能量一样，逐渐显现出它对社会的"控制力"。在当今人类的生产、交换、流通、分配、消费、交往等主要社会活动中，信息的地位越来越重要，以至于我们生存的时代就被称为"信息时代"。

在伊尼斯看来，媒介在时间或空间上的偏向不仅仅影响了媒介自身的性质，还影响了各种文明的基本特征。时间型媒介有利于知识的代代传承和宗教的发展，维护权威，有利于帝国的稳定；空间型媒介则有利于知识的远距离传播，便于帝国的扩张，却不能长久。因此，伊尼斯认为："一种新媒介的长处，将导致一种新文明的产生，任何媒介无论对于社会形态还是社会心理都会产生十分深远的影响……我们对其他文明的理解，在很大程度上，就有赖于这些文明所用的媒介的性质。"②

第二节　时间型媒介

为了突破口语传播受到的时间与空间限制，人类开始借助于人自身以外的种种介质来对信息进行外化、物化或是固化，以实现在更广阔的空间、更久远的时间中传递信息的目的。"人类传播的发展过程，不外乎是一部人类在生产劳动和社会实践中不断扩展自身的传播能力、不断发现和创造新的传播媒介、不断使社会信息传播系统走向发达和完善的历史。"③

在这样的历史过程中，人们在日常生活中经常接触的一些物质和器具成了延伸信息的最初选择。绳索、岩壁、木板、竹片、龟甲、兽骨、羊皮、陶器、烟火、旗帜、鼓声，这些器物渐渐被人们超越了其生产、生活的常规用途，赋予了作为传情达意的全新功能。在这些渐次出现的媒介形态中，那些擅长将信息保存下来，能够超越时间的媒介类型被称为时间型媒介。

---

① 伊尼斯.传播的偏向［M］.何道宽，译.北京：中国人民大学出版社，2009：27.
② 伊尼斯.传播的偏向［M］.何道宽，译.北京：中国人民大学出版社，2009：28.
③ 郭庆光.传播学教程［M］.北京：中国人民大学出版社，2011：17.

一、岩画

在文字发明以前的漫长历史中，岩画是最具代表性的时间型媒介。"它最早出现在非洲、亚洲和欧洲，2 万年前出现在澳洲，1.7 万年前出现在巴西，1 万年前到达南美洲大陆的最南端。"①它们依附于以山崖或洞穴为主的庞大石壁，和千年不化的岩石一起穿越时间，与天地同寿而不朽。这是人类先祖留给后人的珍贵的文化遗产。

目前，全世界已有 120 多个国家发现了岩画，这种史前艺术形式在欧洲、非洲、亚洲等地都有广泛的分布。欧洲的岩画集中分布于地中海沿岸等地区，早期岩画内容以狩猎为主，晚期岩画内容以复杂的经济活动为主。非洲的岩画艺术风格多变，内容多种多样，包括古代水牛、牧养公牛、马、骆驼等。亚洲的岩画以印度和中国为代表。印度岩画主要分布于印度中部文迪亚山脉的丘陵地带，其内容主要包括野生动物、人和动物的轮廓、狩猎奔跑等各种剧烈运动、农耕时代的部落生活情景等。中国的岩画按内容可分为南方、北方两大系，北方地区的岩画以内蒙古阴山岩画为代表，内容多为动物、人物、狩猎活动及各种符号；南方地区的岩画中多为表现采集、房屋、村落、宗教仪式等情景的内容。

岩画使口语传播中无踪无影的信息找到了实体的依附，使它在时间的洪流中不被磨灭。普列汉诺夫曾在《论艺术——没有地址的信》中举过一个例子：德国科学家思巴恩在巴西河岸上看到土人画的一条鱼，于是按图索骥，在河中打到了鱼。河岸上的图画穿越了时间和文化的区隔，向这个后来的陌生者传递了非常真实的信息，并直接获得了行动的成果，信息传播的效果非常明显。正如安德烈·巴赞所说："倘若人们在我们对绘画的盲目赞叹中没有看到用形式的永恒克服岁月流逝的原始需要，'绘画便实在太无价值'了。"②

与口语传播不同的是，岩画用线条和形象这样的非语言符号来传递信息。由于口语传播具有稍纵即逝的特点，要想让它跨越时间和空间就必须找到一种外化的符号，而在文字尚未产生的时期，人们无法找到能与口语一一对应的精密语言符号，因此，只能借助于具有一定抽象能力的非语言符号来表意。

在传递信息的过程中，岩画所依附的载体——岩石、洞穴，也传递出一定的信息。在《人类传播史》一书的作者韦尔伯·施拉姆等人看来，置身于黑暗洞穴之中的法国拉斯科洞穴岩画，其重要的传播机制就在于长者可以要求学生爬过深坑与狭窄的通道，看见栩栩如生的巨大兽类而铭记于心，从而达到教育的目的。在拉斯科洞穴中，岩画是传播的核心，而洞穴本身也对传播效果有重要影响，如果将同样的岩画转移到其他洞穴里或洞穴外，则可能起不到同样的传播目的。洞穴作为媒介，在承载岩画之外，其自身的位置、形势、材质等也传递出丰富的潜信息，为后人还原远古社会的生活提供了宝贵的素材。因此可以说，岩画这种媒介在万年以前，就向人类昭示了媒介发展的重要规律：媒介自身也是信息。

---

① 熊澄宇.媒介史纲［M］.北京：清华大学出版社，2011：21.
② 巴赞.电影是什么？［M］.崔君衍，译.北京：中国电影出版社，1987：7.

值得注意的是，无论是山崖上，还是洞穴中，很明显，岩画都是通过对空间形式的占用来实现对时间这一维度的超越。如果这些岩画被破坏、被风化，那么就不可能让万年以后的人类了解到如此丰富的信息。

二、时空互为成本

从结绳到岩画，这些媒介都需要通过占据一定的空间来实现对时间的跨越，它们在非常古老的时候就向我们显示了人类传播的另一条重要规律：跨越时间需要占据空间。在以后传播发展的长河里我们将一如既往地看到，信息的传递如果不是即时的，那么它就需要一定的空间来记录和保存，在这里，空间反过来成为跨越时间的成本。

在进入文字文明之前的漫长岁月里，人类在克服时空束缚上的种种努力已经使得一条传播的基本规律浮出水面：要使信息跨越空间必须花费时间，要使信息跨越时间必须占用空间，它们合起来构成人类传播发展中的一对基本矛盾——时间与空间互为成本。

正是在解决这种时间与空间的二元对立中，媒介技术不断更新前行，从而不断在时间与空间层面提升传播的自由度。从人类将口语意义外化为物的那一刻起，就已经在开始寻求怎样减少这种成本。实际上，人类后来在传媒技术上不断取得的进步和突破，不过是使新的技术充当了这种成本的替代物，以使得耗费的时间或空间成本不断地减少：跨越空间消耗更少的时间，跨越时间占用更小的空间。因此，从技术的角度来说，人类传播的自由度正是以这种成本的多少来衡量的，所耗费的时间或空间成本越少，那么说明自由度越高。

实际上，伊尼斯所说的"传播的偏向"正是以媒介的时空依赖为基础的。擅长于跨越空间的媒介必须依赖于时间的消耗，擅长于跨越时间的媒介依赖于空间的占据，正是在时间与空间的相互纠缠和彼此倚仗中，人类在不断拓展信息传播范围的同时，不仅发展出不同类型的传播媒介，还以这些不同偏向的媒介为载体，发展出各具特色的文明形态。

第三节　空间型媒介

"此时相望不相闻，愿逐月华流照君。"在唐代诗人张若虚《春江花月夜》的诗句中，远隔两地的人们彼此遥遥相望，却无法传情达意，于是，远在夜空能被双方看见的"月华"就成为一种远距离传输信息的媒介，寄寓着古人跨越空间距离进行交流的愿望。这一充满浪漫想象力的诗句，反映出人类对于借助传播媒介跨越空间传情达意的心理诉求。

相对于时间型媒介而言，空间型媒介是以时间的消耗来换取对空间距离的跨越，从而实现信息的远距离或大范围传播。在古代，最具代表性的空间型媒介有烽烟、旗帜、鼓声等，这些媒介的主要用途是传递军事号令。

一、烽烟

烽烟主要用于示警。"烽火连三月，家书抵万金""南国烽烟正十年"，都是脍炙人口的描述战争场面的诗句。在《全球传播》一书中，有这样一段关于烽烟的描述。

> 在某个遥远的、四面楚歌的岛屿上，战士们终日固守城墙，孤注一掷，杀得昏天黑地；但太阳一落山，一串烽火的火焰升起，射入云霄，以向邻近的岛民报警，使援军乘船赶来。[①]

作为一种特殊的传播媒介，烽烟以其迅速跨越空间的优势，在世界各地的战场与边塞广泛使用，成为军事攻守中不可或缺的一项工具。中国北宋官修的军事著作《武经总要》中对烽烟的设置方式有非常明确的记载：

> 烽燧，军中之耳目，豫备之道，不可阙也。唐兵部有烽式，尤为详具。今之边塞所置，则颇为简略而易从。唐李筌所记法制，适与今同。今以唐式录为前，而今法次之，庶参考用焉。唐法：凡边城候望，每三十里置一烽，须在山岭高峻处。若有山冈隔绝，地形不便，则不限一数，要在烽烽相望。若临边界，则烽火外周筑城障。

显然，此时的人们已经探索出烽烟传播的基本模式。即便到了不再使用烽烟的年代，人们形容战争时仍然经常使用"狼烟四起"这个成语。在战争中使用的传播媒介已经成为战争的代名词，从一个侧面说明了传播媒介在军事活动中的重要性。而之所以称烽烟为"狼烟"，不仅是一种形容，更是由技术上的特征所决定。"古之烽火用狼粪，取其烟直而聚，虽风吹之不斜。"[②]。以狼粪为燃料，烟柱不易被风吹散，能冲上高空，从而能够将战争的信号传递到更远的地方，或者在同样的距离内将信号传递得更为清晰。"狼烟"是在传播范围更大、传播效果更好的诉求下所做的技术性选择。

二、旗鼓

旗帜、鼓声在战争中主要用于指挥进退。旗帜在传递信息方面的功能在于它能够高高地升起，让较大范围之内的人都能看见，从而实现信息对空间的跨越。鼓声传递信息的方式是因击鼓产生的声音信号，由于鼓所能产生的音量远远大于人的嗓音，而鼓声在符号层面又比口语要单纯，因此，鼓声能够在较大范围内有效传递军事活动的号令，"击鼓前进，鸣金收兵"也成为古代战争起止的基本模式。

---

① 伽摩利珀.全球传播［M］.尹宏毅，译.北京：清华大学出版社，2003：9.
② 陆佃.埤雅［M］.北京：中华书局，1985：125.

在《三国志·蜀志·赵云传》中，有这样一段记载：

> 成都既定，以云为翊军将军。裴松之注引《赵云别传》："云入营，更大开门，偃旗息鼓，公军疑云有伏兵，引去。

这就是成语"偃旗息鼓"的由来。实际上，与烽烟一样，旗鼓也已经成为战争的明显标识。所谓"旗鼓相当"，指的就是旗帜和鼓声等传播媒介的规模体现了战争双方的阵容力量。因此，一旦将旗鼓隐藏起来，就会产生信息传递和辨识的混乱，对军事活动的进程会产生明显的影响。

无论是烽烟还是旗鼓，都能跨越空间实现信息传递，但与口语在符号方面的成熟系统相比，它们所传递的信号在表意能力方面却是极其有限的，如果没有事先的约定，谁能知道一缕烽烟、一面旗帜、一阵鼓声传达的是什么意思呢？正是为了弥补这种缺陷，人们建立起关于这类传播媒介的符号系统，对其使用规则进行了详尽而周密的规定。

以木鼓为例。据卡灵顿（Carrington）对凯莱民族民俗的研究，木鼓语言共有170个句子，分成6个主要类别：物体和动物的名称；通告村寨生活的重大事件（召集人来跳舞、参加体育比赛、宣布举行成年仪式、婴儿降生——特别是双胞胎的降生、马驹的出生、死亡、传染病的流行等）；要求人们提高警惕、注意防范；村民的名字；在暴风雨前召集人们返回村寨等。[①] 符号体系的建立使得旗鼓等空间型媒介的使用有了更大的灵活度，在军事之外的日常生活中也有了广泛的应用。

三、误用的后果

然而，烽烟、旗鼓这些看似简单的传播媒介一旦登上人类社会生活的舞台，它们就会对人类的政治、经济、军事、文化产生深刻的影响，如果忽视其重要性，或者在使用中稍有不慎，就会让一个国家、一个城邦付出令人难以想象的代价。

古希腊关于爱琴海得名由来的传说是再好不过的例子：

> 再如德泽（即忒修斯，引者注），在战胜克里特岛的食人怪物后忘记了张起白帆换下出发时所用的黑帆，而这些白帆是用来从远处告知其父厄热（即爱琴，引者注）胜利喜讯的——这个不合时宜的通讯故障导致他父亲投海自杀，那片海今天以其父的名字命名（爱琴海）。

这一传说是在克里特岛上的米诺斯文明与雅典文明之间的冲突中产生的。据说，克里特岛上的米诺斯文明当时更为强大，雅典被迫向修建了著名迷宫的米诺斯国王连年供奉。爱琴国王的儿子忒修斯请缨去克里特岛，岛上一位对他心生爱慕的公主给他提供了剑和线

---

① 潘诺夫.信号·符号·语言［M］.王仲宣，译.北京：三联书店，1991：108.

球：他用剑杀死了食人怪物米诺牛，线球让他得以逃出迷宫，当他们兴高采烈地返航时，却忘记了事前跟父亲关于换帆的约定，因而导致爱琴国王投海自尽。

在这则传说中，真正酿成悲剧的，是帆的颜色所传递的信息，也就是让纳内所说的"通讯故障"。显然，换帆所传递信息的重要性被雅典英雄忒修斯忽视了，也许，在有着备受后世传播学者推崇的口语传统的古希腊，忒修斯还更习惯于当面向自己的父亲报告喜讯，他们更习惯于口语的传播方式，而不是使用能够跨越空间的白帆、黑帆——这种利用单一传播通道来传递信息的方式非常脆弱，一旦误用，产生的就是极其严重的后果。

另一个更典型的例子是发生在古代中国的故事，也就是几千年来为人们津津乐道的"烽火戏诸侯"。下面是《史记·周本记》中的记载：

> 褒姒不好笑，幽王欲其笑万方，故不笑。幽王为烽燧大鼓，有寇至则举烽火。诸侯悉至，至而无寇，褒姒乃大笑。幽王说之，为数举烽火。其后不信，诸侯益亦不至。

在周幽王荒淫误国的历史教训之外，从传播的视角来看，这实际上是"狼来了"的周幽王版本。由于烽烟的战争示警作用被周幽王儿戏般地"废除"了，因此，后来即便是真的发生了战争，诸侯们看着浓黑的烽烟也不再派兵出战，狄戎长驱直入，西周从此灭亡。

这则家喻户晓的故事蕴含了相当丰富的历史信息，它与爱琴海的故事一起提醒我们，即使在古代社会，媒介也异常重要，对媒介的误用或是滥用将会产生非常严重的后果，可以祸国殃民，也可以倾朝覆国，这从另一个方面显示了媒介对于国家安全、经济社会的重要性。

第四节　媒介的延续

如果你是一个考古学家，你可以横穿欧亚非，寻访人类最古老的岩画，但不论这些岩画多么令人震撼，也没有人在现实生活中再用它来作为传播媒介了。如果你是某原始部族的酋长，你可以通过击鼓的方式，召集整个部落的人外出狩猎或劳作，但在多数人类生存的都市和乡村中，这种古老的声音已经不再响起。

一、模糊与清晰

在人类现代化的过程中，报纸杂志、电报电话、广播电视等各种媒介雨后春笋般地出现，烽烟、旗鼓等这些古老的传播方式已经很少使用了。那么，用烟的方式来传递信息，这种看似古老的方式如今还在使用吗？显然，除了荒岛求生式的影视剧中人们用烟来示警或求救，日常生活中还真是少见了，但这并不意味着这种方式就不存在了。

让-诺埃尔·让纳内（Jean-Noel Jeanneney）在《西方媒介史》^①一书中记述了这样一

---

① 让纳内.西方媒介史［M］.段慧敏，译.桂林：广西师范大学出版社，2005：14.

段亲身经历：

> "1978 年，我和圣－歇日旁边的法国使馆的一名外交官，一起去圣－皮埃尔广场观看教皇让－保罗一世的选举。
>
> 烟冒出来的颜色在我看来是不太明确的。与我一起去的法国外交官仔细看了一下，以他的职位的威信断言这是黑色的，那个晚上不会有结果，然后回家了。而我却在广场上，我比他更喜欢热闹一些。
>
> 一刻钟之后，红衣主教出现在阳台上，公布了新教皇的名字。
>
> 原来，灰烟代表白色而不是黑色……"

显然，在各种现代媒介齐备的 1978 年，用烟来传递信息的方式依然存在，而且还是用来发布对于西方社会而言极其重要的教皇选举的信息，表明这种媒介在人类历史中的顽强生命力。

作为历史学家的让纳内后来成为法国传播部部长和国家图书馆馆长，不过，这个在当年就见多识广的人与另一个阅历丰富的外交官在这样一个新闻发布的场合显然都不太自信，两位如此有见识的人都无法准确地从烟中获得信息，那么为什么如此重要的信息，在各种现代媒介早已登台亮相之后，却还要用烟这种我们看起来有点儿戏的方式来发布呢？

要更为清晰地了解这一点，我们需要跟另一种我们更为熟悉的信息发布方式做个比较，这是 2005 年教皇选举的新闻：

> 新华网罗马 4 月 19 日电（记者丁莹）梵蒂冈城消息：来自德国的枢机主教约瑟夫·拉青格 19 日在罗马教皇选举中当选第 265 任天主教罗马教皇，称为本笃十六世。
>
> 拉青格 1927 年 4 月 16 日出生，1977 年任枢机主教，1981 年任罗马教廷的信理部部长。
>
> 枢机主教团 115 名枢机主教 18 日下午开始进行选举新教皇的秘密投票。上任教皇约翰－保罗二世于本月 2 日因病在梵蒂冈去世，终年 84 岁。

在上面这条用"倒金字塔"格式写就的新闻稿中，要传递的信息非常清晰，谁在什么时间干了什么，背景是什么，都一清二楚，不会像让纳内记述的那样，广场上的烟让"围观"的人们无法准确判断到底要传递什么信息。

然而，用烟来发布信息之所以在教皇选举这么重要的场合中依然存在，正是因为它的"模糊"。模棱两可的信息才会充满神秘感，才会保留仪式感，这种效果正是宗教信息发布所需要的。

显然，只要人类需要，作为传播媒介，原始而"模糊"的烟火依然有其存在的价值，这也提醒我们，信息传递的方式与其要达成的目的之间有着极强的互动关系，"清晰""准确"并不是信息传递的唯一标准，就像在日常生活中人们都明白的道理：话并不是说得越清楚越好。

二、实物与符号

实际上，在人类的历史长河中，媒介的种类、样式与存在方式是非常丰富多彩的。在历史名著《希罗多德历史》中，被称为西方"历史之父"的古希腊历史学家希罗多德（Herodotus）记叙了这样一个关于信息传播的有趣故事：2 500 年前，波斯皇帝大流士征讨位于波斯西部的斯奇提亚时，斯奇提亚人派遣一个使者给大流士送去一份礼物，这份礼物是一只鼠、一只蛙、一只鸟和五支箭。波斯人问来人这些礼物代表什么含义，使者便说，他并没有听到什么特别的吩咐，如果波斯人足够聪明的话，他们自己就可以猜出这些礼物的含义。

大流士认为，这表示斯奇提亚人带着土和水向他投降。他的理由是：老鼠生活在土里，和人吃着同样的东西；青蛙则生活在水里；而鸟在天上飞。他又说，箭是表示斯奇提亚人放弃了武力。但是他的一个属下、英勇的戈布里亚斯的意见和大流士的意见恰恰相反，他认为这些礼物的意义是："波斯人，除非你们变成鸟飞到天上去，或是变成老鼠隐身在泥土中，或是变成青蛙跳到湖里去，否则，你们都将会被这些箭射死，永远无法回到家里去。"大流士听后尽管很不高兴，但不得不承认波斯军队已陷入窘境，他最终决定撤出斯奇提亚。最后证明戈布里亚斯的推断是正确的。①

鼠、蛙、鸟、箭作为客观存在的事物，在这个故事里，都可以成为传递某种特殊信息的载体。在文字已经出现之后，这些实物依然作为信息传播的方式在继续发挥作用。马歇尔·麦克卢汉曾告诫我们：新媒介的出现并不意味着旧媒介的消亡。不过，与文字相比，这些实物不像语言符号一样具备能指与所指的确定关系，它们在所指上的不明确和不稳定，使其无法像文字一样，成为通用的信息传播方式。

显然，传播媒介的发展变化是有其延续性的。在媒介进化论者保罗·莱文森（Paul Levinson）看来，媒介的演化类似于生物的进化，是一种优胜劣汰的结果，不过与"物竞天择"的自然界不一样的是，媒介的进化源自于人的选择。"每一种媒介都像一个生物有机体，其运行功能都由我们进行选择，而不是由自然来进行选择。我们选择媒介的依据是它们在多大程度上延伸我们生物有机体传播的能力，在多大程度上维持我们面对面交流的能力或前技术传播的能力。"②

① 希罗多德.希罗多德历史［M］.王以铸，译.北京：商务印书馆，l959：316.
② 莱文森.软利器：信息革命的自然历史与未来［M］.何道宽，译.上海：复旦大学出版社，2011.

第三章　文字：能力增强与信息损耗

享誉世界的意大利符号学家昂伯托·艾柯（Umberto Eco）讲过一个印第安仆人的故事。这位仆人受主人的吩咐去送一篮无花果和一封信，但在半路上却将篮子里的东西吃掉一大半，将剩下的东西送到了该送的那个人手中。这个人读了信，发现无花果的数目与信上所说的不符，于是就责问仆人为何将果子偷吃了，并且告诉了他信上是这样说的。然而这位印第安仆人却矢口否认有这事（尽管证据确凿），并且不断诅咒那张纸，认为那张纸是在说谎。

之后不久，这位仆人又被支使送同样的东西到同样的地方——同样一篮无花果以及说出了无花果确切数目的信。他又故伎重演，在路上吃掉了大部分的无花果；但这一次，为了防止受到上次同样的指责，他在吃无花果之前首先将那封信拿出来藏到了一块大石头下面，他相信，如果这封信没看到他吃无花果的话，就不可能出卖他。然而这一次他又失算了，他收到了比上一次更加严厉的指责；他不得不老实坦白自己的错误，对纸所具有的"神性"赞叹不已。①

这位印第安仆人让生活在文字文明中的人哑然失笑，因为他无法理解的是，真正使纸具有"神性"的其实是文字。

第一节　文字的命运

大约在五六千年前的奴隶社会初期，文字在各大古文明中渐次出现，成为与口语一样能够改变人类文明演进方向的信息交流方式。"几千年来，人类有几种独立发展的古老文字体系。其中最著名的为埃及的圣书体、美索不达米亚的楔形文字以及中国的汉字。基本上，它们都是以图画式的表意符号为主体的文字体系"。②然而，这些都以象形方式出现在各大古文明中的文字，在文明变迁的漫漫历程中，却呈现出完全不一样的命运。

一、楔形文字

6 000多年前，美索不达米亚的苏美尔文明中出现了最早的文字。这种文字用削成三角尖头的芦苇秆或木棒当"笔"，刻写在泥板上；然后将泥板烘干，以便于保存。由于落笔处较为宽深，提笔处较为细窄，这种文字就被称为楔形文字。人们研究了它的内容后发现，这种文字是经营管理的一种工具，而不是为了智力游戏或文学活动才发明的。正如《全球通史》一书中所说，文字不是一种深思熟虑后的发明物，而是伴随对私有财产的强

---

① 艾柯.诠释与过度诠释［M］.王宇根，译.北京：三联书店，1997：51-52.
② 许进雄.中国古代社会——文字与人类学的透视［M］.北京：中国人民大学出版社，2008：1.

烈意识而产生的一种副产品。①

苏美尔文明在 4 000 多年前衰亡，楔形文字由古巴比伦王国继承并得到更大的 发展，但随着这些古文明的消失，楔形文字的读解方法也失传了，在很长的时间里，人们都无法知晓这些符号的含义。直到 1835 年，一个偶然的机会，英国学者亨利·罗林森（Henry Rawlinson）发现了伊朗哈马丹郊外贝希斯顿村附近一块大岩石上的铭文，并把它制成了拓本带回欧洲。这就是著名的贝希斯顿铭文，它用三种文字写成：楔形文字、新埃兰文字和古波斯文。经过 8 年的研究，罗林森终于破译了其中的古波斯文，在将古波斯文与楔形文字对照以后，他又读懂了楔形文字，楔形文字的秘密才终于被解开。

罗林森研究后发现，这片铭文与波斯皇帝大流士有关。公元前 522 年，波斯皇帝冈比西斯率大军远征埃及时，波斯境内发生了叛乱，冈比西斯在返回途中突然病死。群龙无首之际，波斯贵族大流士用计谋取得了皇位并平定了叛乱。为了称颂自己的功绩，大流士让人将他平定叛乱的经过刻在了贝希斯顿村外的大岩石上。当时洋洋自得的大流士不会想到，这些铭文将会成为后世破解楔形文字的钥匙。

二、古埃及文字

古埃及文字的命运与楔形文字有着惊人的相似，甚至还要更为曲折离奇。这种文字大致于 5 000 多年前在尼罗河流域发明，存活了 3 500 年，在 1 500 年前随着罗马帝国的入侵而灭绝。

罗马帝国入侵埃及以后，基督教要消灭所有异教徒的东西，包括文字，代之以由 24 个希腊字母外加 6 个埃及俗体字母（为补足希腊字母所无法拼出的埃及语言特殊发音部分）所构成的所谓科普特文。而 11 世纪回教力量兴起进入埃及以后，跟基督教一样，又把科普特语和文字一并废除，于是，古埃及文字彻底地沉睡了。② 随着古埃及文字读法的彻底失传，直到 18 世纪之前，古埃及的历史再也无人能读懂。

1799 年，拿破仑率军远征埃及。一位名叫布夏尔（Bouchar）的军官在罗塞塔城修筑防御工事时，发现了一块黑色的玄武岩断碑，碑上用两种文字、三种字体刻着同一篇碑文，最上面的是古埃及象形文字，中间是古埃及草书体象形文字（也称俗体字），下面是希腊文字。这就是如今被收藏在大英博物馆内、被称为"罗塞塔碑"的著名石碑。

罗塞塔碑提供了希腊文与古埃及文字之间的翻译通道，古埃及文字从此得以解码和辨识。碑上刻写的是一封写于公元前 196 年的感谢信，由埃及孟菲斯城的僧侣们写给当时的国王托勒密。托勒密是埃及第十五王朝法老，他登上国王宝座后，取消了僧侣们欠交的税

---

① 斯塔夫里阿诺斯.全球通史：从史前史到 21 世纪（上）[M].吴象婴，等，译.北京：北京大学出版社，2012：60.

② 唐诺.文字的故事 [M].上海：上海人民出版社，2010：50.

款，为神庙开辟了新的财源，并对神庙采取了特殊的保护措施。在得到这一系列好处后，僧侣们写了这封歌功颂德的感谢信。为了让那时统治埃及的希腊人、埃及本地官僚和一般民众能够看懂，碑文就用两种文字的三种字体刻在了这块黑色玄武岩上。当时刻写这些碑文的僧侣们无法想到，这些碑文竟然会成为后世解读古埃及文字最关键的解码器。

古埃及文字是极为幸运的。在刻写罗塞塔碑文的托勒密王朝，使用的是演变后的科普特语，可以回溯到原始的古埃及文字。尽管科普特语在 11 世纪被废除，然而基督教科普特教派却用分毫不改的祈祷文将它保留了下来。而终身致力于破译古埃及象形文字、被人们称为"埃及学之父"的法国人商博良（Champollien）又对科普特祈祷文相当熟悉。于是，在历史的峰回路转中，古埃及文字及其承载的悠远古埃及文化才得以被人类了解。

三、文字的存废

与苏美尔人和古巴比伦人的楔形文字、古埃及人的象形文字一样，中南美洲的玛雅文字、克里特岛上米诺斯文明的地中海线型文字 B 如今都已被破解出来，而古印度文字、地中海线型文字 A 等一些古老的文字则没有这样幸运，它们至今都还无法破译。当然，尽管一些文字现在已经可以读懂，但这些文字存身的古文明没有延续下来，这些文字现在也不再使用了。

从这个角度来说，中国的汉字要算是这个世界上最幸运的文字了。这种文字和它存身的中华文明一直延续至今都没有中断，正如《中国古代社会》一书的作者许进雄所言："今天，其他的古老文字体系或已湮没，或为拼音文字所取代。只有中国的汉字仍然保存其图画表意的特征，没有演变到拼音的系统。这种特性对于有志探索古代中国文化者是极大的方便。"[①] 正是因为这样的幸运和方便，下面我们探讨文字载体的沿革之时，就可以用汉字及其载体来作为主要的探讨对象。

第二节　载体的沿革

"上古结绳而治，后世圣人易之以书契。"《易·系辞下》中的这句话，反映了古代传播发展到文字媒介的进化过程。而文字从起源到发展成精密、稳定的体系，也经历了一段漫长的旅程。在这一过程中，承载文字的媒介如一条支流密布的大河，从最初单一的源头繁衍出大小支流，逐渐蔓延、覆盖到越来越大的范围。

一、早期的载体

在文字的诞生期，几大古文明都找到了适应其地域特征的文字载体。苏美尔人和巴比

---

① 许进雄.中国古代社会——文字与人类学的透视［M］.北京：中国人民大学出版社，2008：1.

伦人将楔形文字写在泥板上，古埃及人将象形文字写在莎草纸上，古印度人在棕榈树叶上写佛经（《旧唐书》记载："天竺国书于贝多树叶以记事"，贝多树叶即棕榈叶，写在上面的佛经即是著名的贝叶经）。古代的中国人则在龟甲和兽骨上刻写汉字，这就是甲骨文。另外，铸在青铜器上的金文，以及陶器、砖瓦、兽皮、石刻等也是早期文字的重要留存方式。

二、竹简

在中国的文字载体中，竹简的地位举足轻重。"人生自古谁无死，留取丹心照汗青。"这是南宋民族英雄文天祥《过零丁洋》中的诗句，他希望自己为国尽忠，死后仍可光照千秋，青史留名。古时在竹简上记事，先以火烤青竹，使水分如汗渗出，便于书写，免于虫蛀，故称汗青。古人通过这种方式，使竹简能够长久贮存，上面的文字也就能跨越时空，千载相传。被称为汗青的竹简，也成为历史的代名词。

竹简主要在春秋战国、秦汉时期使用。春秋战国时期，诸子百家争鸣，文化空前繁荣，由于此时文字的传播以竹简为主要载体，因此，竹简在中国甚至成为知识和文化的象征。《庄子·天下》中批评惠施"多方，其书五车，其道舛驳，其言也不中"。惠施是战国时期名家的代表人物，庄子说他懂得许多方面的学问，他的著述多达五车，但他的学说却杂乱无章，他的言谈也多偏颇不当。这个典故后来演化为成语"学富五车"，用来形容一个人读书很多、学识渊博。显然，庄子所说的"其书五车"是以竹简作为载体的。

不过从另外的角度来看，竹简还并不是理想的文字载体。"五车"其实反映出竹简占据的空间成本还很大，搬动它要消耗的能量也很多。《史记·孔子世家》中说"孔子晚而喜《周易》……读《周易》，韦编三绝"，孔子晚年喜读《周易》，把串联竹简的牛皮带子翻断了很多次，这个故事在赞美孔子勤勉治学的同时，其实也说明竹简在传播文字的过程中还有诸多不便。

三、纸张

继竹简之后，又出现了书写于织物上的缣帛。竹简与缣帛都已接近于今天的书籍形式。然而，在造纸术发明以前，文字还只是一个比较纯粹的时间型媒介，它被刻在不易风化的岩壁上、不易腐烂的甲骨上，或者是烤制定型的竹简上，可以长久保存。但在这时，文字媒体跨越空间的能力并不强，如果要使它在空间上发生位移就必须耗费大量的能量。

根据迄今的考古发现，造纸术的发明不晚于西汉初年。到了公元 105 年，东汉宦官蔡伦改进了造纸术并使之成为成熟的技术，蔡伦也被认为是造纸术的发明家。这一被列为中国古代四大发明的技术使得文字得到前所未有的解放，这种解放不仅是时间上的，也是空间上的。纸张使得文字这种符号从此可以只用很小的空间成本跨越时间，同样也为缩小跨越空间所需要的时间成本提供了便利。由于纸张可以保存、便于携带、易于制造、廉于购买，从而使人类对于信息的传达更为自由和灵活。

随着造纸术的产生，纸张逐渐成为文字传播的主要载体，并由此衍生出很多种跨越空间的文字传播方式。其中较具代表性的是信鸽。唐朝政治家和诗人张九龄不但用信鸽来传递书信，还给信鸽起名"飞奴"。五代后周的王仁裕在《开元天宝遗事》中记载，"张九龄少年时，家养群鸽。每与亲知书信往来，只以书系鸽足上，依所教之处，飞往投之，九龄目为飞奴，时人无不爱讶"。元代李东有的《古杭杂记》中，也有"万鸽飞翔绕帝都，朝昏收放费功夫。何如养取云边雁，沙漠能传二圣书"这样的描述，可见信鸽传播在当时的盛况。

国外其实也同样有着"飞鸽传书"的悠久历史。古埃及、古罗马都有用鸽子传信的记载，古代中东地区有个统治者苏丹·诺雷丁·穆罕默德，在巴格达和他的帝国各城之间建立起一个信鸽通讯网，形成了著名的信鸽邮局。到了近代，信鸽更是成为成熟的传播系统，著名的滑铁卢战役的结果据说首先就是由信鸽传递的，这条信息让罗斯柴尔德家族抢先买进大量英国公债，成就了这个当时最大的商业帝国。

在古代中国，为了传递公文书信和军事情报，官方建立了驿站系统，以供传信者或来往官员途中食宿、换马所用。与印加帝国石板路上的口语信息接力不一样的是，在中国的条条驿道上奔驰的是快马，而传递信息的载体也变成了文字。秦始皇统一中国后设置"十里一亭"，到了汉初就"改邮为置"，即改人力步行递送为骑马快递，并规定"三十里一驿"。到了开放的唐代，国际交流频繁，各国使节和官员公差往来大为增加，朝廷干脆改驿为馆驿，以突出其迎来送往的"馆舍"功能。"一骑红尘妃子笑，无人知是荔枝来"，使用的就是驿路系统，其性质与"烽火戏诸侯"一样，都是对媒介系统的滥用。

造纸术在中国发明以后，很快传到了邻近的朝鲜、越南、日本等地，中亚和印度随后也掌握了这项技术。阿拉伯世界直到8世纪中叶才开始了解这项文字传播的关键技术，西方则在12世纪中叶才在阿拉伯人的帮助下建立造纸厂。总体而言，中国在造纸术上领先西方达千年之久。

造纸术向阿拉伯世界的跨文化传递始于一场战争。公元751年，唐朝军队与黑衣大食在中亚的怛罗斯城展开激战，两军血战5日，以唐军大败告终。然而，这场战争以一种奇特的原因为后世所铭记。论及此战，几乎所有的史家都会提起几名唐军战俘，他们是造纸的工匠。

怛罗斯之战前，造纸术一直是中国人掌控的机密技术。被黑衣大食军队俘虏的几位纸匠改变了这种局面。怛罗斯之战后，造纸业便开始在撒马尔罕和巴格达兴起，造纸术逐渐在中东普及。

欧洲人则是通过阿拉伯人了解造纸术的，最早接触纸和造纸术的欧洲国家是一度为阿拉伯人所统治的西班牙。公元 1150 年，阿拉伯人在西班牙的萨狄瓦建立了欧洲第一个造纸场，自此，造纸术开始了在欧洲的传播。到了 1797 年，法国人尼古拉斯－路易斯·罗伯特（Nicolas-Louis Robert）成功发明了用机器造纸的方法，从蔡伦时代起中国人持续领先近 2000 年的造纸术终于被欧洲人超越了。

四、印刷

印刷术的发明使得文字传播脱离了传统手书抄写的状态，使得文字的复制变得更加稳定和便捷。这种对后世产生深刻影响甚至改变了整个人类命运的技术同样首先出现在中国。

隋唐时期，中国的雕版印刷技术已经成熟。1900 年，在敦煌千佛洞发现了公元 868 年雕版印刷的《金刚经》，这是目前世界上发现的最早的有确切日期的印刷品。这部经卷图文精美，雕刻的刀法细腻，浑朴凝重，说明当时刊刻印刷的技术已经达到了相当纯熟的程度。到了 11 世纪中叶的宋仁宗庆历年间，平民发明家毕昇发明了用胶泥活字印刷的技术，北宋科学家沈括在他所著的《梦溪笔谈》里，专门记载了毕昇的活字印刷术，这项技术比西方要早 400 多年。

1450 年，德国美因茨的金匠约翰内斯·古登堡（Johannes Gutenberg）制成了西方第一台印刷机。1455 年，他印刷了著名的《四十二行圣经》，这是《圣经》第一次以印刷品的形式出现，这部长达 1 282 页的印刷版《圣经》注定将成为一个全新时代的醒目谕示。

1462 年，德国美因茨发生了一场大火，古登堡的印刷厂在大火中被烧毁，印刷工流落到欧洲其他城市。对古登堡而言，1462 年的这场大火是一场灾难，但是当大火中印刷工流散各地后，却点燃了印刷术在欧洲扩散的燎原之火。印刷术在西欧的传播与应用可谓迅速。从 15 世纪中叶古登堡发明金属活字印刷术，到印刷术在西欧的普及，仅仅用了半个世纪的时间。到 1500 年左右，欧洲已有超过 250 个地方建立了印刷厂。[①]

印刷术在全球范围的扩散与普及使得人类信息交流的普遍性达到新的高度，尤其重要的是，它是开启西方近代社会大门的钥匙。美国学者伊丽莎白·爱森斯坦（Elizabeth Eisenstein）用了 15 年时间潜心研究印刷术的历史影响，在她看来，印刷术是欧洲中世纪和近代最重要的技术发明，由此引发的传播革命对欧洲近现代的历史产生了重大影响。[②]人文主义、文艺复兴、宗教改革、启蒙运动，以及科学革命这些西方近代化过程中最关键的社会变革，都与印刷术有着莫大的关联。正因为如此，爱森斯坦将印刷术视为西方社会

---

① BRIGGS，BURKE. A social history of the media: from gutenberg to the Internet［M］. Cambridge：Polity Press，2002：15.

② 爱森斯坦 . 作为变革动因的印刷机：早期近代欧洲的传播与文化变革［M］. 何道宽，译 . 北京：北京大学出版社，2010：5.

近代化这一巨大社会转型过程的变革"动因"。

而在近来的研究中人们进一步发现,印刷术对西方近代化过程的影响还要更为深刻。比如印刷术的普及提高了识字率,提供了更多的受教育的机会,促进了知识分子阶层的产生;同时,印刷术作为一种新的信息技术,促进了文化产业的形成,影响了西欧科技革命的广度和深度,加速了技术扩散的速度。印刷术还深刻地影响了西方近代化过程中"民族国家"的形成,而"民族国家"的形成不仅是西方近代化过程的最重要表征,也是西方近现代以来的社会结构及由此决定的国际秩序的基石。

在中国和西方,印刷术的命运大相径庭。中国是世界上最早发明印刷术的国家,然而,在作为印刷术发源地的中国,印刷术却为何并未像西方那样成为社会变革的动因,也并未对当时的中国社会产生与西方近代化过程类似的影响?这其中的原因相当复杂。

在哈罗德·伊尼斯看来,汉字与西文在符号构成上的不同是影响印刷术传播的重要原因,"汉字需要政府支持的大规模经营,相反,字母表却允许私人企业小规模的管理"[①]。除此以外,技术层面的原因也被广泛讨论,作为中国活字印刷的标志性技术,毕昇在北宋时期发明的胶泥活字印刷术与古登堡的金属活字印刷术在技术水平层面存在的差距也影响了其社会作用的发挥。

而在更多的研究者看来,以社会需求、社会条件作为主要构件的背景范式才是中西印刷术不同命运的决定性因素。具体而言,谷登堡发明金属活字印刷术之时,西欧正处于中世纪行将结束、近代化正在开始的历史进程之中,充满活力、扩张主义的商业文明正在崛起,[②]14世纪开始的文艺复兴在西欧星火燎原,教育的发展与普及提升了阅读的能力和需求,宗教改革的不断开展直接刺激了对《圣经》的需要。正是这一系列社会需求与社会条件的具备,才使得古登堡的印刷术成为"应运而生"的发明,并在西方近代化的社会巨变中推波助澜,在各个社会层面、各种社会运动中扮演了"变革动因"的角色。

与古登堡印刷术的"应运而生"相比,毕昇的发明可谓"生不逢时"。毕昇发明活字印刷术之际,唐宋以来的中国正处于封建社会的高峰期,以农业为基础、发展缓慢的内向型社会保持着中华文明的连续性和王朝更迭的周期性,[③]这种社会状态无法为印刷术提供类似于西方近代化的社会条件。而在毕昇发明活字印刷术的北宋,雕版印刷正值黄金时期,作为新技术的活字印刷一诞生,首先遭遇的是传统雕版印刷商的强烈反对。中国一直以来重文学、重书法、重手抄、轻实利的文化体系和传统也无法为活字印刷术提供相应的社会需求。

显然,印刷术在西方与中国的不同命运由生产方式、社会运动、意识形态、文化传统、消费需求,以及来自已有技术和既得利益的挑战等一系列的社会因素决定,这一系列社会条件与社会需求构成了同一种媒介在不同社会产生不同影响的背景范式。

---

① 伊尼斯.帝国与传播[M].何道宽,译.北京:中国人民大学出版社,2003:155.

② 斯塔夫里阿诺斯.全球通史:从史前史到21世纪(下)[M].吴象婴,等,译.北京:北京大学出版社,2013:371.

③ 同②359.

五、电子与数字

尽管"仓颉作书，天雨粟，鬼夜哭"的说法未必可信，但文字的确是一项伟大的发明，它具有无与伦比的适应性，无论人类后来的媒介技术发生了多少次变化与更迭，文字传播始终与时俱进。造纸术的发明使得文字得到前所未有的时间上和空间上的解放；印刷术的发明使得文字传播脱离了传统手书抄写的状态，使得文字的复制变得更加稳定、快捷和方便；电报在 19 世纪 30 年代的发明更使文字成了一种克服时空束缚的全能符号。

电报发明之后，文字传播在跨越空间方面的能力大大增强：它现在不仅能以非常小的空间成本穿越时间，同时能以非常小的时间成本跨越空间，它成了一种真正自由的符号。不过由电报所宣告的电力传播时代的来临并不是文字传播的顶峰，因为文字同样能适应最近的信息技术革命。现代数字技术使得文字占用的空间更小，它已经只需要占据非常小的虚拟空间即可实现信息的跨时空传递，并可以非常便捷地被复制。

从文字媒体沿革的角度来看，从造纸术到计算机，所有的这些技术所努力实现的只不过是提升文字传播跨越时间和空间的性能而已，换句话说，它们都在减少或替代文字传播所需要耗费的时间与空间成本。因此，无论是在印刷术的时代还是在电报的时代，抑或现在的电脑时代，都可以被称作是文字的时代。文字并没有因为各种新技术的发明而退居传播的二线，相反，它始终是传播的主角。

第三节　文字的优势

一、跨越时间

文字让人类用一些线条的组合就可以将信息外化和固定在石碑、竹简、纸张之上，它非常稳定，经得起时空的变迁。与容易受到传播过程影响的口语相比，文字无论是经历时间还是穿越空间，都不太容易发生改变。元曲《看钱奴买冤家债主》第二折中写道："不要闲说，白纸上写着黑字哩。若有反悔之人，罚宝钞一千贯与不反悔之人使用。"（元·郑廷玉《看钱奴买冤家债主》）这和我们平时所说的"口说无凭，立字为据"是一个意思。文字能够弥补口语传播在约束力上的欠缺，口语传播的内容一经文字固化，就成了有形的实物，不再无踪无影，转瞬即逝。

文字一旦与它的载体进行结合，就有了不可动摇的意义，除非在传播过程中遭到毁灭，否则它必将"忠诚"地将传播者的意图转达给他的传播对象。"文字如同明矾，它让有声的语言以及无声的思索和想象可能沉淀下来，有了文字，人类的思维和表述便挣脱开时间的专制统治，可以不再瞬间飘失在空气之中，从而开始堆积，让思维和表述有了厚度；它让抽象的长时间思维，从此有了中途的歇脚反思之处，有了可回溯修补的航标，从而，思维得到整补，可放心大胆地再往前走，再深入，一再越过原有的边界，而不虞迷失回不了头。"①

正因为如此，文字对人类社会能够产生极强的约束力，人类文明的发展正是在这种约束力中不断前行。公元前 18 世纪，巴比伦王国的一位国王汉谟拉比（Hammurabi）用楔形文字把一部法典镌刻在石柱上，也就是著名的《汉谟拉比法典》，这部古老的法典有 282 条，涉及人类社会生活、政治、军事的诸多方面，如婚姻、借贷、家庭等相关条例，还有对官吏的管理、偷盗的惩罚、商业之间的契约等。实际上，时至今日，我们依然生活在由文字确定的秩序之中，大到国家的法律规章，小到个人之间的合同契约，都只能借助于文字来完成。

二、自由符号

文字跨越时间的方式与岩画相近，都是通过依附于某一个能历时长久的实体来实现。但与岩画不同的是，岩画未能实现能指与所指的分离，而文字则实现了这一点。文字符号拥有庞大、周密的表意系统，在一定大小的空间内可以包含更多的信息，传达一定量的信息可以占用更小的空间，因而可以使用体积小、重量轻的物体作为媒介，更方便实现对空间的跨越。正是这种跨越空间的能力，使文字传递信息的能力与过渡时期的媒介相比，有了质的飞跃。

文字与口语一样都能自由地进行记录、表达、传递，是因为它们都是非常成熟的语言体系，这不仅意味着在符号层面，文字与它指代的事物本身是互相分离的，用符号学的概念来解释就是，它们实现了能指和所指的分离。更重要的是，据现代符号学之父索绪尔的研究，这种能指与所指之间的组合关系是任意的："能指和所指的联系是任意的，或者，因为我们所说的符号是指能指和所指相联结所产生的整体，我们可以更简单地说：语言符号是任意的。"②比如，要传达某一棵"树"的信息，并不需要在形象上与它一致，无论是汉字的"木—又—寸"组合，还是英文的"T–R–E–E"组合都能表达相同的含义。

因此，文字与口语在传递信息、表达含义的时候非常自由。正是符号上的优越性使得文字能够将鲜活的场景和复杂的哲思浓缩于由看似简单的线条组成的字词中，并使千百年以后的人们能够很容易地了解当时的情景和前人的思考。

三、逻辑思维

文字在生活中作为可靠的传播工具被人们所依赖，逐渐成了思想的载体与交流的平

---

① 唐诺.文字的故事［M］.上海：上海人民出版社，2010：21.
② 索绪尔.普通语言学教程［M］.高名凯，译.北京：商务印书馆，1980：102.

台。文字对思想的掌控使它超越了最初简单的传播与契约功能，在更高的层面上发挥着至关重要的作用。在莎士比亚的《亨利六世中篇》中有这样一段对白：

狄克：第一件该做的事，是把所有的律师全部杀光。

凯德：对，这是我一定要做到的。他们把无辜的小羊宰了，用它的皮做成羊皮纸，这是多么岂有此理？在羊皮纸上乱七八糟地写上一大堆字，就能把一个人害得走投无路，那又是多么混账？[①]

从这段对话中可以看出，统治者对通过文字进行思想传播的人是多么的憎恨与恐惧。统治者为了巩固自己的统治地位，必然会加强思想控制，而控制了文字就相当于掐住了民众思想的主动脉。中国古代的统治者显然也意识到了文字对思想掌控的重要性，早在秦始皇的时候，文字就被给予了极大的重视："一法度衡石丈尺，车同轨，书同文字。"（《史记·秦始皇本纪》）也许正如《塔木德经》所云："一字的增删都可能意味着世界的毁灭。"

正是逻辑思维的力量让文字不仅重新塑造了人与人之间的社会关系，还雕刻出人类全新的精神世界。大约 2 500 年前，大多数主要宗教相继创建，孔子、老子、佛陀、琐罗亚斯德、《奥义书》的作者们和犹太教创始人生活的年代相距不超过 20 代人。这就是历史学家卡尔·雅斯贝斯（Karl Jaspers）所称的轴心时代。1963 年人类学家杰克·古迪（Jack Goody）和伊恩·瓦特（Ian Watt）发表一篇题为《文字及其应用的后果》的著名文章，在他们看来，古代社会与文化的变革应归功于文字的应用，而民主政治的兴起、逻辑与理性思维的开端，以及批评史学的兴起都是文字使用的结果。

第四节　文字的局限

一、占用空间

从自由度方面来看，文字以跨越时间、留存信息为胜，因此，必然依赖于对空间的占用。在现代数字技术出现之前的历史长河中，文字媒体占用空间的问题都难以解决，成为文字在自由度方面巨大的障碍。

相对于早期的石碑、泥板、甲骨、竹简，造纸术发明以后，文字占用的空间已经小了很多，但纸张和书籍占用的空间依然是人类面临的难题。唐代学者陆质以对《春秋》的独到研究闻名于世，柳宗元对他的治学严谨深表敬佩。陆质去世后，柳宗元在《文通先生陆给事墓表》中写道："其为书，处则充栋宇，出则汗牛马"，形容陆质的书籍存放时可堆至

---

① 莎士比亚.莎士比亚全集［M］.北京：人民文学出版社，1978：184.

屋顶，运输时可使牛马累得出汗。这则典故后来演化为成语"汗牛充栋"，用来形容著作或藏书极多。

为了更好地搜集、整理、收藏图书，并便于人们的查阅，人类建起了图书馆，如何管理图书馆还成为一门专门的学问——图书馆学。现今已发掘的古文明遗址中保存最完整、规模最宏大、书籍最全的图书馆是亚述文明的巴尼拔图书馆。而在世界上最知名的古代图书馆就是埃及的亚历山大图书馆，它建成于公元前4世纪，比巴尼拔图书馆晚了400年。亚历山大图书馆收藏了贯穿公元前400年至公元前300年时期的手稿，拥有最丰富的古籍收藏，是举世闻名的古代文化中心，但3世纪末被战火吞没而让无数人扼腕叹息。目前世界上最大的图书馆是美国国会图书馆，馆藏量达1亿2 800万册，书架的总长超过800公里。中国最大的图书馆为中国国家图书馆，在世界十大图书馆中位列第三，建筑总面积达25万平方米。图书馆成为知识的海洋，甚至成为知识的象征，从另一方面来看，正是文字媒体占用空间的证明。

二、难以移动

在现代通讯技术出现之前，文字跨越空间的能力是非常有限的，受到种种因素的限制与阻隔。"岭外音书绝，经冬复历春"（李频《渡汉江》），这是受到地域因素的限制。"鱼书欲寄何由达，水远山长处处同"（晏殊《寓意》），这是受到自然距离的限制。这些都表明，在缺乏现代通讯条件下的文字传播工具，会受到自然、地理、社会等多方面因素的限制，跨越空间的能力十分有限。

《汉书·苏武传》中有这样一段记载：

> 数月，昭帝即位。数年，匈奴与汉和亲。汉求武等，匈奴诡言武死。后汉使复至匈奴，常惠请其守者与俱，得夜见汉使，具自陈道。教使者谓单于，言天子射上林中，得雁，足有系帛书，言武等在某泽中。

这就是以"鸿雁"代称书信的由来。在中国古代，经常用来指代书信的词语还有鲤鱼。如汉乐府诗《饮马长城窟行》中写道：

> 客从远方来，遗我双鲤鱼，呼儿烹鲤鱼，中有尺素书。

古人把书信称为鸿雁、鲤鱼、鱼书雁帛等，是因为鸿雁能飞越崇山峻岭，鱼能横渡江河湖海，书信也因此能够突破空间的束缚，跨越万水千山，实现信息的传播。古人还常常把书信结成鲤鱼形状，作为一种更直观的表意方式。实际上，鸿雁和鲤鱼更多的是古人在文字传播受到限制的情况下，借此表达的一种远距离传播信息的愿望。

三、信息损耗

文字在符号上的自由与任意性也产生了另一方面的传播困境。文字是通过符号的能指与所指的分离来传情达意的，因此，文字信号对所指对象信息的传递便不可那么具体鲜活。文字更长于抽象和概括，它需要依靠信息接受者的经验和想象来完成对信息的复原，因此，无论多么优秀的作家，无论他的文字多么"绘声绘色""栩栩如生"，也终究与所表达的那个时空发生的具体场面隔着一层"纸"。

> 你站在桥上看风景，
>
> 看风景的人在楼上看你。
>
> 明月装饰了你的窗子，
>
> 你装饰了别人的梦。

这是卞之琳《断章》中的诗句，这些诗句的意义和诗歌本身的意境都晦涩而朦胧，引人遐想。有人开始解释这首诗，着重"装饰"的意思，认为表现了一种人生的悲哀。卞之琳自己则说："'装饰'的意思我不甚着重，正如在《断章》里的那一句'明月装饰了你的窗子，你装饰了别人的梦'，我的意思也是着重'相对'上。"

与此相似的是唐代诗人李商隐的一系列《无题》，千百年来仁者见仁、智者见智，没有哪一种解释能够让所有人信服。由于诗人早已作古千年，它们的主旨也成了千古之谜。"一千个读者心中就有一千个哈姆雷特"，文字需要依靠信息接受者的经验和想象来完成对信息的复原，而信息接受者的经验与思维方式，与作者本人必然有差异，因此，文字存在引起歧义的风险。

语言转化为文字的过程是一个使信息具有跨越时空能力的过程，同时也是一个信息损耗的过程。人类在更广袤的空间和更久远的时间范围内去实现信息传递的同时，还希望信息在传递到另一端的时候能够保持原汁原味，而不是在跨越时间和空间的旅程中变质变味。问题在于，这种对于保真度的追求与实现传播自由的技术往往是相矛盾的。在人类传播的进程中，一种技术的产生并非只带来积极的一面，它往往是一把双刃剑，在推动传播获得更大自由度的同时，也往往会带来信息的损耗：它使信息不再那么保真了。

文字在替代口语实现人类跨时空交流的时候，将口语交流中的多种非语言符号损耗掉了。美国学者 L. 伯德惠斯特尔（L. Birdwhistell）估计，在两个人传播的场合中，有 65% 的社会含义是通过非语言符号传递的。在口语传播中，可以运用语音、语调、语气、表情、手势等非语言符号，沟通双方互相理解 = 语调（38%）+ 表情（55%）+ 语言（7%）。公式中的"语调"和"表情"均为非语言符号，这个公式表明了人际传播中非语言符号所能传递的信息远远大于语言。从口语传播到文字传播的演变过程中，表情、姿态、语调等大部分非语言符号都被损耗掉了，在机械印刷大范围代替手抄之后，个性化的书写这一唯一幸存的非语言符号也大量消失了。抽离了非语言符号的文字，就如同江河湖海的水被蒸馏、净化成纯净水，简单明了，但也更加单调。

　　语音、语调是非语言符号中的重要因素，在文字传播中常常容易丧失。在一些具体的传播过程和环境中，语音、语调的损耗不仅会影响甚至削弱信息的保真度，使传播效果受损，还有可能使传播内容彻底失真。比如下面这句话，虽然写成文字只有一句话，按重音的不同读法却可以表达出四种不一样的意思：

　　　　今天我不去我们学校。（强调时间仅限于今天，别的时间可能会去）
　　　　今天我不去我们学校。（强调行为主体是"我"，别人可能都会去）
　　　　今天我不去我们学校。（强调"我"今天的行程安排）
　　　　今天我不去我们学校。（强调对地点的限制，"我"可能会去其他学校）

　　中国古典诗词讲究格律，这种形式主要是为了形成音韵上的美感。押韵、对仗、平仄等，都是形成和传递诗词意味、意境的基本要素，如果缺少这些要素，那么追求语言上和谐性的中国古典诗词几乎就完全失去了味道。而在诗词以外，中国传统的文字传播中非常重要的形式是对联，在山海关孟姜女庙的前殿有这样一副对联：

　　　　海水朝朝朝朝朝朝朝落
　　　　浮云长长长长长长长消

　　这副对联相传是南宋状元王十朋所撰写，其利用了中国汉字一字多音，一字多义的特点，叠音叠义，描绘了海水涨落、浮云长消的自然景象。语音在表意上起了灵魂性的作用，若是不了解其间的语音变化，只是单看文字，则难解其中奥妙。

　　文字传播中非语言符号损耗的另一种现象是方言。方言中携带的大量非语言符号只有方言区域内的人才能解读，若转换成文字可能会失去原汁原味，或是让人不知所云。2007年，在内地轰动一时的古装情景喜剧《武林外传》引来台湾各家电视台争夺版权，最后由八大电视台抢到播映权，在该台的晚8点黄金时段以及台湾晚间黄金档播出，但是开播一个月，收视仅为 0.07%，台湾观众普遍认为不好笑。很多观众抱怨"看不懂"，主要原因就在于台湾观众对片中的方言不理解。

　　在人类传播不断拓展、媒介不断丰富的过程中，为了弥补文字的这些不足之处，人们发展出形式各异的传播方式和媒介类型。这正是保罗·莱文森所说的"补偿性媒介"的基本机制："我们不愿意忍受偷窥者汤姆的冲击，所以我们发明了窗帘。我们不甘心让电视屏幕上喜欢的形象飞逝而却袖手旁观，所以我们发明了录像机。我们不愿意在文字的沉重压迫下洒汗挥毫，让语词从构思那一刻起就被拴死在纸面上，所以我们发明了文字处理机……"[1]

----

　　① 莱文森.数字麦克卢汉［M］.何道宽，译.北京：社会科学文献出版社，2001：287-288.

第四章 邸报：静态纸媒与传播奇迹

几大古文明中，中华文明是世界上唯一没有中断的文明。文字及其媒介在中华文明中的地位举足轻重，中国古代四大发明中，造纸术、印刷术这两种文字传播技术的发明就占了两席，可见文字传播在中华文明中的重要性。实际上，中国古代文明中还有着世界上唯一一直延续的古代报纸：以官方邸报为主体的古代信息传播系统。

自唐至清，在以官报为主、小报为辅的媒介格局中，中国古代报纸的历史有 1 000 多年。其中，作为中国古代报纸主体的官方邸报一脉相传，在改朝换代的历史进程中从未中断，在世界文明进程中堪称传播奇迹。

不过，在长达千年的时间段落里，中国古代报纸长期以一种相对静止的状态存在。与近代以来报纸、广播、电视等媒介在百十年间"你方唱罢我登场"的迅速变更相比，中国古代报纸的这种"不变"不仅同样令人称奇，也发人深省。

第一节　传播奇迹：中国古代报纸的历史沿革

根据目前的研究，中国古代报纸有据可考的出现时间为唐代。而随着清朝的结束，自秦始皇开始的中国古代封建社会寿终正寝，依托于这种中央集权统治而存在的中国古代报纸也随之消亡。以此为首尾两端，中国古代报纸存在的时间超过千年，在世界文明史中，这种一直延续的古代媒介系统仅此一家，别无分号。

总体而言，中国古代报纸形成了以官报为主、小报为辅的传播格局。官方发布的邸报为主要传播渠道，其内容主要包括中央对地方政令谕旨的传达、重大事务的处理决断、人事任免等诸多方面。官报以外，民间小报也间或有所发展，它在传播效率和范围上常常优于官报。由于朝廷认为小报这种传播物的存在有碍于中央政权的稳固，所以历朝历代的小报都受到官方的严格管控。

一、唐代的报状

1982 年，方汉奇先生在英国不列颠图书馆馆藏的敦煌文物里，发现一份编号为 S·1165（S 即斯坦因）的进奏院状报的实物。它是当时的归义军进奏院于 887 年发出的。归义军是唐代的诸多藩镇之一，驻守沙洲，即今敦煌。正因如此，归义军进奏院的状报也才得以和其他敦煌文物一起封存于莫高窟。

这份归义军进奏院状报长约 1 米，宽约 30 厘米，用毛笔抄写，共 60 行，2 000 余字。其内容就一项，即报告归义军节度使派出的人员向朝廷求取旌节的情况。旌节，就是代表行使权力的一种权杖，犹如后世的官方大印。[①] 经过对这份归义军进奏院状报的考证与辨析，方汉奇先生认为，进奏院状报实际上就是中国最早的邸报，而敦煌文物里所保存的这

---

① 黄瑚. 中国新闻事业发展史［M］.上海：复旦大学出版社，2009：7.

份归义军进奏院状报，就是目前所见的中国最早的一份报纸。

这份归义军进奏院状报并不是孤例。1986年，法国巴黎国立图书馆还发现了另一份进奏院状报，编号为P·3547（P即伯希和），其发报时间为876年，比英国不列颠图书馆的那一份还要早11年。这两份进奏院状报于1900年在敦煌莫高窟藏经洞出土后，在1907年被英籍匈牙利考古学家和法国汉学家保罗·伯希和（Paul Pelliot）从敦煌盗走，分别藏于两国的图书馆。

除这两份进奏院状报之外，唐人孙樵在《读"开元杂报"》中也提及，"于襄、汉间，得数十幅书，系日条事，不立首末……此皆开元政事，盖当时条布于外者"[①]。尽管"开元杂报"的原件早已失存，但其中对唐代"杂报"的详细记载与进奏院状报的实物一起，成为证实唐代已有原始形态报纸的根据。[②]

从内容上看，唐代报纸以传报来自朝廷方面的信息为主。进奏院状报由地方藩镇派驻朝廷的进奏官负责向地方传发，具有官报的性质。进奏院在公元777年（唐代宗大历十二年）由"邸"（即藩镇驻京办事处）改称而来。据《诸使中》（《唐会要》卷七十八）记载，"诸道先置上都邸务，名流后使，宜令并改为上都进奏院官"。显然，由进奏官们发送的报状还不是由中央政府统一审定发布的正式官报，而属于一种由官文书向正式官报转化过程中的原始状态的报纸。

从传播方式上看，唐代的进奏院状报是一种半官方的情报，由进奏官向节度使本人报送，没有复本，也不向其他机构抄送传发。其实，这种传播方式与16世纪在欧洲出现的"新闻信"相近，而这种新闻信正是西方近代报纸的"远祖"。根据最近的研究，西方有记录的最早印刷的新闻纸为《来自东方的新报纸》[③]，在1502年出现，比中国唐代的报纸晚了700多年。

二、邸报的沿革

与唐代不同，宋代出现了在封建王朝中枢部门统一管理下发行的官报，称作邸报。《宋会要辑稿》谈道："国朝置进奏院于京师，而诸路州郡亦各有进奏吏，凡朝廷已行之命令，已定之差除，皆以达于四方，谓之邸报。"[④]在宋代，邸报成为朝廷与地方官员了解中央政务与时局的重要渠道，其影响力从"自是邸报闻四方，而臣僚阿顺，莫敢言"（《宋史》卷三百五十二）中可见一斑。

在唐代的基础上，宋代设立都进奏院，便于管理地方进奏院。他们的主要任务是编发报状，通过该报状向地方发布新闻，形成一种上传下达的传播状态。内容包括皇帝诏令谕

① 孙樵.孙可之文集［M］.上海：上海古籍出版社，1979：91.
② 方汉奇.中国新闻传播史［M］.北京：中国人民大学出版社，2002：10.
③ 陈力丹，钱婕.外国新闻传播史［M］.北京：中国人民大学出版社，2012：11.
④ 方汉奇.中国新闻传播史［M］.北京：中国人民大学出版社，2002：12.

旨，朝廷决策，官职任免、升迁，官僚章奏，等等，如记载："近观邸报，枢密院编修官胡铨妄议和好，历诋大臣，除名远窜。已而得铨书稿，乃知朝廷遽欲屈己称藩，臣未知其可"（《宋史》卷三百八十三）。

元代是否存在邸报尚存争议。就目前所知，元代用书面形式进行大范围传播官方新闻是通过皇帝的诏令和官文书，并主要通过全国上下设立的 1 000 多处驿站进行传播。不过，传统的研究认为元代官报的实物迄今并未发现，因此，不能认为元代存有邸报。而新近的研究 [①] 则认为元代尽管存在时间不长，但是邸报却未曾中断。许有壬《哈噶斯哀辞》中的"邸报同日至"从侧面勾勒出元代新闻传播的时效性之强、速度之快。有分析认为这得益于元代沿袭汉人的文化制度特别是管控制度，使得官报这一官方信息传播系统得以延续。

明清邸报甚为相似，都延续了中央对地方传达指令、沟通重大事务的重要职能。明代邸报的发布和抄传活动主要通过三个环节：通政使司、六科、提塘。其内容包括"皇帝谕旨、宫廷消息、官员动态、军事活动，以及臣僚奏疏等，还有农事、天象、灾害报道和社会新闻" [②]。每日以书册为主要样式发抄一本，政府官员每天可通过邸报掌握时局和官场动向。清代封建官报的发布方式、发行渠道和明代十分接近，即经由通政使司、六科、提塘等三个环节。对民间新闻传播活动进行管控在清代得以延续和加强，严厉的文字狱与科刑是最有力的证据。

整体而言，官方发布的邸报是中国古代主要的信息传播通道，千年以来，形成了"陛下又已知之播之纶音，传之邸报，天下皆将知之，亦皆将信之"（《杨文忠三录》卷八）的传播格局。显然，邸报是朝廷对地方进行管控以加强中央集权的重要工具。

三、小报的流变

小报产生于宋代，是"一种未经官方审查、自行抄送（或刻印流传）的报纸" [③]。其传播内容虽来自官方但传播者通过打听、传闻等诸多渠道加入一些材料，真实性不能保证，但是因其作为"小道消息"的特点且传播迅速而成了"新闻"。自宋代中央政府统一管理报纸之后，由专人掌管和印制的官方新闻报纸就成为当时信息传播的主要形式，然而这种官文性质强烈的报纸仅仅在官员中小范围传播，其时效性既低，内容又受限制，客观上催生了小报这一民间报纸的发展。

宋代的小报是中国最早的民间报纸。其特点包括：未经官方审查，自行抄传或刻印；内容引人注目，但消息难免失真；传播及时、便捷。从信息传播的角度看，小报新闻颇有讲求时效、相对"自由"的特质。从官方的角度看，小报却会因其容易泄密、失实造谣等

---

① 如孔正毅的《元代〈邸报〉新证》、王剑虹的《元代新闻信息传播初探》等。

② 丁淦林.中国新闻事业史［M］.北京：高等教育出版社，2002：19.

③ 丁淦林.中国新闻事业史［M］.北京：高等教育出版社，2002：15.

特点而危及中央集权统治，因此，很快小报便被中央打压查禁。虽然在各朝都"屡禁不止"，但朝廷对于刊印文物的管控向来严格，民间报业难以获得"自成一派"自由发展的土壤。客观环境的限制使得小报很难发展壮大，也很难成为具备新气象的新闻传播载体。

到了明代，民办报业随着小报这股潜流的汇聚开始产生。虽然明代报纸仍旧以官方邸报为主要传播形式，但民办报业已在其间悄然而生：抄报行、民间报房、送报人，报业作为独立的社会行业已成雏形。而在清代，民间报房不断发展，并出现了前代未有的提塘小报，又称小钞。随后"北京民间报房各自抄录、刊印的邸钞"①这一统称为"京报"的刊行成立，标志着中国古代报纸发展最成熟的形态。不过，以京报为代表的民间报房的新闻内容仍然主要来源于宫廷邸报，民间报业很难获得真正的独立性。

四、他国的镜鉴

世界其他文明国家和地区因为没有延续性的政权，在社会动荡和政权转变中，报纸传播曾遭中断，没有出现类似中国古代报纸延续千年的情况。除了中国文明不断延续，其他文明都出现过断层。

古罗马文明是其中一例。古罗马文明进程中，曾出现《每日纪闻》（ Acta Diurna ）这一在当时十分重要的报纸，它经历过凯撒时代与屋大维时代，作为统治者政治宣传的管控工具，其传播力发挥过较大的作用。《每日纪闻》的内容包括了元老院的议事新闻以及官方通报与消息，是古罗马文明中具有较强新闻传播功能的一份手抄报纸。这一由罗马中央政府管控的报纸，是西方报纸的源头。

在凯撒时代和屋大维时代，《每日纪闻》具有较大传播功能，其内容一直不断得到丰富，"登载政府政令、远征军战绩、司法消息、税收情况、宗教祭祀、贵族婚丧嫁娶，以及一些以趣闻轶事和煽情故事为主的社会新闻"。作为官方权威的宣传工具，《每日纪闻》传播范围不断扩大，逐渐从张贴在公告板上扩大到向各地重要人士与驻军首长等进行传抄，形成了"新闻信"，新闻信这一"手抄信息正是我们今天报纸的雏形"②，随着罗马在欧洲的扩张而不断拓展其传播力。

但是《每日纪闻》在公元前44年凯撒遇刺身亡后停止刊布了一段时间，虽然紧接着屋大维曾恢复《每日纪闻》，但也仅仅维持至公元330年，而在已知文献中最后一次提及该报的时间为公元222年。古罗马在西罗马最后一位皇帝罗慕路斯·奥古斯图卢斯的退位后陷落。西方"长期屡遭日耳曼人、匈奴人、穆斯林、马扎尔人和维京人的侵略，因此，其旧秩序遭到破坏的程度，比亚欧大陆其他地区远为严重"③。

① 丁淦林.中国新闻事业史［M］.北京：高等教育出版社，2002：24.
② 让纳内.西方媒介史［M］.段慧敏，译，桂林：广西师范大学出版社，2005：6.
③ 斯塔夫里阿诺斯.全球通史：从史前史到21世纪（上）［M］.吴象婴，等，译.北京：北京大学出版社，2012：141.

在与中国相邻的古印度文明中，信息传播主要是以诗歌、散文为主要形式，并一直延续至今，其内容以宗教为主。印度在历史上一直是一个多种族和宗教杂处的国家，其"古代信息的闭塞造成语言的地方性流通占主导地位，缺乏全国性的通行语言"，这使得新闻传播在地域上具有"隔断"性存在的特点。

古代印度在历史上曾多次被雅利安人、希腊人、英国人侵略，"这些侵入者中的每一个都给这块巨大的次大陆留下了自己的痕迹"①。这使得印度文明的继承受到外来侵扰，其自身文明的延续性遭到破坏。印度在历史上经历了500多年的大分裂时期（567—1173年），直到莫卧儿王朝统治时期的第六任皇帝奥朗则布时期（1659—1707年）才出现了手抄宫廷邸报。传播的地域"隔断"与宫廷邸报出现较晚、时间较短的情况，使其古代报纸的传播力十分有限。

中国在王朝更迭的过程中，也曾遇到过时间较短的朝代（如元代），但元代之后的明清两朝却恢复和延续了古代报纸的传统，没有出现如古罗马王朝更替后报业断层的现象，从文明的视角来看，中国古代报纸延续1 000多年，堪称世界文明进程中的传播奇迹。

第二节　静态纸媒：中国古代报纸的媒介形态

从文明史进程的视野看，构成中国古代报纸绵延千年，官报、小报并存发展并特色鲜明的原因主要在于传播形式、内容与技术，以及中央政府内在政治统治的需求。

一、形式：缺乏规范

官报在中央政府管控下逐步走向规范化。宋太宗太平兴国六年以后，发报制度逐渐正规、统一起来。宋代初期，在京城有地方当局设立的进奏院编发进奏院状报供地方当局了解中央信息；随后的都进奏院的设立，将各地方进奏院进行统一管理，开始逐渐代表中央政府的利益与立场。其间还实行定本制度，即"进奏院将所编报状抄送枢密院，经该院审定，成为一种标准本，据此发抄"②。

自明代中叶以后，邸报由手抄逐渐转向更为规范的活字印刷，总体而言，宋、明、清代报纸的形式是逐渐规范的，但形式却非常单一，没有精心排版的标题和分栏，仅是材料的堆砌，也没有按内容进行区分，只是将其以手抄的形式传播至地方。

二、内容：僵化不变

中国古代报纸中的主要媒介邸报是具有强烈政治意义的官方报纸，其内容在漫长的历

①　斯塔夫里阿诺斯．全球通史：从史前史到21世纪（下）[M]．吴象婴，等，译．北京：北京大学出版社，2012：476.

②　丁淦林．中国新闻事业史[M]．北京：高等教育出版社，2002：14.

史发展中变化甚小。这使其没有真正意义上可供人人阅读的新闻市场需求，从而便没有了为符合大众口味而进行不断更新变化的内在动力。

真正现代意义上的报纸其内容因为要适应资本主义不断增长的需求而不断变化，与中国古代报纸内容僵化相比有着很大的不同。意大利威尼斯的手抄小报便是现代报纸的雏形，其内容包括商品行情、交通航运信息及战争消息与政局情况等，是为了迎合当时商人、手工业主，以及航海者了解最新信息而发展起来的手抄报。顺应了新兴资本主义发展的潮流，内容上丰富多变。

而中国古代报纸占主流地位的官报内容较为僵化，变化不大。邸报内容上具有强烈为政治服务的针对性，所以基本没有脱离中央机关公告材料、谕旨、宫廷、官员、军事活动、臣僚奏疏和地方社会重大新闻等，没有专门采写的新闻，无广告，有官文书色彩。而那些社会新闻，也是来自邸报或京报所刊载的，向皇帝报告上述事件的大臣题奏，而不是邸报或京报发行人自己采写的新闻。并且其自采新闻也不允许自由刊发和报道，更不用说针砭时弊等评述类文稿。此外，其形式上逐步走向规范，但大体上却没有对内容有太大改变。

结合邸报、民间小报的内容及其媒介形态，纵观中国报业发展，我们不难看出，历朝历代对于报纸内容都进行严格把控。对于不利于封建统治的内容，例如水灾、旱灾、蝗灾等自然灾害，日食等异常天象，农民起义、兵变等军事行动，以及朝廷机事，都是不准或严禁传报的。宋代还建立了我国最早的新闻审查制度——定本制度，进奏院以审查通过的样本作为标准本，传之各地。进奏院所供报状每五日一写，上枢密院定本供报。

三、技术：遏制新生

虽然报纸自唐代就已存在，但目前没有史料证明唐代有印刷报纸的情况，学界认为自宋代起可能有刻印版的报纸出现。但是官方除宋代外均主要为手抄，民间报纸自明代起有印刷。

雕版印刷与活字印刷都是中国发明的，但却未能在中国报业发展特别是官报的印刷传播中发挥较大作用。官报的传播自宋代至清代主要都沿用传抄的办法，至清代甚至"被视为不可更改的传统"[①]。但民间报房却不同，小报作为非法传播的印刷品，一直存在印刷传播的模式，且宋代印刷报纸的流传范围较广，明代中后期的京报也主要用刻印，但民间报业因受中央控制很难得到发展，所以印刷推广的范围也十分有限，总体上看新闻传播仍以手抄为主，所以报纸印刷技术上的创新根本无从谈起。马克斯·韦伯（Max Weber）说："印刷在中国古已有之。但是印刷的文献，即仅为印刷而设计并且仅能通过印刷得到的文

---

① 丁淦林.中国新闻事业史［M］.北京：高等教育出版社，2002：29.

献，尤其是报纸和期刊，却只见于西方。"①

在1 000多年的古代报业发展史中，历代官报的发行都由官方发布，通过水陆驿站传递，并非由报馆发行，因此并没有形成独立的行业。

第三节 朝政传播：中国古代报纸的传播范式

在官报为主并为中央服务，小报为辅并受中央严控压制的历史脉络中，历经多个朝代的中国古代报纸，一直以一种静态的范式随着历史向前移动，其根植的传播机制形式之特别便在于它是以组织传播而非大众传播的形式存在，并服务于中央集权。

一、模式：组织传播

《美国新闻史》一书的作者埃默里父子（Michael Emery，Edwin Emery）认为，现代意义上真正的报纸必须具备以下条件：至少每星期出版一次；必须是机械手段生产的，有别于手写的新闻信札；凡是愿意付费者，不问属于什么阶级或有什么特殊兴趣，都一概可以买到；必须刊登为一般公众感兴趣的任何事情，有别于某些宗教性的或商业性的出版物；必须对只具备普通文化水平的公众具有吸引力；必须及时，至少就当时技术发展的水平来讲是相对及时的；必须具有稳定性。用这些标准来衡量，中国古代报纸显然不能算作近现代意义上的报纸。无论是官方邸报还是民间小报，都与现代报纸有着本质上的区别，称其为"报纸"仅仅是对现代名称的一种借用而已。

从传播模式上看，中国古代报纸与作为大众传播媒介的现代报纸也全然不同。按照施拉姆的说法，大众传播媒介具备以下几个特征：其讯息传播面向所有公众、具有某种传播科技介于媒介组织与目标受众人之间（如报纸的媒介为印刷）。②显然，中国古代报纸并不具备大众传播的特质与条件。

在中国古代邸报的传播过程中，朝廷严格管控其信息源和稿件撰写，经过审定后发抄，就如同一个严密的机器进行流水作业，具有相对自成体系、相对封闭的一种传播模式。这是典型的组织传播模式。"组织传播发生于大型的合作网络中，实际上包括了人际和群体传播的几乎所有方面，它包含诸如组织的结构与功能、人际关系、传播与组织过程，以及组织文化等题目。"③

具体而言，在邸报这样一个庞大的传播系统中，其主要传播内容都围绕治国之事，以朝廷到地方的信息的传播与政策的上传下达为主，主要目标是传播官方新闻、传达中央指

① 韦伯.新教伦理与资本主义精神［M］.黄晓京，彭强，译.成都：四川人民出版社，1986：16.

② 施拉姆.人类传播史［M］.游梓翔，吴韵仪，译.台北：台湾远流出版公司，1994：203-204.

③ 小约翰.传播理论［M］.陈德民，等，译.北京：中国社会科学出版社，1999：27.

令、巩固中央政权，传播的流向是"信息沿着组织层级结构等级链垂直流动"[①]。这种由中央到地方的自上而下的垂直式传播，是以书面的形式进行的较为正式的传播，正好符合组织传播的基本特征。

二、诉求：政治传播

古代官报从诞生之日起，基本上就是为政治服务的，编发报纸都是在国家的行政体系范围内；阅读报纸的读者也主要是各级官员、在朝或者在野的士大夫知识分子。邸报纯粹是朝廷向地方官员传达政令的工具，与其说它是报纸，倒不如说是庞大国家机器上的一个零件，一个政治附庸。

古代报纸的组织传播模式良好地适应了中国古代政治系统在信息传播方面的基本诉求。在组织传播当中，等级性是其典型特征，它是"组织结构表中权威的相对垂直分布"。中国古代社会等级森严，王权至上的特性决定了其具有严密的等级秩序，这一等级秩序从属于朝廷管控系统之中。

正是因为朝廷与地方的等级关系，决定了朝廷是系统的枢纽，即新闻传播"输出"方，地方作为"输入"方，其间的信息整合筛选完全由"输入"方把控。在这样的信息把控与传播过程中，朝廷"通过信息传递将组织的各部分联结成一个有机整体，以保障组织目标的实现和组织的生存与发展"[②]。

三、机制：维护旧统

中国古代新闻传播的主流媒介——邸报，是封建统治者进行集权统治，进而巩固政权的工具。它通过主流官报进行"内部协调""指挥管理""决策应变"，以及"达成共识"[③]。从邸报传播机构——进奏院、提塘的变迁上，即可窥见这种机制的端倪。

进奏院出现在唐中期，一般由政府设立的道（大小相当于今天的省）或节度使的藩镇派驻京城，费用也由地方承担。由于唐中期以后地方节度使独揽军权、财权，皇帝也忌惮三分，因此，其驻京办也受到重视。那时进奏院设在皇城要地，鼎盛时期进奏院长官竟拥有副宰相的地位。到唐朝后期，这种进奏院在长安多至50多个。为了获取中央的情报，进奏院获得了地方提供的充足的经费，甚至承担起银行、汇兑的职能。从唐宪宗时开始，各地在京师的商人，将售货所得款项交付各道驻京的进奏院，由进奏院开具"文牒"或"公据"，一联交给商人，一联寄往本道。商人无论是由地方前往京城，还是

---

① 米勒.组织传播［M］.袁军，等，译.北京：华夏出版社，2000：15.
② 郭庆光.传播学教程［M］.北京：中国人民大学出版社，2011：90.
③ 郭庆光.传播学教程［M］.北京：中国人民大学出版社，2011：90.

由京城回到地方，身上都不用携带大量钱币，可以轻装赶路，到了再兑现钱币，类似于今天的支票。

宋代政府将地方进奏院归并为都进奏院，实质是控制了官方新闻的发布权，这表明当时中央政府已经认识到新闻传播的重要性。枢密院代表政府扮演了"把关人"的角色，对邸报内容起到了把关作用，把关标准自然是朝廷立场，以确保邸报所传递的信息完全符合统治阶级的利益。宋代进奏官员最多时有一百多人，他们的主要经费是皇帝划拨的，经费中占比最大的是镂刻雕版的费用。这些进奏官员定期把朝廷政令刻成雕版，由驿马送到地方，然后印成纸张文本给地方官员阅览。由于邸报印得太多太滥，甚至出现宫中私人生活信息泄露的情况，有进奏官因此受到处罚。

由于进奏院的重要性和特殊性，这一机构甚至成为唐宋两代地方官员、京官和京城名士的社交场合。宋代就出现过以惩治腐败为名，打击在进奏院内集会的士人的情况。公元1044年，由于在进奏院里激烈地议论朝政，北宋著名诗人苏舜钦与其馆阁同僚被北宋朝廷的官员盯上了。苏舜钦等人把进奏院日积月累的废纸出售，用"鬻故纸公钱"饮酒娱乐，结果受到严厉查处，"同时会者皆知名士，因缘得罪逐出四方者十余人"（《宋史》卷四二二），史称"进奏院狱"或"邸狱"。

在明代，各省按照制度都派有提塘官常驻京师，担任军情和各项文报的呈递下达等任务。提塘还有一项任务，就是抄传邸报。明代不设进奏院，没有进奏官，提塘官就其所从事的工作而言十分接近唐宋时期的邸吏或进奏吏。由于没有类似进奏院这样的机构，明初的提塘官们居无定所，经常住在旅店或租用民房。明代中叶以后，一些提塘官们才开始在京师购置房产或自建馆舍，作为居住和办公的地点。提塘的办公地点通称提塘报房，简称报房。

清朝各省的提塘统称省塘，驻地在各省的省会。除省会外，省内一些大的州府如江苏的江宁、苏州、松江等，也都设有府一级的提塘。这两部分提塘，在兵部和地方府县的双重领导下，负责辖区内的塘务工作，是官报在当地发行工作的主要承担者。

从进奏院到提塘，中国古代官报发行机构在千年之间虽然经历了种种变化，但从根本上说，其服务对象都是封建官僚，具体工作都是为朝廷或地方官僚当传声筒，自始至终，此类机构作为封建统治阶级统治工具的性质从未改变。

中国古代报纸的发展在世界媒介发展史乃至世界文明进程中都是独一无二的一个阶段。一方面时间跨度延续千年，成为传播奇迹；另一方面它又千年不变，可称静态媒介。中国古代报纸根植于中国古代小农经济的土壤之中，是为朝廷政治传播目的而存在的组织传播形式。

中国古代报纸没有形成如同西方与中国近代那样真正意义上的大众传播模式，最根本的原因便是受到自给自足的小农经济的制约。小农经济使得商品交换在中国没有成长的有利环境，人们的交流沟通都是以最原始的方法进行的，没有近代意义上的商业社会来促使人们对社会与经济有所了解，所以中国古代报纸的发展也没有欧洲近代化进程中报业迅速发展的资本主义经济基础作推动力和催化剂。中国古代报纸是建立在封建社会政治、经济、文化基础之上的，朝廷官报是封建统治者政治斗争的产物，是为维护中央集权的封建统治而服务的，这是中国古代报纸具有这一独特媒介形态的原因。

在西方近代以来的资本主义发展历程中，商业的发展对西方早期报纸的产生起着决定性的作用。古登堡印刷术的发明为欧洲的报纸发展奠定了基础，但是在此之前，封建统治阶级对于出版的管制以及言论的限制、禁止，使得报纸长期处于手抄的阶段。直到16世纪末期，手抄小报仍旧是欧洲主要的新闻媒介形式。随着经济的发展与商品贸易的往来，新兴资产阶级逐渐壮大并推翻封建统治阶级，社会形态的变化促使报业发生变化并走向繁荣。尤其是工业革命之后，欧洲资产阶级的地位得到进一步巩固，蒸汽印刷机、轮转印刷机的产生，以及轮船等交通工具的使用，扩展了报纸传播的广度，使得报纸逐步向大众化。

近代以来，中国大众化报纸的发展基于这样一个历史背景：新兴社会阶层，特别是民族资产阶级在帝国主义和封建主义两座大山的压迫中夹缝求生；民族企业和商品经济逐渐发展，近代意义上的市场逐步形成，有了市场供需关系。在此历史条件下的近代报业，其发展逐渐脱离了中央政府的管控，开始为思想层面的需求和经济层面的需要服务，形成了大众传播的基础与格局。

第五章　报纸（上）：宣传喉舌与攻讦利器

当人类文明的步伐进入 15 世纪的时候，文明发展的方式、节奏和方向发生了大的扭转，就全球意义而言，近代化过程开始了。自魏晋以来不断攀爬文化高峰的中华文明即将进入低谷期，而在战争、瘟疫、饥荒中度过了千年黑暗时光的西方文明却正在发生对此后 500 年影响深远的变化。此时的西方，中世纪行将结束，文艺复兴之势星火燎原，地理大发现的航船已经起锚，印刷书籍逐渐普及，科学主义正在兴起，宗教改革如火如荼，教会的权力即将土崩瓦解。这一切历史大变革的背后，是人类生产方式的全新变革。

无论是屡遭中断的西方文明，还是延续至今的东方文明，在此之前的历史进程中，主要依赖的生产方式都是自给自足的农业耕作。然而，当近代化过程开始的时候，商业逐渐取代农业，成为社会主要的生产方式。"商业的扩张往往先于并决定工业的进步"[①]，"英国在变为典型的工业国之前，即变为拥有矿山、制铁厂和纺纱厂的国家之前 50 年的时候就已经是一个大商业国了，正如一句名言所云：英国是个商人的国家。在那里，商业发达走在工业变化的前头，而且，它也许决定着工业的变化。"[②]被人们用来命名接下来的时代的工业，其实不过是商业链条的一个环节而已，因为所有工厂生产的产品都要拿出去售卖，而不是为了满足生产者自己的需求。因此，哥伦布的航船出发时，与郑和的目的完全不同，他们要寻找原料和金银，而不是为了显示天朝的威仪。

生产方式的变化必然带来社会运行方式的革命。代表新的商业社会生产方式的阶层兴起了，历史学家、社会学者把这些阶层称为资产阶级和无产阶级，他们将主导新的经济运行方式，建立与之相适应的新的政治制度，并带来全然不同的文化形态，使社会运行的节奏大大加快。

当商业社会的利益追求催生出全新的社会运行方式时，人类对能量和信息的需求必然发生根本性的改变。从技术的角度而言，蒸汽和电力成为解放能量的标志，而电报和网络成为解放信息的标志。也正是在人类对能量和信息的利用获得前所未有的自由之时，全球范围之内，媒介开始了历史上从未出现过的井喷式发展，仅仅在 500 年的时间里，对政治、经济、文化有着广泛影响的媒介接连出现，信息传播及其载体对社会生活的影响越来越深刻。

在这 500 年汹涌的媒介浪潮中，首当其冲的媒介，便是报纸。

第一节　报纸的诞生

一般意义上，当人们说到报纸的时候，指的是近代以来出现的报纸。从近代报纸的诞生，到今天已有 400 年左右的时间。如果从作为近代报纸标志的日报的出现算起，到现在也已有 350 年了。在近现代以来的媒介发展历程中，报纸毫无疑问是历史最长、积淀最为

---

①　芒图.十八世纪产业革命［M］.杨人，陈希秦，吴绪，译.北京：商务印书馆，2012：73.
②　芒图.十八世纪产业革命［M］.杨人，陈希秦，吴绪，译.北京：商务印书馆，2012：75.

丰厚的媒介，就信息传播而言，报纸在其发展过程中积累下来的经验是近现代传播的基础，其后出现的各种媒介都或多或少地继承了报纸的衣钵。

一、社会背景

中世纪行将结束，近代化逐渐开始。这一切为近代报纸的诞生提供了至关重要的历史契机。作为西方近代化的标志，文艺复兴、宗教改革与地理大发现等社会运动的兴起强化了人们对信息的需求，同时也为信息的大规模扩散创造了条件。"从 15 世纪开始，西方社会一系列政治、经济和文化因素的交织作用，特别是文艺复兴以及随之而来的宗教改革运动，使人们追求新闻的欲望显著增强。地理大发现又开阔了欧洲人的视野。伴随着金融、贸易交往的发达，信息交流活动空前发展。"①

一方面，商业逐渐成为主导社会的新的生产方式，经济活动的转型以及随之而来的政治斗争的发展为报纸的诞生提供了直接的社会需求。"报纸诞生在欧洲北部，是因为有强大的社会与技术潮流相结合的缘故。其中一股潮流是随着商业活动的逐渐兴盛，人们需要有关价格、供给、需求的资讯，这些资讯有时是来自另一个国家，有时则是来自另一块大陆。另一股潮流是除了宫廷官员和贵胄外，连一般大众也开始对政治感兴趣，而且大众感兴趣的范围还超过了自己的邻近地区，涵盖全国及其他国家。"②随着商品经济的发展，社会对信息的需求日益增长。在此基础上，代表商业社会生产方式的资产阶级必然与代表农业社会生产方式的教会贵族之间发生难以调和的矛盾，随着这样的社会矛盾日益尖锐，西方社会逐渐进入冲突多发的不稳定时期，进一步刺激人们去获取更多的信息。

另一方面，随着全新的社会生产方式的出现，技术的创新、社会的发展又为报纸的诞生提供了相应的社会条件。我们在前面已经谈到，后来被视为"变革动因"的印刷术诞生之后，对西方社会近代化过程中的信息扩散产生了至关重要的推动作用，并与当时的社会运动一起，形成势不可挡的变革力量。对于报纸的诞生而言，古登堡印刷术的发明所产生的直接效应就是出版物由手抄变为印刷，由不定期变为定期。15 世纪末至 16 世纪初，欧洲各国印刷商在出版书籍的同时，也印刷大量活页印刷品来报道国内外重大事件，成为近代印刷报纸的雏形。而随着商品经济的发展，越来越多的人口集中到城市，以商业为运转内核的都市大量出现，不仅为报纸带来了大量的读者，同时也降低了报纸发行的成本。到了 17 世纪初叶，随着陆路交通的发展，欧洲各国建立了发达的邮政系统，四轮的公共驿车甚至承担了几乎所有的长途运输任务，为报纸投递效率的提升提供了交通保障。

当一系列社会条件的发展正好满足了当时的社会需求，经过一个多世纪的酝酿，报纸这种新的近代媒介便在 17 世纪的欧洲应运而生了。

---

① 熊澄宇 . 媒介史纲［M］. 北京：清华大学出版社，2011：87.
② 施拉姆 . 人类传播史［M］. 游梓翔，吴韵仪，译 . 台北：台湾远流出版公司，1994：222.

二、最早的报纸

到了近代社会，传统农业社会金字塔形的社会结构在商业发展所要求的平等自由的基础上逐渐崩塌，社会结构逐渐扁平化。在摆脱传统的政治、经济、文化力量的束缚之后，新技术的出现往往对新的社会事物和现象的诞生产生强烈的驱动效应，成为近现代社会的一个重要特征。近现代媒介的发展也不例外，新媒介总是出现在掌握着最先进传播技术的国家和地区，报纸就是一个典型的例子。1609 年，德意志出现了最早的两种周报：《通告－报道或新闻报》《报道》，与这一地区最早掌握了印刷术这一当时最先进的传播技术有着直接关系。

此后将近一个世纪的时间里，作为定期印刷出版物的报纸在西方各国相继出现。较早出现报纸的是英国和法国，英国 1621 年出现第一家定期刊物《每周新闻》，法国巴黎 1631 年出现第一家周报《各地见闻》。意大利作为手抄新闻的发祥地，在这里出现的《威尼斯公报》被视为近代报纸的先声，然而，由于 16 世纪天主教对新闻的残酷迫害，迟至 1714 年，意大利才出现近代第一家长期发行的报纸《罗马新闻》。这一时间甚至比近代化过程中步履沉重而缓慢的俄国还晚，1703 年彼得堡和莫斯科两地出版了俄国第一份近代报纸《莫斯科王国和邻国发生的值得知道和记载的军事和其他事件新闻》。在当时的北美地区，1690 年本杰明·哈里斯创办的《国内外公共事件》只出了一期即被查封，到了 1704 年，《波士顿新闻信札》出版，北美地区才算有了真正意义上的报纸，这份由邮政局长创办的报纸同时也开启了"邮报"的传统。

作为近代报纸的主体，日报的出现意味着报纸这一近代媒介开始在人类每天的社会生活中登堂入室，报纸自身也开始进入较为稳定的发展阶段。日报在各国出现同样用了一个多世纪的时间。最早的日报是 1650 年在莱比锡出版的《新到新闻》，这份日报奠定了德国在世界新闻史上的地位：其日报的出版比英国、法国和美国等要早 50 至 100 年之多。英国的日报在半个世纪之后出版，这就是 1702 年的《每日新闻》。法国日报的出版则要更晚，直到 1777 年《巴黎新闻》的出现才宣告日报在法国的诞生。美国则到 1783 年才出版了日报《宾夕法尼亚晚邮报》。

尽管中国有着一千多年的邸报发展史，但是中国近代报业却显然无法在这样的历史基点上创办。当历史的步伐进入由西方文明定义的近代化进程之时，中华文明将面临前所未有的困境，列强用坚船利炮打开了这一东方古国紧闭的大门，让这一曾经长期在世界文明发展中领先的国度经历了一个多世纪落后挨打的屈辱历史。中国近代报纸正是在这样特殊的历史背景中出现的。

最早的中文近代刊物由西方传教士和商人创办。1815 年 8 月 5 日，英国传教士米怜在马六甲创办了第一份中文月刊《察世俗每月统记传》。1822 年 8 月，葡萄牙人在澳门创办了周报《蜜蜂华报》，这是中国第一份外文报纸（葡萄牙文）。1833 年 8 月，普鲁士传教士郭士立在广州创办了中国境内第一份中文月刊《东西洋考每月统记传》。1857年，外国商人莫罗在中国境内（香港）出版了第一份日报《孖（音"妈"）剌报》。

中国人自己创办的近代报纸到19世纪50年代才开始出现。在早期国人自办的报纸中，晚清思想家王韬于1874年在香港集资创办并任主笔的《循环日报》较具代表性，这份报纸出版至1947年才停刊，是早期国人创办的报纸中出版时间较长、影响力较大的一份报纸。《循环日报》开启了鼓吹变法自强的政论之风，在后来历次救亡图存的革命运动中，各党各派创办的报纸都成为传播思想、推动革命的重要工具。也正是在这样的历史进程中，中国报业逐渐形成了具备本国特点的行业体系与传播格局。

三、思想基础

作为近代新生的传播媒介，报纸要在接下来的几百年中成为人类社会的主要信息载体之一，还需要经过充分的发育。在这一过程中，只有经过时代精神与杰出思想的充分滋养，报纸才能从起初不为人重视的媒介小苗成长为影响人类社会文明生态的媒介种属。在报纸诞生之初，对言论、出版自由的充分讨论及在此基础上形成的"自由、民主、平等"等基本观念，成为日后报纸得以长足发展的思想基础。

在争取言论、出版自由的过程中，西方各主要资本主义国家都有其各具代表性的阶段和人物，其中持续时间最长、影响最为深远的是英国。自17世纪以来，英国用3个世纪的时间来争取言论、出版的自由，而基本上每个世纪中叶，英国都会因争取言论自由而产生一位影响世界政治思想史的卓越思想家。这些思想家的著作，对英国以及整个西方世界的近代化过程产生了直接的影响。

英国在争取言论、出版自由方面的第一位代表人物是约翰·弥尔顿（John Milton）（1608—1674年）。弥尔顿在英国近代史上卓有声名，他的《失乐园》《荷马史诗》与但丁的《神曲》并称西方三大诗歌，而在英国本土，他也与莎士比亚、乔叟齐名。弥尔顿一生结过三次婚，因为婚姻的磕磕绊绊，弥尔顿发表了一些论述离婚的小册子，1644年，他因此被国会质询时，慷慨陈词，这就是后来成为自由主义里程碑的《论出版自由》。在这篇被后世广泛引用的文章中，弥尔顿写道：

> 请给予我依据良知去获知、去陈述、去辩论的自由……虽然这世上各家各派的主张四处横行，但是真理一直在保持警戒；如果我们用许可或禁止的方法伤害她，便是怀疑她的力量。让她和虚假战斗吧！只有在自由和开放的对抗中获胜的，才能被视为真理。

自15世纪开始，英国形成了根深蒂固的集权主义出版传统，其中最具代表性的如1487年设立的"星法院"、1528年建立的"皇家特许制度"、1570年成立的"皇家出版法庭"，以及 1586 年颁布的"出版法庭命令"，这些机构和制度的目的都在于压制异己思想和信息的传播。而在弥尔顿看来，出版自由是人民与生俱来的权利，限制出版自由即是妨碍真理本身，唯有保障出版自由，才能使真理战胜谬误。弥尔顿相信真理是肯定的，是可以表达出来的，并且只要让真理参加"自由而公开的斗争"，真理本身就具有战胜其他意见而存在下来的无可比拟的力量。"真实的、正确的思想会保存下来，虚假的、错误的思想会被克服。虽然虚假的可能会取得一时的胜利，但真实的意见通过吸引了新的力量来维护自己，会通过自我修正过程最后战胜其他意见而保存下来。"①

正是从弥尔顿的这种思想出发，现代关于"观点的公开市场"以及"自我的修正过程"等重要观念得以形成，这些观念归结起来，就是让所有想说什么的人都自由地表达自己的思想。实际上，弥尔顿的慷慨陈词以及《论出版自由》一书的出版在当时并未广泛流传并产生太大的影响，直到法国大革命和美国独立战争时期，他的思想才真正受到重视而广受推崇。而这部著作的影响也并不局限于资产阶级革命期间，时至今日的互联网时代，维基百科在所有关于弥尔顿的词条中都清晰地注明："维基百科的编辑和书写理念也源于此。"

不过，历史的时过境迁往往让一个人的命运带上讽刺与沧桑的意味，弥尔顿后来的境遇正是如此。"当清教徒掌权时，奥利弗·克伦威尔（Oliver Cromwell）建立了比他过去的对手更加独裁的统治，清教徒任命了一位压制反清教徒的人任检察官，而这位检察官正是弥尔顿，也就是上面那段掷地有声地保卫出版自由文献的作者。"②在担任检察官期间，弥尔顿双目失明，不久保王党重夺政权，弥尔顿的政治生涯结束了，在一片黑暗之中，他创作了后来为他赢得极高声誉的代表作《失乐园》。

比弥尔顿稍晚出现的另一位英国思想家是约翰·洛克（John Locke）（1632—1704 年），他是英国资产阶级革命时期杰出的唯物主义哲学家和激进的政治思想家，被视为西方自由主义理论的创始人之一，其主要著作有《政府论》《人类理智论》《论宗教宽容》等。洛克对西方资产阶级革命的影响甚为深远。他的自然法思想后来发展为"天赋人权"和"自由、平等、博爱"的资产阶级口号，成为法国《人权宣言》和美国《独立宣言》的理论依据；其社会契约论主张被孟德斯鸠（Montesquieu）发展为三权分立的国家学说，成为法国、美国等资本主义民主国家的立法原则。正因如此，伏尔泰（Voltaire）称赞说，只有洛克才算是我们时代胜似希腊最辉煌时代的伟大榜样。

在洛克看来，人的自然权利有四项内容：生命权、自由权、财产权和惩罚权。自由是世界上其余一切的基础，但离开思想、意愿、意志，就无所谓自由。只有人能凭头脑中的思想，自由地说话或保持沉默，才算获得了言论或保持安宁的自由。洛克认为，任何人都有一种不可被侵犯的自由权利，即任意使用各种词汇来表达自己思想的权利。我们不能

---

① 施拉姆. 报刊的四种理论［M］. 中国人民大学新闻系，译. 北京：新华出版社，1980：51.
② 施拉姆. 人类传播史［M］. 游梓翔，吴韵仪，译. 台北：台湾远流出版公司，1994：231.

指望任何人抛弃自己的观点，盲从于不可理解的权威，无论人们的理解怎么错误，理性是其唯一的向导。在不同的见解中保持和平、履行人类的职责和培养友谊，这对所有人都有益。

另一位具有代表性的英国思想家是约翰·斯图尔特·密尔（John Stuart Mill）（1806—1873 年）。他集欧洲思想启蒙的精华于一体，在《论自由》一书里，全面论述了封建专制的严重危害，以及言论思想自由与个性解放对于人类社会发展的推动作用。该书被认为是为自由主义辩护并进行充分论证的经典作品。

在密尔看来，每个人都应享有良心的自由、思想的自由、发表意见的自由。在只涉及本人的那部分，他的独立性在权利上是绝对的。对于思想、意见是否正确的判断，密尔认为我们永远不能确信我们的意见是谬误；即使我们确信，要扼杀它也仍是一种罪恶。对于不同意见，必须兼顾双方、无所偏重，仔细辨别冲突双方的理由，才能获知真理。关于对真理压制的后果，密尔说真理的真正优势在于一个意见只要是正确的，尽管可以一次、再次，甚至多次被压熄下去，但是在悠悠岁月中总会有人重新发现它，直到某一次重现时，恰好情况有利，幸得逃过迫害，直至它能够崭露头角，抵住随后试图压制它的一切努力。

英国这些思想家们的卓越思想不仅影响了英国本土的资产阶级革命进程，还影响了包括法国、美国的资产阶级革命运动及其思想家的出现。其中，美国《独立宣言》的起草人、第三任美国总统、启蒙思想家托马斯·杰斐逊（Thomas Jefferson）最具代表性。1787年，杰斐逊在一封致友人的书信里写下了这句名言："如果要我来决定究竟是有政府而没有报纸，还是有报纸而没有政府，我会毫不迟疑地选择后者。"在临终之前给友人的信里，杰斐逊写道："自由报业是开化人类的心灵，促进人类成为理性、道德与社会动物的最佳工具。"为此，他一向将言论、出版自由看得高于一切。①

杰斐逊对美国新闻自由的永久性贡献，在于促成了《人权法案》的诞生，从而第一次把新闻自由写进国家的宪法，使之第一次获得国家根本大法的保护。由于在宪法中确立了国会不得制定法律来剥夺言论或出版自由，因此，这就成为美国新闻自由的基石，为美国媒体后来享有的自由铺就了康庄大道。

杰斐逊认定一个见多识广的公众群会作出正确的决策，并且报纸会影响人们对政治事件的看法。他在 1799 年说："我们的人民可能会被一时蒙蔽，或者已经被欺骗；但是只要把报纸保存下来，我们就相信他们能够得到光明。"他所指的报纸是共和派报纸，因为在他看来联邦派报纸只是"一派胡言和胡写乱画"。1800 年大选将近时，尽管他没有照自己承诺的那样为报纸投稿，但还是敦促共和派每天要有相关的文章见报。他给麦迪森的信中写道："我们知道，这个夏天我们要把力量和奉献组织起来，而报纸就是发动机。"

当然，并不是所有的启蒙思想家都像杰斐逊一样对报纸这一新生媒介情有独钟。不同的国家有着不同的文化传统，思想家们所处的具体时代又有着具体的历史诉求，因此，尽

---

① 李彬．全球新闻传播史（公元 1500—2000 年）［M］．北京：清华大学出版社，2009：153-154．

管伏尔泰、孟德斯鸠、卢梭、狄德罗等法国启蒙思想家的名字和他们对人类思想作出的贡献众所周知，但他们对报纸的态度却让大多数人出乎意料。对此，法国传播学者、历史学家让纳内在《西方媒介史》中对此有如下记述：

伏尔泰痛恨报纸，他只接受为承袭勒诺多的《报纸》或《学者报》这种传统的官方报纸写赞词。提及法国的官方报纸，他在《百科全书》“报纸”一条中写道：“从未被谗言污染，而且向来书写合乎规则。外国报纸没有能做到这一点的。伦敦的报纸，除了宫廷的报纸以外，都写满了观念自由所容许的不正派之事。”不久后他宣称：“报纸已成为社会的一种祸害和一种不可容忍的劫掠。”这便是长期从事写作的作家们面对他们所蔑视的报界小群体时所表现出的蔑视程度。他指责报纸既不正派又轻浮：报纸永远达不到审慎的书籍那样的严肃程度。

《百科全书》中狄德罗的措词有着同样的含义：“所有的报纸都是无知者的精神食粮，是那些想不通过阅读就说话和判断的人的对策，是劳动者的祸害和他们所厌恶的东西。这些报纸从来没有刊登一句杰出人物所说的话，也不阻止一部劣等作者的拙作。”在“记者”一条中，狄德罗控诉道：“法国现在有大量报纸。有人发现写一本书的分析要比写一篇好文章容易得多，于是很多思想贫乏的人转而为此。”他这样旨在表明哲学家与蹩脚的记者之间的一种等级制度。

而卢梭，他的思想更为抑郁，因而他的批评更为尖刻。1755 年，他获悉一个在日内瓦的朋友创办了一份报纸，便给那个朋友写信：“先生们，你们这样便成了期刊作者。我向你们保证这一计划不会令我欢欣，同样也不会令你们欢欣。我很遗憾地看到可以建造纪念碑的人却满足于搬运材料，建筑师却变成了普通工人。一本期刊是什么？一种昙花一现的作品，既没有价值也没有用处，有知识的人都忽略去读它或是蔑视对它的阅读。它只能供妇女或是没有受过教育的自负的傻瓜们去阅读，它的命运不过是早晨在梳妆台引人注目而晚上又沉寂在衣柜里罢了。”

最后是孟德斯鸠，在《波斯人信札》中借郁斯贝克之口说：“有一种我们在波斯没有见过的书，在这里却很流行，叫‘报纸’。懒人们读这些感觉很得意。”①

第二节　政党报纸

在迄今为止 400 余年的历史中，报纸经历了多种媒介形态与社会功能的变化。实际上，在进入 20 世纪之前，报纸的面貌与现在能看到的报纸大不相同。从形式上看，报纸从诞生到 20 世纪之前，基本上都是彻头彻尾的文字媒体，而从内容上看，报纸并不像现

① 让纳内．西方媒介史［M］．段慧敏，译．桂林：广西师范大学出版社，2005：42-43.

在这样以客观的信息为主，而是以主观的观点为主。更重要的是，当时报纸的主要社会功能是为政治和党派的宣传服务，这使得政党报纸成为相当长时间里主要的报纸形态。

随着近代以来社会生产方式的巨大变革，社会运动以不同利益阶层之间激烈斗争的方式进行，在这种剧烈的社会运动过程中，报纸成为各种阶层争相使用的利器。无论是资产阶级上升期还是无产阶级上升期，报纸都扮演着宣传党派政见的重要角色。在17世纪到19世纪的历史段落中，报纸是唯一能够面向大众实现大范围传播的信息通道，在动员、说服、劝导和组织民众参与党派活动、政治斗争乃至战争的过程中，报纸显然比传统的大众集会、私人信函等方式更为有效，因此，报纸也就成为政党宣传的主要媒介平台。显然，政党报纸的出现和发展不仅是政党的选择，更是历史和时代的选择。

政党报纸首先出现在资产阶级革命的过程中，由于在此期间报纸大都直接听命于某个资产阶级政党，成为不同政党的喉舌，故有政党报纸之称。有学者则认为，这个时期的报纸与其说是政党报纸，不如说是观点纸，或者说是党派的宣传工具，因为政党报纸的内容"主要是政论，即使新闻也大都带有比较明显的倾向性或偏见，而读者则主要局限于社会的中上层——这个时期识文断字的主要是这些阶层"[1]。和今天相比，那时的人们读报都很仔细，甚至逐字逐句来读，这主要是因为当时有价值的可读性材料非常少。[2] 不管读者情况如何，重要的一点是，政客、编辑和普通公民都认为报纸是政治体系中很重要的组成部分。所有政党都有成员相信报纸的重要性，并且认为应该使用报纸为党派目标服务。

在西方各国的资产阶级革命运动中，政党报纸鼓吹革命、动员民众的社会功能都得到充分发挥，在美国独立战争期间，这种鼓动作用体现得尤其明显。由于战争期间舆论管制相对减少，报纸和宣传小册子非常流行。1786年，本杰明·富兰克林（Benjamin Flanklin）评论道："美国人醉心于报纸和小册子，以至于没有时间来看书。"[3] 在这些报纸和小册子中，潘恩（Thomas Pain）的《常识》《危机》最受欢迎。

1776年，北美殖民地的许多报纸转载了潘恩撰写的一本小册子，从而使他赢得了作家的声名。这本小册子就是《常识》，它促使那些各自观望的爱国者加入到革命运动中。潘恩，1737年1月29日出生于英国诺福克郡塞特福德一个穷苦的胸衣匠人家庭。他幼年失学，曾相继当过店员、胸衣匠、教员和税吏，屡遭失业和饥饿的威胁。他一直把自己的姓写成"Pain"（意即痛苦）。

1776年1月，也就是这位痛苦的英国移民来到美洲一年后，《常识》首次发表。这本小册子发表后立即走红，在头3个月中销出了12万册。潘恩在书中写道："我要问问最热衷于鼓吹调和的人，要是我们的大陆继续与英国保持联系，他怎样举出哪怕是一个好处来。"这一挑战是向一听到"独立"一词就会浑身发抖的辉格党人发出的。作为回敬，他们在当地报纸上撰文诋毁一夜成名的潘恩。不过在几周之后，有点文化的美国人都知道

① 李彬.全球新闻传播史［M］.北京：清华大学出版社，2005：155.
② 斯隆.美国传媒史［M］.刘琛，戴江雯，苏曼，等，译.北京：人民出版社，2010：108.
③ 波兹曼.娱乐至死［M］.章艳，吴燕莛，译.桂林：广西师范大学出版社，2011：40.

了潘恩在《常识》中所阐述的观点。而且值得注意的是，仅仅 6 个月之后发表的《独立宣言》表明，各个前殖民地都支持他的理论。①

1776 年独立战争爆发之后，美国人发觉自己的处境十分艰难。这些仓促组建起来的部队对于战争的看法依然十分模糊，各连队毫无斗志可言。在潘恩志愿参战的新泽西安博依镇，英国人把美国人的部队分割成小股。潘恩在前往乔治·华盛顿（George Washington）设在李堡的总部的途中，看到战败的美国人正在舔着他们的伤口，并准备撤退到特拉华河沿线。由于他身份特殊，既不是军官，也不是被招募来的士兵，因此，他能够与交战双方的人接触。他冒着严寒赶路，一路上与形形色色的美国人攀谈。事实上，这个季节的气候通常是温和的，但是对于这支衣着单薄的队伍来说，夜间露营所带来的只有难挡的痛苦。在此关键时刻，潘恩写下了他的第一篇《危机》文章。

第一篇《危机》文章受欢迎的程度超过了《常识》。这篇文章于 1776 年 12 月 27 日首先发表在《宾夕法尼亚邮报》上，这一响亮的号角引起了各殖民地爱国派报纸的反响。潘恩这篇文章刚刚脱稿，华盛顿就让人念给他手下已经冻得浑身麻木的士兵听。而就在潘恩向这支军心涣散的队伍第一次发出恳求之后的那个星期里，他们向敌人发起了进攻，在特伦顿打了一场迫切需要的胜仗。②

实际上，除了在当时鼓舞人心，潘恩的文字世代流芳。在第二次世界大战的艰难岁月中，当听不到任何胜利的消息时，敌占区人民对自由的希望变成了绝望，然而当他们偷偷地从收音机中听到下面这些写于 1776 年 12 月 19 日的文字时，心中便油然升起希望的火花：

> 此时此刻，正是考验人的灵魂的时候。在夏天的时候才当兵、在阳光明媚的时候才爱国的人，在这场危机中自然会将为国效力视为畏途；而那些在现在这个时候挺身而出的人，才值得同胞的敬爱和感激。暴政如同地狱一样，是不会轻易被征服的，然而我们有一点聊以自慰，那就是战斗愈是艰苦，胜利就愈是辉煌。

在法国资产阶级革命期间，报纸同样受到各个政治派别和党派的重视，并在鼓动民众参加革命、推动运动蓬勃开展的过程中起到了非常重要的作用。不过，由于法国大革命的过程非常激烈和曲折，报纸也同样遭遇到与时代一样的激烈变化。

《人民之友报》由法国大革命期间雅各宾派主要领导人之一让·保尔·马拉（Jean-Paul Marat）（1743—1793 年）创办，是法国资产阶级革命中创办的最具影响力的报纸，是革命民主派的喉舌。它发表了马拉一系列揭露大资产阶级两面性和叛变倾向的政论，主张

---

① 埃默里 M，埃默里 E，罗伯茨.美国新闻史，大众传播媒介解释史（第九版）[M].展江，译.北京：中国人民大学出版社，2004：70.

② 埃默里 M，埃默里 E，罗伯茨.美国新闻史，大众传播媒介解释史（第九版）[M].展江，译.北京：中国人民大学出版社，2004：72.

直接依靠人民，实行革命专政。

《人民之友报》很善于通过报道事实，揭穿敌人的伪善面目。1789 年 10 月 4 日，它第一个以确凿的事实，及时披露了王室的阴谋活动。马拉在报上号召巴黎人民向凡尔赛进军，制止国王和贵族的反扑。1790 年 7 月 30 日，马拉在《人民之友报》上第一次提出了革命专政的必要性："压迫我们的人会心甘情愿地决心和我们平等相处，那是狂言乱语；他们将永远阴谋反对我们，除非他们自己被消灭。如果我们不当机立断，通过必要的，也是唯一的暴力手段，那么我们将不可能逃脱内战的危险，将落得横遭屠戮的下场。"

由于《人民之友报》常发表马拉的激烈言论，马拉和《人民之友报》成了保皇派、大资产阶级、吉伦特派的"眼中钉"。马拉先后 7 次被通缉或审讯。为了及时出版报纸，马拉经常躲在地窖或下水道里编辑、撰写稿件，"通宵不眠，忍饥挨饿""忍受着地狱般的生活"。

另一份有广泛影响力的报纸是《杜歇老爹报》。这份报纸紧跟形势，旗帜鲜明，文字通俗，文笔泼辣。"他妈的，什么鬼迷了这些市政议员的脑袋，使他们不能制止这些给千万人带来不幸的暴行？说话呀，你们这些衣冠楚楚的先生们！难道要等到公民们被蹂躏得肢体不全时你们才睁眼吗？"这是 1791 年 2 月 18 日，《杜歇老爹报》对贵族议员们投出的战书。

《杜歇老爹报》由阿贝尔（Hébert，1757—1794 年）创办，这位创办人出生于金银匠家庭，在大革命中是城市平民的主要发言人。阿贝尔担任过巴黎革命政权的副检察长，积极推动法国雅各宾派政府抗击外国干涉、镇压反革命和普遍限价政策。1790 年 6 月，阿贝尔发表了政治小册子《杜歇老爹》，之后又以杜歇老爹为中心人物写过几篇文章。1790 年 9 月 6 日，他创刊《杜歇老爹报》。杜歇老爹是法国民间喜剧中的角色，机智灵活，疾恶如仇，是法国人民喜闻乐见的艺术形象。这份报纸创刊初期，态度比较温和，随着革命的深入和保皇派真面目的暴露，它开始猛烈抨击贵族和天主教。

《杜歇老爹报》是"长裤汉"（城市贫民）的机关报。到了雅各宾派专政的后期，阿贝尔成为左派代表，主张用暴力镇压一切反革命，认为"神圣的断头台"是解决一切问题最彻底的手段。1795 年 3 月，企图发动暴动的阿贝尔被罗伯斯庇尔（Robespierre）逮捕后处死。法国新闻史学家雅克·哥德硕对《杜歇老爹报》的评价是："某种革命报纸的典型，它的影响尽管无法准确估计，但无疑是十分巨大的。"

在轰轰烈烈的法国大革命中，资产阶级政党中的吉伦特派和雅各宾派，都曾出现过为了保护自己的权力而打击新闻自由的行为。1792 年 8 月，吉伦特派取缔了全部保皇派报纸，并停止执行新闻自由政策。罗伯斯庇尔执政以后，则开始打击整个自由新闻界。一时间，反对派所有的报纸相继被取缔，聪明一点的都自行停刊。不论是吉伦特派的布里索、激进派人物阿贝尔还是温和派人物德穆兰（Desmoulins）都相继遭到镇压，接二连三地被处决。雅各宾派专政后期，只剩下《小岳党报》《自由人报》和为数很少的半官方报纸。法国学者贝尔纳·瓦耶纳（Bernard Voyenne）认为这是"法国新闻史上最黑暗的时期"。可见，资产阶级也并不是天生就是拥护新闻自由的。

1799 年 11 月，拿破仑发动"雾月政变"，推翻督政府的统治，1804 年正式称帝，建立"法兰西第一帝国"。拿破仑十分懂得报纸的威力，认为"一张报纸抵得上三千支毛瑟枪"，因而严格控制报业。他经常阅读报纸，动不动就对新闻检察官横加训斥，甚至直接授意撰写某些文章。看到报纸上一星半点的批评，他都会大发雷霆："请再遏制一下报纸吧！让它们登出好稿来。要让《论争报》和《政论家报》的编辑明白，不久之后，我将认为它们对我毫无用处，我要把它们连同其他所有报纸统统予以取缔，只留下唯一的一份报纸……大革命的时代已终结。在法国，只能存在独一无二的党派，我绝不容忍报纸说出或做出有损于朕利益的事情来。"

1814 年 3 月，欧洲各国反法联军攻入巴黎，波旁王朝复辟，国王路易十八不敢忽视资产阶级的力量，实行君主立宪制。在严格管制出版事业中，路易十八曾一度短期颁发塞尔新闻法（塞尔是当时的司法部长），废除了初版预审制、保证金制和印花税制。这部法令从诞生到废止不过半年时间，却有着重大的历史意义。历史的进程让复辟的封建王朝废除了由资产阶级建立起来的各种限制新闻自由的制度，不由得让人感叹历史本身的复杂性。

与资产阶级革命相比，在无产阶级革命过程中，报纸除了同样起到鼓动宣传的作用外，还承担起强大的组织功能。这种功能是在俄国的无产阶级革命运动中首先发展出来的。

1900 年 12 月 24 日，第一份全俄政治报——《火星报》在德国莱比锡创办。从《火星报》创办的全过程看，列宁起着主导作用。《火星报》的宣传内容主要集中在两个方面：同经济派论战和宣传党的纲领。[①] 在宣传党的纲领、路线，为建党奠定思想基础的同时，《火星报》还通过代办员网同地方组织建立密切的联系，为建党奠定了组织基础。关于报纸是集体的组织者，列宁打了一个比喻："报纸可以比作脚手架，它搭在正在建造的建筑物周围，显示出建筑物的轮廓，便于各个建筑工人之间进行联络，帮助他们分配工作和观察有组织的劳动所获的总成绩。"

1912 年 5 月 5 日，布尔什维克党在彼得格勒创办了大型的群众性政治日报《真理报》。《真理报》的工作主要是在列宁领导下进行的。报纸涉及的内容相当广泛：阐述马克思主义学说，分析俄国和世界资本主义的发展，介绍工人、农民运动的状况，评论俄国政党的活动和国际政治领域中最重要的事件，等等。《真理报》曾于 1914 年 7 月 8 日停刊，又于二月革命后复刊。作为中央和彼得格勒市委的机关报，《真理报》在此过程中发挥了重要的作用：揭露临时政府的本质，宣传将革命进行到底的思想；宣传列宁《四月提纲》，

---

①　郑超然，程曼丽，王泰玄. 外国新闻史［M］. 北京：中国人民大学出版社，2000：216.

统一全党思想；宣传四月代表会议精神，促进苏维埃改组；宣传和推动十月武装起义。随着十月革命的胜利，《真理报》成为世界上第一个执政的无产阶级政党的第一份中央机关报。

实际上，当报纸这种可以大范围传递信息的媒介出现之后，它就成为近代以来各种社会运动中不可或缺的工具、手段和力量。无论是资产阶级还是无产阶级，无论是渐进改良还是激烈革命，都离不开报纸。中国近代以来的历次政治运动中，报纸始终都是各种政治力量和党派倍加重视的传播工具。清末的维新变法运动中，随着变法运动的开展，出现了第一次国人办报的高潮。以康有为、梁启超为代表的资产阶级改良派人士，率先以报纸为阵营，办起了《万国公报》（后更名《中外纪闻》）、《强学报》和《时务报》等政论报纸，宣传维新变法，力图唤醒沉睡的国民。以孙中山为首的资产阶级革命派创办了《中国日报》《民报》等机关报，并在推翻清廷后颁行的《中华民国临时约法》中明确宣告"人民有言论、著作、刊行及集会、结社之自由"。

最终领导中国人民获得胜利、建立民族独立国家的无产阶级政党——中国共产党，在其领导的革命运动中非常重视报纸的作用，早早创立并不断发展自己的党报系统。在新文化运动中由陈独秀创办的《新青年》、陈独秀与李大钊等人创办的《每周评论》及在五四运动后由毛泽东任主编的《湘江评论》等都在宣传民主、科学、革命的思想方面有着广泛而深远的影响。在中国共产党成立之后，《向导》《中国青年》等党团机关报相继出版，在其后历经重重艰难的革命运动过程中，瑞金中央苏区的《红色中华》、国统区的《新华日报》及延安的《解放日报》等报纸都发挥了重大的作用，这些报纸不仅是无产阶级革命运动的宣传工具，更是无产阶级政党的组织力量。

第三节　攻讦与谩骂

在代表商业社会生产力的资产阶级在西方各国登上历史舞台，经过资产阶级革命运动建立起资本主义制度之后，掌握了国家政权的资产阶级首先要面临的却是代表不同利益的党派之间的纷争。应对这种需求，资产阶级的政党报纸不再像资产阶级革命运动中那样，而更多地体现为党派性，即为自己所代表的党派服务。在这方面，美国独立战争胜利之后的报纸是最为显著的。

美国立国之初，联邦党和共和党两大政党形成。此时的共和党一定意义上是今天民主党的前身。联邦党的领袖人物，是华盛顿内阁的第一任财政部部长亚历山大·汉弥尔顿（Alexander Hamilton），而共和党的领袖人物，就是《独立宣言》的执笔人、美国第一任国务卿托马斯·杰斐逊（Thomas Jefferson）。联邦党主张建立一个强大的中央集权政府，共和党主张州和地方的控制权；联邦党倡导工业文明，共和党倡导农业社会；联邦党主张与英国交好，共和党主张与法国结盟。汉弥尔顿个人带有更多的贵族派头，杰斐逊则有更多的民主意识。两党之间的分歧与对立带来了报界的激烈论争与相互讨伐。

联邦党的机关报《美国公报》于 1789 年创办，由约翰·芬诺（John Fenno）主编。共和党的机关报《国民公报》于 1791 年创办，由菲利普·弗雷诺（Philip Freneau）主编。当芬诺嘲弄普通公民对政府官员提出控诉的权利时，弗雷诺对读者说："对政府保持始终不懈的戒备。"他认为防止"野心勃勃的图谋"是必要的。他还警告说："如果有的地方这种戒备没有达到合理的程度，那么人民很快会受到压迫。"

于是有一天，弗雷诺对着汉弥尔顿猛烈地开火了，抨击他在把短期借款转为长期借款的过程中有不法行为。那天弗雷诺用了"布鲁图斯"这个笔名，汉弥尔顿这位联邦党人领袖马上就发现他在新闻界碰上了一位不可等闲视之的劲敌。继第一篇文章之后，弗雷诺日复一日地开火攻击。他的无所顾忌激励着其他能言善辩的喉舌喊出了各自的口号，即使那些文采稍逊的反联邦党人编辑，也可以通过转载《国民公报》的"交换稿"来唤起读者；而惊恐万状的联邦党人则连篇累牍地撰写社论对他极尽侮辱谩骂之能事，但是对于这些，弗雷诺也照样能够加倍奉还。

弗雷诺如此令人气恼，惹得汉弥尔顿亲自加入论战，从而犯下了错误。汉米尔顿给芬诺的报纸写了一篇不署名的文章，说政府职员不应该批评政府的政策。弗雷诺反击说，杰斐逊的国务院发给他的一点点薪俸并不能封上他的嘴巴。汉弥尔顿作为那篇文章作者的身份已经暴露，他便攻击杰斐逊是《国民公报》上那些污言秽语的真正作者。两位内阁官员间的这场纷争只得由华盛顿总统来仲裁，但总统发现这一裂痕是无法弥合的。事实上，华盛顿总统也被他所称的"无赖弗雷诺"搞得甚为狼狈，因为弗雷诺写过这样的报道："一国之首长……几乎不了解国家的真实情况，尤其若是他因身居要职而自认为偶尔到人民中间去一下会有失身份。"弗雷诺把华盛顿当作一个理所应当的攻击目标，因为在这位主编看来，老将军华盛顿把自己的大名提供给了联邦党人做"招牌"。

无论是反对派还是政府，最终都没能制服弗雷诺。到头来，《国民公报》只不过是由于财政拮据才停刊的。与芬诺曾经得到汉弥尔顿的资助不同，没有什么好心人向弗雷诺伸出援手。杰斐逊本可以提供一点帮助，但在他于 1793 年离开内阁后，弗雷诺便基本上得不到任何财政支持了。当黄热病袭来时，他的工人们纷纷逃出城去，弗雷诺关闭了报社，此后再也没有复刊。他的报纸只出版了两年，但很难说当时是否还有别的出版物取得过如此巨大的成功。

本杰明·富兰克林·贝奇（Benjamin Franklin Bache）是接过弗雷诺扔下的反联邦党人火炬的主要新闻工作者之一，他是本杰明·富兰克林的外孙。贝奇是一位性格活泼的年轻人，他感情冲动，才华横溢，常常出言不逊。他的作风受到弗雷诺的影响，他的报纸的党派倾向甚至比《国民公报》还要强烈，进行彻头彻尾的恶毒攻击对他来说简直就是家常便饭。

贝奇小时候生活在法国和瑞士，是由对他百依百顺的外祖父带大的。因此，从踏入报界起，年轻的贝奇就对法国人的事业寄予了同情。当华盛顿总统开始支持以汉弥尔顿等人为首的反法政党时，贝奇的态度使他占到了这位独立战争的老英雄的对立面。像弗雷诺一样，贝奇在他想要置联邦党人于死地的宣传活动上采取了人身攻击的手段。他甚至企图侮辱这位"美国国父"的人格。他在 1796 年 12 月 23 日一期的《曙光女神报》上写道："如果说曾经有人破坏过一个民族的话，那么华盛顿已经败坏了美利坚民族。"

作为报复，联邦党人砸烂了《曙光女神报》报社，并且殴打了这位主编。芬诺在大街上杖笞贝奇，科贝特（Cobbett）则在《箭猪公报》上这样描写他：

> 这个穷凶极恶的家伙（他不愧是老本杰明的子孙）知道，但凡有点见识的人都瞧不起他，把他当作一个不可救药的骗子、一个工具、一个别人的走狗……他是个容貌丑陋的恶魔。他的眼睛从没有看到别人的膝盖以上。他脸色蜡黄，两颊凹陷，目光呆滞，给人的印象就像是一个在绞刑架上吊了一星期或十天的家伙。

由于报纸上谩骂成风，一些历史学家把这一时期称为"新闻事业的黑暗时代"。杰斐逊在 1807 年写道："如今报纸上的东西，没有一样是可以相信的……没有哪一个细节是可以依靠的。我还要加上一句话：从来不看报的人，比看报纸的人更加消息灵通。"①

令人唏嘘的是，当 1798 年一场史无前例的黄热病肆虐当时的美国首都费城时，无论是联邦党的芬诺，还是共和党的贝奇，都无法再继续他们的论战了，他们都死于这场可怕的流行病，弗雷诺的《国民公报》也被迫停刊。在黄沙一般袭来的黄热病面前，人们曾经无比热衷的相互中伤似乎都被无情掩埋而不值一提，正所谓"天地不仁，以万物为刍狗"。

美国政党报纸的相互谩骂并非一国一时之现象，实际上，因为政党报纸作为政党的宣传工具，在进行维护本党派利益，打击对立党派利益的活动时，政党报纸就容易变成相互攻讦的利器。不过，从历史的另一面来看，不同政党、派别之间的相互论争在一定程度上也可以起到传播思想、推进社会运动的积极作用。在这方面，中国资产阶级革命派与保皇派之间的论战是很好的例子。

清朝末期，以孙中山为首的革命派创办了《民报》，提倡建立民主共和制的资本主义国家。而以梁启超为首的保皇党人创办了《新民丛报》，主张建立君主立宪制资本主义国家。1906 年，这两份报纸围绕要不要进行民族革命，要不要进行民权革命，要不要实行土地国有、平均地权三个问题进行了一系列论战，这场论战以 1907 年《新民丛报》的停刊而告终。经过这一番政党报纸的大论战，民主革命思想在中国得到普遍传播，三民主义逐渐深入人心，许多保皇派人士转向革命加入同盟会，为后来的辛亥革命提供了相当厚实的思想和组织基础。

---

① 伊尼斯．传播的偏向［M］．何道宽，译．北京：中国人民大学出版社，2003：135.

第六章　报纸（下）：挣钱机器与公共领域

1776 年 3 月，苏格兰发明家瓦特发明的第一台实用蒸汽机开始点火运行。以此为标志，一场前所未有的技术革命以燎原之势席卷了整个人类社会。5 年以后，瓦特彻底解决了蒸汽机做圆周运动的难题，一种全新的万能动力出现了，它驱动活塞、汽锤、石磨、飞梭等以前所未有的速度运转，指挥着鼓风机、滚轧机、纺纱机、织布机发出人类从未听过的声响。这是人类迈入一个名为工业时代的全新景观。

蒸汽机不仅催生了难以计数的科学发明和技术创造，同时也引发了社会层面的一系列连锁反应。在谈到人类历史发展的困境时，《全球通史》的作者斯塔夫里阿诺斯认为："在技术变革和使之成为必须的社会变革之间，存在一个时间差。"在他看来，造成这个时间差的原因在于："技术变革能提高生产率和生活水平，所以很受欢迎，且很快便被采用；而社会变革则由于要求人类进行自我评估和自我调整，通常会让人感到受威逼和不舒服，因而也就易遭到抵制。"[1] 这也就意味着，在重大的技术变革发生之后，如果相应的社会变革发生的时间与技术变革之间的间隔越短，那么社会发展的速度就会越快。这种矛盾和规律用马克思主义的观点来看，即当生产关系适应了生产力的发展，就会带来对生产力的极大解放。

实际上，技术变革和社会变革正是改变人类社会面貌和发展路径的决定力量。由于二者并不同步发生、反映在人类历史的变动过程中，二者实际上互为动因：有时是技术变革为社会变革提供了需求和契机，有时是社会变革为技术变革准备了基础和条件。人类社会的发展正是在二者的交替促动中螺旋式上升的，正如 DNA 分子的性质由双螺旋链决定一样，一个时代或某种社会的基因，正是由作为双螺旋链条的技术变革和社会变革而决定。

工业革命发生之前，即将成功的资产阶级革命为工业革命提供了社会基础，而工业革命发生后，在资产阶级掌权的社会和国家中又诱发新的社会变革。在以蒸汽机为标志的技术革命发生之时，西方各国已经发生了天翻地覆的社会变革。经过波澜壮阔的资产阶级革命，西方各国的资产阶级已经登上了历史舞台，纷纷建立起资本主义制度的国家。相对于以往以王室或教会为中心的集权制度，这种以自由、民主、平等、分权作为基础的社会制度能够更为灵活地适应商业社会生产力的发展需求。因此，当这种制度在西方各国普遍建立之后，对生产力的解放就以工业革命的方式爆发出来。

瓦特的第一台实用蒸汽机点火的地方是英国伯明翰郊区的布卢姆菲尔德煤矿。蒸汽机让人类可以更深地挖掘地下矿层，地球在远古的地质年代形成的煤和铁，现在发挥出巨大的力量，成为人类物质生活的新基础，也是衡量社会需求和经济规模的新标杆。煤、铁即国家实力，这就是工业时代的真谛。19 世纪初叶，英国工业生产量已占全世界总产量的50%，西欧每人可得到的能量为亚洲每人的 29 倍。19 世纪欧洲对世界的支配，依赖的正是以蒸汽机为代表的这种可以引发深刻社会变革的技术力量。

---

① 斯塔夫里阿诺斯.全球通史：从史前史到21世纪（上）[M].吴象婴，等，译.北京：北京大学出版社，2013：7.

自 18 世纪后期开始，当工业革命在已经或即将建立起资本主义制度的欧美各国相继展开，又在西方社会引起了新的社会变革，对此后 200 多年的西方乃至全球的政治、经济、文化产生了深远影响。这种变化和影响反映到信息与媒介层面，首先体现为以党派性为特点的政党报纸逐渐走向衰落，报业逐渐成为整个商业社会谐调发展的一部分，报纸的主要目的不仅是为商业社会的繁荣提供信息，同时自身也成为商业，成为可以挣钱谋利的商品。商业的一个基本逻辑是要向尽可能多的人提供产品和服务，因此，报纸只服务于一小部分人的利益的时代过去了，作为商品，报纸要尽可能多地面向大众。

于是，当工业革命将西方现代社会的大幕拉开时，随着商业报纸的出现，大众媒介的时代开始了。

第一节 商业报纸出现的社会背景

商业报纸是工业革命以来一系列社会变革综合作用的结果，其兴起具有纷繁复杂的历史背景和现实条件。总的来说，"这时代中，人们在下列各方面取得了显著的发展：物质力量和财富；工业主义和工业化；技术和科学知识；运输、交通和贸易；人口和人口迁移；中央集权制政府；民主政治；阅读与写作能力和教育；舆论和报纸等"①。具体来说，商业报纸的出现基于以下几个方面的背景。

一、政治民主，舆论自由

到 19 世纪末，西方许多国家都完成了资产阶级民主革命，确立了与本国国情相适应的资本主义制度。除英、法、美等国确立了资本主义制度之外，日本经过明治维新、俄国经过农奴制改革、德国经过第一次世界大战，都纷纷建立起与商业社会相适应的国家制度。充满扩张进取之势的资本主义在向世界拓展之际，也在不断调整自身的经济基础与上层建筑，使之适应资本主义的发展。其中，包括意识形态领域日渐开放、日渐宽松的"民主自由"新气象。诸如英国知识税的废除、法国新闻法的颁行等，都是这种新气象在新闻传播领域的体现。随着政治民主化、舆论自由化的进程加快，普通民众参政议政的机会越来越多，热情越来越高涨，人们对各种事关社会民生的事务及信息，自然也越发关注。

二、经济发展，贸易繁荣

西方许多国家经历了工业革命，经济贸易繁荣发展。"美国的经济在 1870 年至 1900

---

① 欣斯利.新编剑桥世界近代史（第十一卷）：物质进步与世界范围的问题（1870—1898）[M].中国社会科学院世界历史研究所组，译.北京：中国社会科学出版社，1987：1.

年间起了根本变化，这个最大的食品和原料生产国也变成了第一流的工业生产国。"[1]最能说明问题的是国际贸易增长的相关数据。在 19 世纪 70 年代中期以后的 30 年中，国际贸易的价值以黄金计算大概翻了一倍还多。如果把价格下跌这一因素计算进去，贸易额可能增加了两倍。[2]

现代贸易的发展产生了对广告的需求，而广告又离不开各种各样的媒介。当报纸有了来自广告的经济支撑之后，对政党的经济依赖就越来越弱，报纸作为一个行业逐渐走向独立，以至于历史学家们把商业报纸称为"独立报纸"。当然，这种"独立"是相对于之前的政党依赖性而言的，实际上，对广告的需求又将使报业从此以后在发展方向上产生另外一种偏移。"1880 年，平均每家报纸 25% 的版面是广告；第一次世界大战期间，广告版面占 50%；20 世纪末已达 60% ～ 70%。"[3]如今，包括报纸在内的各种媒介基本上被商业力量所控制，这正是对广告过分需求的结果。

三、教育普及，受众增加

工业革命为教育的普及提供了时代性的需求。大工业生产需要劳动者具备较高的文化水准，在一个文盲或半文盲的社会中是不可能发展出工业文明的。而自文艺复兴以来，教育在西方各国的普及已是一个显著的社会现象和历史过程。以法国为例，1828—1846 年，识字的法国人增加了 50% 以上。后来，普及教育运动不断展开，到 19 世纪末，几乎遍及全法国。[4]文字传播是有知识门槛的，阅读必须以识字为前提。西方近代以来教育的普及提升了普通民众的知识水平，降低了文字传播的社会门槛，也就为以文字作为主要传播符号的报纸扩大了读者群。

四、城市兴起，人口集中

工业社会集中了人口，也集中了劳动力，它把大批的农村人赶往城市，把成千上万的劳动力集中到工厂。到了 19 世纪末，英国社会已成为世界上最城市化的社会：10 个英国人中有 9 个住在城市里。[5]1790 年美国的第一次人口普查资料显示，当时只有不到 3.5% 的人口居住在城镇里，而到 1900 年这个比例上升了 1/3。"世界各地的城市以极快的速度发展，到 1930 年，城市人口已达 4.15 亿，占人类总人口的五分之一。这是人类历史上一

① 欣斯利.新编剑桥世界近代史（第十一卷）：物质进步与世界范围的问题（1870—1898）[M].中国社会科学院世界历史研究所组，译.北京：中国社会科学出版社，1987：67.

② 欣斯利.新编剑桥世界近代史（第十一卷）：物质进步与世界范围的问题（1870—1898）[M].中国社会科学院世界历史研究所组，译.北京：中国社会科学出版社，1987：72.

③ 德弗勒，丹尼斯.大众传播通论[M].颜建军，等，译.北京：华夏出版社，1989：73.

④ 瓦耶纳.当代新闻学[M].丁学英，等，译.北京：新华出版社，1986：104.

⑤ 加亚尔.欧洲史[M].蔡鸿宾，等，译.海口：海南出版社，2000：483.

个巨大的社会变化，因为在城市居住意味着开始了一种全新的生活方式。西方的许多国家如英国、比利时、德国和美国，到1914年时，已使它们的绝大多数人口生活在城市里。"[①]

从农场到工厂，从农村到城市，生活方式的巨大转变给这个时代的人们带来了无法想象的困惑。飞转的机器给在流水线上工作的人们带来了前所未有的紧张，拥挤的城市生活空间带给人们无法排解的压抑。为了缓解工作与生活带来的巨大压力，工人们选择的排解方式就是酗酒。以英国为例，在1830年的格拉斯哥，每12幢房子中就有一家酒馆，而到了1840年，每10幢房子中就有一家酒馆；在曼彻斯特，至少有近1 000间小酒店、啤酒店和杜松子酒窖，90%左右的顾客都是工人。统计数字表明，工人阶层用在酒上的开支占其收入的五分之一到四分之一，有些家庭甚至要把三分之一到二分之一的收入用在饮酒上。在英国历史学家眼里，工业革命时期不亚于蒸汽机的另一项关键发明，是一种在伦敦街头随处可见的手推车中贩卖的杜松子酒。从农村到城市的生活转变是如此突然和令人恐慌，只有在便宜而浓烈的杜松子酒带来的集体迷醉与狂欢之中，人们才能度过时代变换漩涡中的一个又一个夜晚。

城市的兴起与人口的集中为报纸提供了急需各种信息的读者群，也为报纸形成了一个相对集中的发行区，而人们生活节奏的改变也产生了休闲的需要，作为大众媒介的商业报纸正是在这样的历史过程中应运而生的。实际上，大众媒介是与都市中心同步发展的，正如《权力的媒介》一书所言："没有都市中心，大众媒介不可能产生；同样，没有大众媒介，都市中心的发展恐怕也不会成功。"[②]

第二节　廉价报纸

到19世纪初叶，报纸已经是有着两百年历史的媒介了。但是，此前的报纸与后来两百多年里的报纸并不一样。其中一个重要的不同点在于，此前各国的报纸都不便宜。以美国为例，当时报纸发行人每年对每一份报纸的订户预收6美元至10美元订费，这个数字超出了大多数熟练工人一星期的收入。[③]

工业革命以后，报纸逐渐形成以广告收入为主的盈利模式。商业广告的利益驱动必然要求报纸面向尽可能多的读者，而当报纸不再以发行作为主要的收入来源时，卖价就能越来越便宜；而越便宜就会有越多的人能够买得起报纸，而受众越多就意味着有更大的广告效应。正是这种符合商业逻辑的盈利模式的建立带来了商业报纸的繁荣，而这种卖价低廉的报纸，在历史上被称作"廉价报纸"。

---

① 斯塔夫里阿诺斯.全球通史：从史前史到21世纪（下）[M].吴象婴，等，译.北京：北京大学出版社，2013：497.

② 阿特休尔.权力的媒介[M].黄煜，等，译.北京：华夏出版社，1989：42.

③ 埃默里M，埃默里E，罗伯茨.美国新闻史[M].展江，译.北京：新华出版社，1982：160.

一、美国三大便士报

（一）本杰明·戴伊与《纽约太阳报》

本杰明·戴伊（Benjamin H. Day）创办的《纽约太阳报》是美国商业报纸诞生的标志，因为它是第一份获得成功的"廉价报纸"或"便士报"。

《纽约太阳报》并不是美国的第一份便士报，在它之前已经有 3 家同类报纸，不过寿命都不长。当本杰明·戴伊于 1833 年 9 月 3 日出版《纽约太阳报》时，美国定期发行的报纸共有 1 200 种左右，其中大部分是政治性的党派报纸，且大多价格不菲。[①] 当时的纽约报纸都卖 6 便士一份，而《纽约太阳报》售价为 1 便士。

当时纽约爆发霍乱，靠接印刷零活艰难维系生计的出版商本杰明·戴伊认为，办一份便士报能够有助于他的生意达到收支相抵。不过戴伊一开始并不是很看好这个项目，一直推迟到 1833 年 8 月才付诸印刷。同年 9 月 3 日，4 页版的《纽约太阳报》诞生在戴伊的双滚筒印刷机下。首日报纸三分之一的版面是广告，另外四分之一的版面混排着诗歌、轶事奇闻和小故事，而其他版面则主要刊登各种船运、治安和普通新闻。

在《纽约太阳报》的创刊号上，本杰明·戴伊宣称：本报的宗旨"是在每个人都能支付的价钱下，将一天中发生的所有的新闻奉献在公众面前，同时也给刊登广告提供了一个便利的工具"。[②]《纽约太阳报》旨在抓住下层民众的兴趣，刊登的主要是自杀、犯罪、审判、失火等琐事，由于注重趣味性和幽默感，自然远比政党报纸更具有吸引力，再加上报纸价格便宜，普通人都能买得起，在短短 6 个月的时间里发行量就达到约 8 000 份，超过了纽约所有的报纸。

1838 年，《纽约太阳报》的发行量超过 3 万份，相当于纽约其他报纸发行量的总和。到 1839 年则为 5 万份。这对广告商产生了很大的吸引力，《纽约太阳报》由此获得了大量的广告收入。广告收入的增加进一步加强了《纽约太阳报》的独立性。戴伊创办《纽约太阳报》时年仅 22 岁，维生艰难，而当他在 1838 年将报纸盘给内弟时，该报发行量已达 3.4 万份，整体售价为 3.8 万美元。有新闻史学家认为，他是大大小小依靠办报发财致富者中的第一人。

《纽约太阳报》吸引读者、增加销量的秘诀在于加强耸人听闻类新闻的报道。1835 年 8 月，《纽约太阳报》上的一则消息吓呆了读者。英国哲人约翰·洛克的旁系后代理查德·洛克（Richard Locke），在其名为《巨大的天文学发现》的 6 期系列报道中说："一位南非的天文学家发现月球表面被类似冷杉和棕榈树的植物所覆盖，还有像野牛和斑马的动物在其间漫步。"读者在这个分期连载的最后部分还看到，月球也是"智能生物"的家园，

---

① 斯隆.美国传媒史［M］.刘琛，戴江雯，苏曼，等，译［M］.北京：人民出版社，2010：181.
② 阿特休尔.权力的媒介［M］.黄煜，等，译.北京：华夏出版社，1989：53.

这里某些生物的长相和行为都酷似人类，但它们有类似蝙蝠的翅膀，能够飞翔。这些内容据推测是《纽约太阳报》在一份苏格兰科学杂志上发现的。

关于月球的故事引起了巨大的反响。其他报纸争相转载，《纽约太阳报》的发行量剧增。不过，没等这些系列文章结篇，《纽约先驱报》和《商务新闻报》已经公开抨击这则消息。尤其是《商务新闻报》的声明理由充分，因为原文的作者理查德·洛克已经对杂志社同伴坦白是他杜撰了整个事件。"月亮上的骗局"成为那个时代著名的假新闻的代表。

不过，《纽约太阳报》从未承认过这是一个骗局，仍然在1835年的9月中旬坚称其信息来源是一家著名的科学杂志的报道，而且是一位受人尊敬的天文学家的科学活动。同时，《纽约太阳报》很愿意看到这篇文章的内容成为新闻事件，文章的真实性反而变得不那么重要了。《纽约太阳报》报道称："那些怀疑事情真实性的人都很钦佩这些文章高超的写作技巧，由此带来了娱乐效果。""月亮上的骗局"显示，除了传播信息，早期的便士报的另一项重要功能便是提供娱乐。商业报纸在其发端之时，就已经开始制造假新闻招揽读者，其危害深远，流恶难尽。

随着便士报的出现，娱乐性、趣味性替代了早期报纸的时效性、重要性、新鲜性，成为新的价值取向，以至于对新闻的定义都开始发生了改变。查尔斯·达纳（Charles Dana）任《纽约太阳报》主编时，其城市版主编约翰·博加特（John Bogart）对一个年轻记者说："狗咬人不是新闻，人咬狗才是新闻。"这一令人印象深刻且广泛传播的概括成为西方报界对新闻的最重要定义之一。

（二）贝内特父子与《纽约先驱报》

詹姆斯·戈登·贝内特（James Gordon Bennett）原是英国人，后来移居美国。他曾多次办报，但都以失败告终。最后，于1835年创办的《纽约先驱报》终于获得成功。《纽约先驱报》效仿《纽约太阳报》的"耸人听闻"手法，并在低级趣味上变本加厉，成为当时"世界上最耸人听闻、最黄色和刺激性最强的报纸"[1]。以至于很多人买了《纽约先驱报》都不敢带回家去看。

由于《纽约先驱报》大量报道庸俗无聊的社会新闻，甚至肆意谩骂政治和宗教人士，引起了一些人的不满。1840年，纽约几家报纸联手对贝内特及其《纽约先驱报》展开所谓的"道德战争"，大家一致斥责贝内特是报界的败类。后来，这场持续数月的"道德战争"使《纽约先驱报》的销量锐减三分之一，导致许多广告客户都不愿意在该报上继续刊登广告，贝内特才尽量收敛锋芒以挽回发行量的损失。

贝内特创办《纽约先驱报》时的开业资金仅500美元，可当他去世时，他已是腰缠万贯的富翁了。贝内特去世后，他的儿子小贝内特接班成为该报的主人。小贝内特是个挥霍无度、狂妄傲慢、行为怪诞之人。他一生中大部分时间住在巴黎，很少到《纽约先驱报》

①　霍恩伯格.西方新闻界的竞争［M］.魏国强，等，译.北京：新华出版社，1985：34.

的办公室去①，还常常将在纽约办公的编辑召到巴黎议事。有时候，编辑们奉命赶到巴黎，他却一面不见又将人家打发回去。但是，贝内特每天从巴黎用电报向纽约发指示，密切关注每个雇员的工作。有一次，他请人列出一份《纽约先驱报》骨干人员的名单，而他拿到这份名单后便将上面的人悉数解雇。他的管理方针是不让任何个人获得重要地位。尽管他的新闻直觉很准，但他也同时强迫报纸遵守许多根据他个人的癖好而制定的行动准则，并且要报纸宣传他的个人信念。在这一怪人的统治下，《纽约先驱报》日趋没落。

（三）霍勒斯·格里利与《纽约论坛报》

霍勒斯·格里利（Horace Greeley）出身贫寒，天赋过人，年仅5岁就通读《圣经》。成年后投身政坛，青云直上，成为纽约辉格党三巨头之一。1841年他创办了《纽约论坛报》，这份周报很快成为辉格党最成功的都市报纸，在全国范围内拥有了上万订户。

《纽约论坛报》摒弃了一般廉价报纸的三种做法：煽情主义的新闻、不健康的医药广告和虚伪的政治中立。该报也有社会新闻和警事报道，但主要内容是报道经过而非一味追求刺激。该报的创刊宗旨上说："我们将尽瘁心力把报纸办成赢得善良的、有教养的人们嘉许的、受欢迎的家庭常客。"《纽约论坛报》坚持一个很高的道德标准，故拒绝刊登关于治安法庭的报道和耸人听闻的谋杀案审判，甚至拒绝刊登戏剧作品，这也使得它成为那个时代"伟大的道德喉舌"。

格里利在《纽约论坛报》上公开指责《纽约太阳报》和《纽约先驱报》等廉价报纸的庸俗堕落，他写道："便士报热衷于对蛰伏在社会内部恶魔般的欲望煽风点火。它们也许不会被指责犯有谋杀罪，但是，它们的的确确是犯了制造谋杀者这种更恶劣的罪行。"②格里利创办的《纽约论坛报》旨在"增进人民的利益，提高他们的道德良知、政治素养和社会福利水平"③。

格里利创办《纽约论坛报》的初衷绝非仅仅为了政治，他并不打算把《纽约论坛报》办成严格意义上的辉格党报。事实上，格里利对"奴颜婢膝的党派偏见"的鄙视不亚于对"装腔作势的中立性"的反感。他甚至说："一份刊物若能够忠于其引领的信念，同时勇于揭露和谴责本党部分党员微不足道的行为和偶然的错误，那么相比出于政党偏见或者眼前利益而去称赞或非难、祈祷或诅咒而言，必定会更加有成效，更加能展现政党的睿智。"

虽然《纽约论坛报》并不总能达到格里利公开声称的道德标准，但是它仍不失为一份颇具影响力的报纸。农民们把该报看作福音书，格里利的文化巡游演讲会总能吸引众多听众。在19世纪中叶美国大部分重要的全国性问题（从废除奴隶制到内部改革，从禁酒运

---

① 埃默里 M，埃默里 E，罗伯茨．美国新闻史［M］．展江，译．中国人民大学出版社，2004：143.

② 德弗勒．大众传播通论［M］．颜建军，等，译．北京：华夏出版社，1989：285.

③ 阿特休尔．权力的媒介［M］．黄煜，等，译．北京：华夏出版社，1989：170.

动到开拓西部）中，格里利都扮演了重要角色。

格里利主持下的《纽约论坛报》成为反对奴隶制的先锋，他视奴隶制为奴隶主获取联邦权力的阴谋和自由进程的阻碍。美国内战期间，他反对林肯的温和做法。1862年夏，他在社论《两千万人的祈祷》一文中要求对南方联盟国政权采取更猛烈的攻击，并且加快释放奴隶。一个月后，当林肯释放奴隶的宣言发表后，他发出了热烈的欢呼。格里利支持对徙居者的自由政策，1865年他发出了著名的号召："小伙子们，到西部去，和你们的国家一起成长。"有人回忆说："当我年轻时，格里利第一次发出此号召时，我就启程前往西部了。"

格里利是一个社会改良主义者，信奉傅立叶的空想社会主义。他希望能用改良的方式"医治"资本主义的弊端，以实现他所向往的"慈善的资本主义"。为此，格里利撰写了许多社论，用以解释空想社会主义理论。从1852年到1862年，他还聘请马克思担任《纽约论坛报》的英国通讯记者，在此期间，马克思和恩格斯为《纽约论坛报》撰稿达五百余篇，马克思曾称赞《纽约论坛报》为"民主社会主义的报纸"。

二、英国的便士报

（一）劳森与《每日电讯报》

《每日电讯报》由亚瑟·斯莱（Arthor Sleigh）上校于1855年6月29日创办，创办初期并无特色，在陷入财政困境后由其债权人约瑟夫·摩西·利维（Joseph Moses Levy）收购，并进行了大胆改革。他按1便士出售该报，在降低报价的同时却未降低报格。这份报纸质高价廉，注重社论，反映民声，因而迅速打开了销路。不过此时，这份报纸还并未真正在英国的便士报中脱颖而出。

《每日电讯报》对英国报业产生历史性的影响是在利维的儿子爱德华·利维·劳森（Edward Levy Lawson）成为主编以后，劳森让这份报纸变得更适合大众的需要。在内容上，扩大报道面，注重趣味性，声情并茂，富于感染力。在编辑上，采用美国做法，对重大消息采用多项标题以示强调。劳森声称，办报旨在促进国家和社会进步，力争质高价廉，并积极投身社会改革运动，在他主持下的《每日电讯报》成为英国廉价报纸的先驱，劳森也被称为英国"报业之父"。

劳森成功的另一个重要原因在于重视人才，他到处网罗一流作家参与报社的工作，其中最具代表性的是埃米尔·约瑟夫·狄龙（Emile Joseph Dillon）。狄龙是著名的语言学家，精通欧洲各国文字，并通晓东方语言和中世纪语言。这位学者有着不同寻常的全面能力，他勇于进取，为了获得独家新闻不畏艰险，他与政治家、外交家交往密切，常能获得机密消息，作为著名记者，他经常受到各国国王的款待，因而被朋友们称为"无冕之王"[①]。后

---

① 郑超然，程曼丽，王泰玄.外国新闻传播史［M］.北京：中国人民大学出版社，2000：73.

来，人们为了表达对记者的敬意，将"无冕之王"的雅称送给了所有的记者。当然，真正能达到狄龙一样水平的人却并不多见。

（二）北岩勋爵与《每日邮报》

2011年8月4日，家住英国普利茅斯的詹金斯夫妇在家中找到一个宝贝：一张发行于100多年前的《每日邮报》，它的价值不仅体现在年头久远，而且上面的内容竟然准确地预测了100多年来发生的一些重大事件。比如，它预测了20世纪出现的航空器、高速火车、移动电话以及英吉利海峡开通海底隧道等重大事件，而百年来人类社会的变化可证明其预见非常准确。

这张使用金色油墨的报纸于1900年12月31日发行，是为庆祝20世纪来临而推出的纪念版。《每日邮报》由北岩勋爵在1896年创办，被认为是英国现代资产阶级报业的开端。

北岩勋爵（Lord Northcliffe，1865—1922年），原名阿尔弗雷德·哈姆斯沃兹（Alfred Harmsworth），是英国现代新闻事业的创始人，有"舰队街的拿破仑"之称，1905年受封为勋爵。他年轻时就有丰富的办报经历，了解读者的兴趣，主张新闻写作要简练易懂，并应用地图、照片注解新闻报道，他说："不要忘记，你正在为那些知识浅陋的人写作。"

1896年5月4日，《每日邮报》正式面世，在报头的两侧，赫然印着两句口号：半便士的便士报、"忙人"的日报。《每日邮报》诞生之前，英国报纸呈两极分化格局，在市场的底端，有大量售价半便士的通俗报纸，这类报纸面向底层读者，虽然便宜，但是质量粗劣；在市场的顶端，有像《泰晤士报》这样的"高尚"报纸，但与普通大众的兴趣相去甚远。北岩认定在这两种报纸之间还存在一个巨大的中游市场空间，决心创办一份面向中产阶级的报纸。按他的设想，这份报纸应该是便宜而不失精致，它的新闻应该新鲜、简单而有趣。

《每日邮报》创造了英国报纸的众多第一：第一份建立有一支遍布全球的通讯员队伍的报纸；第一份辟有专门妇女版的报纸；在1901年布尔战争期间，该报还任命了第一位战地女记者——英国前首相丘吉尔的姨妈萨拉·威尔逊（Sarah Wilson）。

在创办《每日邮报》的过程中，北岩勋爵得到了他的弟弟哈罗德（Harrod）的帮助。后来被封为罗斯米尔子爵的哈罗德有一个"对数字有良好感觉的头脑"。北岩勋爵做事充满激情，敢闯敢干；而哈罗德则在背后精打细算，帮他控制风险，两人配合得天衣无缝。他们原来估计《每日邮报》初期的发行量可以达到10万份，结果第一天就卖出了近40万份。

北岩是英国大众报纸的标志，开报团之先河。北岩先后创办和购买了《每日邮报》（1896年）、《每日镜报》（1903年）、《观察家报》（1905年）及多家地方报纸。1908年，北岩又取得了《泰晤士报》的控制权，从而摘得了英国新闻界的皇冠。北岩报团也成为英国最早最大的报团。

作为英国现代新闻事业的创始人，北岩对英国的影响其实远远超出了报界。第一次世界大战期间，北岩担任"对敌宣传总监"，主持对德宣传。他用飞机向德军投掷成千上万的宣传品，这种"纸弹"在瓦解德军士气方面起了很大的作用。正是由于他在社会中的广泛的影响力，人们认为他"与整个教育部相比，有过之而无不及"。[①]

第三节　黄色报纸

19世纪末，随着商业报纸的逐渐成熟，报业进入销量剧增、利润暴涨的"黄金"时期，报纸盈利能力增强，社会影响扩大，从而带来了报业内部的激烈竞争。这一方面促成新闻业务的全面提升，另一方面也因唯利是图甚至不择手段而使报格直线堕落。这是最好的时代，也是最坏的时代，更是黄色报纸的时代。

这一时期最具代表性的人物毫无疑问就是约瑟夫·普利策（Joseph Pulitzer）与威廉·兰道夫·赫斯特（William Randolph Hearst）。

一、普利策

（一）早期经历

约瑟夫·普利策1847年出生于匈牙利，少年时期他曾在私立学校受过良好的教育，17岁时离家出走，想去参军。但由于视力差、身体弱，奥地利军队和法国外籍军团都拒绝接受他。1864年美国内战期间，负责为联邦军招募欧洲志愿人员的一名美国代理人不那么挑剔，他招募了普利策。从此，普利策成为林肯骑兵部队中的一名战士。

战争结束后，实际上没有打过仗的普利策流落到纽约，身无分文，语言不通。他干过许多临时性的苦差事，还在密苏里州圣路易斯的一家餐馆当过招待。但是，强烈的求知欲和充沛的精力促使他不断进取。1867年，他加入了美国国籍。一年后，他开始在《西部邮报》担任记者。他没日没夜地工作，挖掘各种类型的新闻，很快就在那些嘲笑他行为怪癖的同事中脱颖而出。

1878年12月9日，普利策买下了《圣路易斯快报》，他的主要收获是再一次获得了美联社社员的资格。三天之后，他将《圣路易斯快报》与约翰·迪伦（John Dylan）1875年创办的《圣路易斯邮报》合并，美国最大的报纸之一《圣路易斯快邮报》就这样诞生了。在最初的四年中，它是圣路易斯最大的晚报，每年净赚45 000美元。基于普利策作为主编兼发行人的天赋，30出头的他已经取得了辉煌的成就，当然，未来他将达到的高度还要远远超出人们的预料。

---

① 郑超然，程曼丽，王泰玄.外国新闻传播史［M］.北京：中国人民大学出版社，2000：86.

普利策善于把煽情主义的、刺激性的社会新闻，纳入理性报道的圈圈里去。他认为，关于犯罪、邪恶和灾祸等社会新闻的报道，是为了让人们知道社会存在的问题的严重性，并起来与其斗争，最终解决问题，而且这样的新闻比较容易吸引读者。报纸有了读者，报纸的社论也就会有人看，社论针对社会存在的问题，指出解决问题的办法，自然引导了舆论。普利策就这样将刺激性与理性有机地结合起来，而这也为他在纽约的报业擂台上大展拳脚做足了准备。

（二）《纽约世界报》

1883 年，在远赴欧洲休养的过程中，普利策获悉《纽约世界报》待价出售，于是将其买下，开始了新的征程。

普利策接手《纽约世界报》时，纽约的《纽约先驱报》《纽约太阳报》《纽约论坛报》和《纽约时报》都是其强有力的竞争对手，但普利策并不在意，因为纽约还没有一家像《圣路易斯快邮报》这样的报纸。普利策，这位有些神经质但精力充沛的人，已经做好了准备，要在这个国家最重要的报业市场尝试其在圣路易斯成功的秘诀。

普利策很快改组了编辑部，还向圣路易斯发电报请来了两名出色的编辑，并于 5 月 11 日出版了第一期《纽约世界报》。《纽约世界报》的开篇社论中宣布的创刊新宗旨与 5 年前普利策在圣路易斯的发刊词十分类似。他宣称他将为读者提供更多的新闻，更鲜明的新闻，每一个人都能读的新闻。很快这一特点就在该报中显露出来，当时布鲁克林大桥开通在即，普利策在头版上以罕有的 3 个插图专栏使读者大吃一惊。对普利策来说，"鲜明"就意味着不仅要图文并茂，而且要图胜于文，图片的使用在当时已经被理解为追求轰动效应的标准特征了。

普利策办报成功的另一个重要因素是积极提高报纸的质量。他利用第一版报头两侧的版位提高发行量，刊登独家新闻。他做的第一件深得人心之事，是鼓吹把那座被誉为世界奇迹的布鲁克林大桥向每天经其上班的人免费开放。

普利策想要为弱势群体创立一种报纸，而这样的弱势群体在满是移民的纽约可谓比比皆是。他谨慎地避免刊载贬抑外来移民的新闻或专题文章，同时他也不允许在文章撰写中使用种族方言，尽管这在当时是廉价文学最流行的形式之一。

作为他在圣路易斯创始的声讨风格的延续和发展，普利策通过为自由女神像筹集 20 万美元款项的运动将自己的事业推向了顶峰。自由女神像是法国人民送给美国的礼物，这项募捐活动从无数贫穷的移民中收集了大量的 1 美分、5 美分和 10 美分的硬币。通过这次活动，普利策不仅扩大了报纸的发行量，而且令广大民众有了一种当家做主的感觉，使他们认识到自己是这座重要的公众纪念碑的主人。[①]

普利策只花了两年时间就使《纽约世界报》在纽约的发行量达到了 20.7 万份，超过了

---

① 斯隆.美国传媒史［M］.刘琛，戴江雯，苏曼，等，译.北京：人民出版社，2010：340.

1 美分一份的《新闻晚报》。普利策广受尊敬并非因为他给新闻界带来了革新，而是因为他在赚取利润方面取得了巨大成功。《纽约世界报》在普利策的领导下成为新闻潮流的引领者，其他报纸纷纷效仿。

1. 开创彩色报之先河

1893 年 11 月 9 日，美国《纽约世界报》登出了两个半版面的彩印插图，插图描绘了大西洋花园夜景和教会活动，这是世界上最早的彩印版报纸。

其实，彩色印刷并不是一个新鲜概念，早在 1457 年就有人用红色与蓝色印刷宗教书。但 1893 年彩色印刷机出现，《纽约世界报》将当时可用的五种颜色用到了极致，色彩才开始成为版面元素的一分子。该报从黑白印刷转为彩色印刷后，发行量曾超过 100 万份。

《纽约世界报》最早刊登了彩印插图，也最早设置了彩色印刷连环画专页，每张画的中心人物是个穿着肥大衣服、没有牙齿、咧嘴而笑的"黄色幼童"。这个"黄色幼童"马上出了名，"黄色"成为低级趣味、色情的代名词。

2.《纽约世界报》取得成功的原因

普利策清楚地认识到他的潜在读者群的特点。19 世纪 80 年代，纽约市的人口增加了50%，普利策努力吸引新市民对他的报纸的关注。当时，在纽约市内，每 5 个人中就有 4 个是在外国出生的。普利策身为移民，对这一事实非常敏感。而且他了解他那个时代的社会经济发展趋势，知道他的读者既希望得到娱乐，又希望报纸起到有效的、进步的引导作用。因此，他的《纽约世界报》以生动的方式报道重大新闻，以满足社会需求的变化，并以煽情主义的新闻内容来适应大众的娱乐需求。

除了实用的讨伐与促销手段之外，噱头也是《纽约世界报》的特长。在这方面，最大胆的尝试是 1889 年派内莉·布莱（Nellie Bligh）周游世界，看她能否用少于儒勒·凡尔纳（Jules Verne）在他的小说《80 天环游地球》中建议的时间做一次环球旅行。内莉·布莱是女记者伊丽莎白·科克兰（Elizabeth Cochran）的笔名。她曾以招引男性无赖，然后写文章加以揭露；或伪装成精神病患者，混入纽约的精神病院采访消息等花招，来活跃《纽约世界报》的版面。当内莉乘船、乘火车、骑马、坐舢板周游世界各地时，《纽约世界报》举办了猜谜比赛，吸引了将近 100 万人参加此项活动，猜测她到达各地所需的时间。内莉没有让该报的读者失望。最终她以 72 天的时间完成了周游世界的旅行，在举国上下一片欢呼声中，乘坐旗帜飘扬的专车从旧金山回到了纽约。

（三）普利策的遗产

普利策举世皆知的遗产是哥伦比亚大学新闻学院和普利策新闻奖。

早在 1892 年，普利策就已向位于纽约市的哥伦比亚大学提出捐款创立新闻学院的要求，但被婉言拒绝了。因为，当时人们还不把新闻看成一门学问，而只把它当作一种技艺。经过普利策的一再要求，哥伦比亚大学最终接受了他的捐赠与计划。按照约瑟夫·普利策 1911 年逝世时的遗愿，给该校的赠款总数为 200 万美元，哥伦比亚大学在这个数目上又增加了 50 万美元。

可惜普利策没等到新闻学院诞生便离开了人世。哥伦比亚大学新闻学院成立于 1912 年，如今已成为美国新闻学教育的重镇，学院主办的《哥伦比亚新闻学评论》也是一份权威的新闻学刊物。1935 年，哥伦比亚大学新闻学院又改为新闻研究生院，专门招收大学毕业生以及具有工作经验的新闻从业者，然后进行一年的强化式专业学习。另外，学院还主持评选一年一度的普利策新闻奖。

普利策新闻奖于 1917 年设立，每年 5 月颁发，现在包括新闻、文学、戏剧、历史与音乐等项目。其中新闻奖刚设立时共有 5 个奖项，现在已经增加到十余项，比如公众服务奖、最佳地方报道奖、最佳全国报道奖、最佳国际报道奖、最佳社论奖、最佳漫画奖、最佳新闻照片奖等。在今天的美国新闻界，普利策新闻奖的地位就同奥斯卡金像奖在美国电影界的地位一样。

二、威廉·兰道夫·赫斯特

（一）早期经历

实际上，在纽约报界如日中天的普利策并不孤独，相反，他和他的《纽约世界报》时时要面临对手的残酷竞争，其中对他威胁最大的，是《纽约世界报》曾经的实习生、来自旧金山的威廉·兰道夫·赫斯特。相对于普利策而言，赫斯特更是黄色报业的典型代表。

赫斯特 1863 年出生于旧金山的富豪之家，父亲靠银矿发财，母亲又精于管家。20 岁时，赫斯特被一心想通过办报追求政治权力的父亲送进哈佛大学。他在哈佛大学就读期间就已显示出日后必将令人侧目的"潜力"——挥霍无度、喝酒闹事、恶搞老师，大二即被学校开除。不过他在波士顿的经历也并非一无是处，他担任幽默杂志《讽刺文》的经理时就干得很出色。而上学期间真正对赫斯特产生决定性影响的，是他假期在《纽约世界报》的实习经历，即使被学校开除后，赫斯特还花了一些时间到纽约研究普利策的办报技巧，然后才回旧金山。

赫斯特 24 岁时，他的父亲成为加州参议员，他也成为父亲经营的《旧金山考察报》的主编。这位《纽约世界报》曾经的实习生很快就证明他在普利策那儿取到了真经，他野心勃勃地对这份报纸进行改革，第一年销量就翻了一番。到 1891 年赫斯特参议员去世时，这份报纸每年已可获利 30 万～50 万美元。不到而立之年的赫斯特已经在旧金山报界站稳了脚跟，不过赫斯特并不打算在西部长住，他真正向往的，是普利策称霸的纽约报界。

（二）黄色新闻之争

1895 年，赫斯特说服他的母亲卖掉家里经营的铜矿，带着 750 万美元现款来到纽约。他的到来标志着普利策的《纽约世界报》在同行中遥遥领先的黄金时代的终结。《纽约世界报》的成功极大地影响了野心勃勃的青年赫斯特，他来纽约的目的就是想看看自己是否能够超越普利策先生，成为"比普利策还普利策"的成功者。

有意思的是，赫斯特在纽约的报业生涯是从买下普利策的兄弟阿尔伯特曾经创办的《纽约新闻报》开始的。当时正值《纽约新闻报》业绩不佳，赫斯特只花了 18 万美元就得到了它。① 赫斯特十分幸运，在购买报纸所有权上节省了大笔资金，这样就确保了他日后在付给员工薪水方面可以出手大方，而这也正是他对付普利策的利器。

有 750 万美元家产做后盾，赫斯特构思了一个大胆的、旨在迅速成功的计划。他着手挖来普利策最好的员工，这不仅可以增强自己报纸的力量，而且对其主要竞争对手也是当头一棒。赫斯特雇佣了全体《纽约世界报》星期日版的员工，其中就包括广受欢迎的系列漫画《黄孩子》的作者理查德·奥特考尔特（Richard Outcault）。

1895 年，著名漫画家奥特考尔特创作的系列漫画《黄孩子》开始在普利策创办的《纽约世界报》星期日版上发表。故事的主人公是一个年纪在六七岁，身着脏睡衣的大脑袋小孩儿，这个兴高采烈、咧嘴而笑、面目没有特点的"黄色幼童"在纽约走街串巷，发表观感，这在当时的纽约很受欢迎。

为了与普利策竞争，赫斯特重金将《纽约世界报》星期日版的全班人马挖至《纽约新闻报》，其中包括《黄孩子》的作者理查德·奥特考尔特。星期日版全班人马在一天之内全部倒戈，这让普利策大吃一惊，立即用赫斯特所出的高价将他们原班请回。然而赫斯特很快又用更高的价钱将他们彻底挖走。普利策于是又雇用另一名画家乔治·B. 卢卡斯（George B. Lucas），继续在《纽约世界报》星期日版上画《黄孩子》的漫画。于是，纽约报界出现了前所未有的场面：两家竞争最激烈的报纸，竟然都以《黄孩子》为旗号来推销报纸，争抢读者。这场被称为"黄孩子之争"的事件标志着黄色新闻大战的开始。在社会公众看来，"黄孩子"似乎象征着流行的那种耸人听闻的新闻，"黄色新闻"这个名词很快传开了。

《黄孩子》的原作者奥特考尔特万万没想到自己笔下那个曾经备受读者喜爱的漫画主角，竟然成了最丑恶现象的标志，他为此悲叹说："在我死后，不要佩戴黄色绉纱，不要让人把黄色幼童放在我的墓碑上，也不要让黄色幼童参加我的葬礼。让他待在他所属于的纽约东区。"

随着普利策损失了好几个核心雇员，他也开始失去利润。赫斯特已经开始以 1 美分一份的价格售卖他的晚报。普利策被迫应战还击，将《纽约世界报》的价格从 2 美分一份降到 1 美分一份。在 19 世纪的最后几年，这两位报业巨头一直互相攻击，其手段包括使用

---

① 斯隆.美国传媒史［M］.刘琛，戴江雯，苏曼，等，译.北京：人民出版社，2010：341-342.

更大的字体，发表更加耸人听闻的专题文章，互挖对方的精英人才，降价销售，以及报道独家新闻等，极端手段无所不用。正是在这种情况下，报业对社会的负面影响最大限度地显现出来。

（三）黄色新闻的高潮

19世纪末，西班牙军对古巴起义者的残酷镇压激怒了美国政府，并危及美国资本家在该地的经济利益。美国人在古巴所拥有的甘蔗种植园和糖厂年贸易额可高达1亿美元。1898年2月15日，美国派往古巴护侨的军舰"缅因"号在哈瓦那港口爆炸，美国遂以此事件为借口，于4月22日对西班牙采取军事行动。

新闻界总把黄色新闻看作美西战争的始作俑者，甚至认为如果没有黄色新闻就没有美西战争。虽然这种说法有些夸大，但不可否认，在这场战争中黄色新闻极尽其煽风点火、推波助澜之能事，所以把美西战争看作黄色新闻的高潮并不过分。

在美西战争爆发之前，美国的报纸尤其是赫斯特的《纽约新闻报》发疯似的煽动战争情绪，极力鼓吹向西班牙宣战。赫斯特曾公开宣称，为了使美国向西班牙开战，他花费了100万美元来进行宣传。因此，有人将美西战争称作"赫斯特的战争"。

1898年2月15日夜，美国军舰"缅因"号在哈瓦那港口爆炸而沉没，266名美国士兵丧生。赫斯特的报纸以特大通栏标题及图片报道了这一消息，并悬赏5万美元查明是何人将"缅因"号炸沉的；普利策的《纽约世界报》也曾准备雇用一只轮船和潜水员。在未查明真相以前，美国报纸的报道给人这样的印象：西班牙对此负有直接或间接的责任。《纽约新闻报》发起献舰运动，成立专门委员会负责筹款。3天后，这家报纸用通栏大标题刊出"全国战争狂热"的大幅标题，鼓吹发动战争。普利策也在《纽约世界报》上刊发了一篇署名社论，要求对西班牙发起一次迅猛的速决战争。在报纸掀起的"全国战争狂热"的压力下，美国国会于同年4月18日迅速通过了关于战争的决议，原先无意于战争的麦金利（William Mckinley）总统宣布对西班牙开战。

赫斯特的《纽约新闻报》以及其他的黄色报纸之所以肆无忌惮地煽动美西战争，除了所谓共同的"美国利益"，更多地是为了刺激报纸销量。在美西战争期间，赫斯特的《纽约新闻报》和普利策的《纽约世界报》趁着天下大乱，两报各自创出了销售150万份的空前纪录。

普利策后来对《纽约世界报》在美西战争中的煽情做法深表后悔，倍感内心谴责，并退出了黄色新闻大战，不过普利策的退出并不意味着黄色新闻的终结。在20世纪刚刚开启之时，美国约有三分之一的大城市报纸都跟风发展黄色新闻，这种风潮的平息要等到10年之后。在普利策努力清理煽情新闻以在黄色新闻中收手之际，赫斯特及其《纽约新闻报》并未有所收敛，反而变本加厉，结果酿成了1901年美国总统麦金利被刺身亡的惨剧。

在美国1900年的大选中，赫斯特和他的几家报纸支持白里安，疯狂反对麦金利。麦金利于1901年获选连任后，赫斯特的报纸不仅对他进行恶毒攻击，而且煽动刺杀总统。1901年肯塔基州州长科贝尔被刺杀之后，同年2月4日，《纽约新闻报》刊登了一首令人吃惊的四行诗："枪弹穿过科贝尔的胸膛，寻遍整个西部不知它飞向何方；它很可能向这里飞来，击中麦金利，把他送进停尸房。"两个月后《纽约新闻报》晚刊4月10日的社论说："如果坏人和坏制度只有用杀人的手段才能去掉的话，那就必须给杀死。"

1901年9月，刚刚连任半年的麦金利总统在布法罗泛美博览会上与来宾寒暄时被无党派人士行刺，8天后，因感染病菌而去世。凶手斯苏各被控谋杀，被捕后他声称行刺总统是单独行事，并声称国家需要一个新总统。在法庭上，他被处以死刑，7个星期后，他被送上电椅，在电椅上结束了他的一生。凶手被捕之后，在他的口袋里还装有一份《纽约新闻报》。西奥多·罗斯福（Theodore Roosevelt）继任总统后明确地说，暗杀的煽动者就是赫斯特。

最终，赫斯特的恶行引起了公众的愤怒。人们在公众场所吊死他的模拟像，并广泛抵制《纽约新闻报》。由于众怒难犯，赫斯特不得不将报纸改名为《美国人报》。随着《纽约新闻报》的退出，黄色新闻逐渐衰落。

美国电影艺术家奥森·韦尔斯（Orson Welles）导演并主演过一部经典影片《公民凯恩》，影片主人公凯恩的原型就是赫斯特。影片通过其朋友、对手、妻子以及情妇的叙述，展示了他令人唾弃的一生。影片拍成后，赫斯特以影射为由向法院提起诉讼，结果被驳回。然后他又下令他手下的报纸拒绝刊登该片的广告以及相关消息，企图封杀该片。他还通过一些影片发行商争购《公民凯恩》的发行权，然后扣住不发。不料这样一来反而替该影片做了宣传，《公民凯恩》公映之后立即引起轰动，成为电影史上的名作，而赫斯特从此恶名远扬。

（四）赫斯特的遗产

与普利策留下了哥伦比亚新闻学院和普利策新闻奖不同，赫斯特留下了两套豪宅。

赫斯特生前居住的豪宅是位于洛杉矶贝弗利山上的赫斯特庄园，1976年，这座"H"型的豪宅以1.65亿美元的标价拍卖给现主人，成为美国最昂贵的豪宅之一。他的另一座豪宅是位于加州圣·西蒙的赫斯特城堡。这是加州最豪华的城堡，修建在山顶上，极尽奢华之能事，历时28年才完工。赫斯特一生酷爱收藏艺术品，城堡内的家具、挂毯、绘画、雕塑、壁炉、天花板、楼梯，甚至整个房间，都是艺术珍品。

1957年，赫斯特城堡被赫氏企业捐给加州州政府管理，现在成为美国5 000个历史博物馆中最大的博物馆之一，不过，来这里参观的人们已经很少将美国西海岸的这座城堡与曾经叱咤纽约的黄色新闻大王赫斯特联系在一起。与之相比，美国东海岸的哥伦比亚大学新闻学院和普利策新闻奖却已成为普利策的丰碑，它们仍在延续着普利策的新闻生命。

第四节　精英报纸

在有了广告的支持以后，报业实现了经济上的独立，成为一个可以谋利的行业。然而，即便是像普利策和赫斯特一样靠办报赚得盆满钵满，报业依然未成为一个受人尊敬的行业，从这个行业的精神层面来说，报业还并未真正独立。无论是作为党派攻讦的喉舌，还是作为商业谋利的工具，报纸上的新闻都难以成为历史的记录。

真正让新闻成为历史的初稿，使报业拥有内在的精神气质和文化品格，从而也拥有了历史的气度而成为历史的载体的，是被称为精英报纸的另一类商业报纸。这里的精英并不是大众的对立面，而是与廉价报纸、黄色报纸的煽情恶俗相对立的办报取向，这一类报纸同样拥有广泛的读者群，它们同样需要依靠广告生存，因而也必须遵循商业的基本逻辑。

一、《泰晤士报》

《泰晤士报》创办于 1785 年 1 月 1 日，原名《每日环球记录报》，1788 年更为现名。创办人印刷商约翰·沃尔特（John Walter）认为报纸应该是时代的记录，因此应尽量公正、详实地报道国会辩论、各国动态、商业行情等消息。沃尔特希望用广告收入补贴发行损失，并实现经济独立。但由于英国政府昂贵的印花税，他还是经常接受政府每年 300 英镑的秘密津贴，不过仍直言不讳地抨击国王和大臣们。详尽报道国会辩论实况、法国革命进程，发行欧洲大陆大事记，使该报几年后便跻身于伦敦一流报纸之列。

1803 年，约翰·沃尔特主持该报工作。从此至 19 世纪中叶，《泰晤士报》进入了它的"黄金时代"。沃尔特毕业于牛津大学，接管《泰晤士报》时才 26 岁。他上任伊始，便开始对《泰晤士报》进行全面改革，其中最重要的变化就是开始实行一种独立的办报原则，率先在英国打出了报纸"独立于党派之外"的口号。沃尔特一方面奉行自由、公正的独立政策，另一方面重用优秀的报业人才，他先后任用两位得力的主编托马斯·巴恩斯（Thomas Barners）和约翰·德莱恩（John Delane）。

（一）独立时期

为了独立办报，沃尔特首先需要解决的问题就是新闻报道的独立性。在此之前，英国各报的国外新闻报道主要通过官方发布新闻公报和从邮局订购、翻译国外报纸消息，这种新闻采集方式时效低、新闻来源单一，但易于政府控制国外新闻信息的传播。由于法国大革命的爆发和英国与拿破仑一世的战争，当时英国公众对海外特别是欧洲大陆的新闻需求骤然升温。沃尔特决定抓住时机，建立国内外新闻报道情报网络，为这个市场提供充足的国外新闻商品。

沃尔特改革的第一步就是设法建立起《泰晤士报》自己的独立完备的海外新闻报道网

络。他开始在欧洲大陆陆续招聘通讯员，让他们把新闻稿件寄给《泰晤士报》在欧洲大陆的友好商行和报社办事处，并雇佣海上走私者跨过英吉利海峡，把最新的欧洲报纸和通讯员的信息直接送到《泰晤士报》。1807 年 1 月，沃尔特派出自己的第一个，也是世界上第一个驻外记者——亨利·克雷布·鲁滨逊（Henry Crabbe Robinson）。鲁滨逊被派到欧洲大陆汉堡附近阿尔托纳城，他在那里联系各地通讯员，不断采集各种新闻，及时邮寄回国。就这样，《泰晤士报》开始向国人提供大量国外的最新消息，逐步走向了独立供应海外新闻信息之路。

1809 年，《泰晤士报》首先获得并公布了德奥缔结的《费里辛克条约》，引起了全国轰动。当时这一条约的缔结连英国政府都不知道，英国政府经急电与驻法大使联系，方才证实。拿破仑在欧洲的一系列战役和同俄国缔结的《提尔西特和约》等重大新闻消息的率先报道使《泰晤士报》声威大震。1815 年，拿破仑在滑铁卢战败的重要消息也是《泰晤士报》最先在英国报道的。[①]

出色的海外报道，重要的独家新闻，使《泰晤士报》销量大增，该报从而在经济方面可以依赖广告和发行的收入达到自给自足，逐步摆脱了官方所谓的"资助"，获得了独立地位。与此同时，沃尔特网罗优秀社论人才，提倡具有自身风格和文学价值的新式新闻写作，采用新式印刷技术。沃尔特所采取的这一系列措施，不仅使《泰晤士报》声誉日隆，销量也节节攀升。该报 1815 年销量为 5 000 份，1850 年销量猛增至 5 万份，超过伦敦所有早报之和。

沃尔特虽然办报有方，但他并不经常亲自主持报社的编辑和言论工作。在他主持该报期间，先后选择了两位出类拔萃的主编——托马斯·巴恩斯和约翰·德莱恩，他们为《泰晤士报》的成功立下了汗马功劳，奠定了《泰晤士报》的崇高威望和独立地位。

（二）托马斯·巴恩斯和约翰·德莱恩

托马斯·巴恩斯毕业于剑桥大学，于 1810 年进入《泰晤士报》工作，1817 年在他 32 岁时被任命为该报主编。作为《泰晤士报》历史上最伟大的主编之一，他全力贯彻沃尔特的独立办报原则，在他任期里，《泰晤士报》在全国各地建立了通讯员和记者网，以便搜集各阶层的意见。他撰写的社论，既能指导舆论，又能反映人民心声，所以重大事情发生时，人民总想看看《泰晤士报》写些什么。该报在巴恩斯独立、自由思想的指导下，成为一份独立而有权威的报纸。

德莱恩主持《泰晤士报》期间，虽然很少亲自撰写社论，但他以建议、讨论、修改的方式指导社论方向。此外，他经常活动于达官贵人和社会名流之间，以探听政治机密，获悉政府动向。就对政府的影响力来讲，德莱恩任期的《泰晤士报》更加无畏。他声称报人的责任是对全体英国人民负责，并不是对德尔贝勋爵或上议院负责。在德莱恩任期，《泰晤

---

① 李磊 . 外国新闻史教程［M］. 北京：中国广播电视出版社，2001：281.

士报》对英、法、俄 3 国 1854—1856 年克里米亚战争的报道使该报的声誉和威望达到了顶峰。报道这次战争的两位重要人物就是德莱恩和《泰晤士报》首席战地记者威廉·霍华德·拉塞尔（William Howard Russell）。

在这场战争中，战地记者拉塞尔在主编德莱恩的支持下，并没有刻意迎合政府和一般公众的乐观心理，用生动的文笔来一味地报道英军的辉煌胜利，而是日复一日、客观真实、细致详尽地报道了英军中不光彩的一面。由于英军指挥官的官僚作风、落后战术和盲目自大的心态，致使英军远征军在给养、医疗卫生、前方作战等各方面陷于悲惨境地。这些报道文章一开始在英国引发了读者对《泰晤士报》的愤怒和抵制，但伴随着拉塞尔一篇篇战地通讯的不断刊出，前线的真实情景越来越引起读者的关切。德莱恩不失时机地在伦敦掀起了强大的舆论浪潮，他以显著的版面刊登拉塞尔的作品，而这些作品深刻全面地揭露了政府与军事当局的腐败无能及给广大普通士兵带来的巨大痛苦和灾难。《泰晤士报》权威的声音再三向英国人民发出这样的警告：英国军队在严寒、疾病和麻木不仁的官僚主义的危害下正几乎一枪未发地在外国战场上濒临死亡！来自政府最高当局和远征军总司令的任何压力都不能淹没《泰晤士报》顽强的抗议声音。

1855 年 1 月 23 日，迫于舆论压力，英国下院通过了一项决议案，决定成立一个特别委员会来调查英军在克里米亚半岛前线的情况。同年 6 月 23 日，《泰晤士报》不无自豪地宣布，该委员会的调查报告基本上肯定了《泰晤士报》对这场战争在指挥方式、后勤供给等方面的批评。《泰晤士报》此举最终促成英国阿伯丁内阁的垮台和英国远征军总司令的辞职。自愿上前线担任战地女护士的修女福罗伦斯·南丁格尔（Florence Nightingale）经《泰晤士报》的报道，成为报纸史上第一个超级明星。

《泰晤士报》的影响达到了顶峰。美国总统林肯在南北战争前夕接受该报记者采访时说："伦敦《泰晤士报》是世界上影响最大的一张报纸。事实上，据我所知，除密西西比河外，再没有比它更有力量的东西了。"英国前首相迪斯雷利曾这样评价该报的影响："英国在各国首都有两名大使，一名是英国女王派遣的，一名是《泰晤士报》派遣的驻外首席记者。"

（三）一波三折的《泰晤士报》

沃尔特家族经营的《泰晤士报》在 19 世纪末 20 世纪初面临着一系列的困难：因刊载了一封伪造的信件，为此报纸偿付了 20 万英镑的调查费和诉讼费，更糟糕的是严重损害了报纸的声誉。自此，该报陷入了债务泥沼。加之经营不善，经济形势每况愈下，1907 年被迫出售。北岩以 32 万英镑得到了《泰晤士报》的控制权后，实施了一系列改革措施：首先更新设备，添置了打字机、莫若铸排机和最新式的戈斯印刷机，然后从印刷工人手里接过了报纸设计和版面编排的工作，着手改革。接着出版特刊，如长达 72 页的英帝国增刊，其中 36 页是广告。他主张文章写短一些，但要写得更有力量，少些温文尔雅，多一些争论，少摆些庄严的面孔。接办该报时，其发行量只有 3.8 万份，售价 3 便士，1914 年北岩大胆将其改为便士报。第一次世界大战爆发后，销量达 31.8 万份，是创刊以来的最高纪录。

1981 年 2 月 13 日，澳大利亚报业巨头鲁伯特·默多克（Rupert Murdoch）以 1 200 万英镑的价格购买了《泰晤士报》及《星期日泰晤士报》和其他 3 个附属出版物的所有权。虽然该报连年亏损，设备陈旧，声望和地位远不如从前，但《泰晤士报》仍不失为英国最重要的报纸，在国际上还享有一定的声望。默多克，这位黄色新闻起家的报业大亨，作为它的第五代主人，说得到该报是他"一生最兴奋的大事"。

二、《纽约时报》

从不名一文的联军士兵到如日中天的报业大王，普利策的传奇经历已足以使他成为美国现代报业的象征，然而，这位匈牙利移民对美国媒体业的影响不仅仅体现在他在世的时候。1911 年普利策去世时，他还有两项已为之努力 10 余年的愿望还未达成：捐资设立哥伦比亚大学新闻学院和普利策新闻奖。不过在他去世之后，这些愿望很快就成为现实。1912 年，根据他的遗嘱，哥伦比亚大学新闻学院成立；1917 年，普利策新闻奖正式设立。普利策在冥冥之中也应该感到心满意足：普利策这个名字，依然是美国乃至全球新闻业的标杆。

1918 年，普利策奖历史上的第一个奖项"优异公众服务奖"颁发，获得这份殊荣的是《纽约时报》，其获奖理由也许最能体现普利策的初衷：其出版的公共服务，有着丰富的官方报告、文件及有关战争进展和进行的欧洲政治家的发言。从获得普利策首奖开始，《纽约时报》已经显现出作为美国最伟大报纸的巨大魅力。

在创立《纽约时报》时，亨利·贾维斯·雷蒙德（Henry Jarvis Raymond）从未想到这份报纸日后会取得如此大的成就。在大学学习期间，雷蒙德就曾向格里利创办的报纸投稿，在《纽约论坛报》创刊的那一年，即 1841 年，雷蒙德就成为格里利的首席助理。后来雷蒙德与格里利发生了冲突，他随后离开《纽约论坛报》并创办了《纽约时报》。

1851 年创办之初，雷蒙德把他的报纸命名为《纽约每日时报》，到 1857 年才改为《纽约时报》。雷蒙德认为，创办一份新闻纯正、议论平和的报纸，一定会受到欢迎。就这样，《纽约时报》从创刊之日起，就以严肃庄重著称。雷蒙德的贡献在于，他培养了公众事务报道方面的一种相当正派的态度。《纽约时报》在笔调和内容上都一贯保持公正，在发展仔细认真的报道技巧方面也无人能及。[①]

尽管雷蒙德为这份报纸日后的发展奠定了基础，但在创刊后将近半个世纪的时间段落里，《纽约时报》在竞争激烈的纽约报界并不突出，在廉价报纸你抢我夺、黄色新闻硝烟

---

① 埃默里 M，埃默里 E，罗伯茨.美国新闻史，大众传播媒介解释史（第九版）［M］.展江，译.北京：中国人民大学出版社，2004：138.

弥漫的曼哈顿岛上，身段庄重的《纽约时报》还没有迎来属于它的时代，这份报纸一度捉襟见肘甚至濒临倒闭。直到 1896 年，这份以"刊载一切适宜的新闻"而著称的报纸才开始有了转机，在另一个有志于"庄重新闻"的报人影响下，这份报纸日渐在美国报业中崛起。

（一）阿道夫·西蒙·奥克斯与《纽约时报》

1896 年，阿道夫·西蒙·奥克斯（Adolph Simon Ochs），一个来自田纳西州的印刷所学徒，将《纽约时报》从破产的边缘拯救出来，并且一直领导这家报纸直到他 1935 年去世。他挽回了在亨利·贾维斯·雷蒙德时期《纽约时报》的荣誉，并将它推上了在美国居于领导地位的报纸的轨道。

奥克斯的办报方针如下：《纽约时报》要用一种简明动人的方式，以及文明社会中慎重有礼的语言，来提供所有的新闻；即使不能比其他可靠媒介更快地提供新闻，也要一样快；要不偏不倚、无私无畏地提供新闻，无论涉及什么政党、派别或利益；要使《纽约时报》的篇幅成为探讨一切与公众有关的重大问题的论坛，并为此目的而邀请不同见解的人参加明智的讨论。①

奥克斯坚决反对"新式新闻事业"的通俗化特色，拒绝刊登玩弄"噱头"的消息和连环漫画，并且对照片毫不在意。他抨击黄色新闻记者，并且以"本报不会污染早餐桌布"的口号为《纽约时报》做广告，后来又选择"所有适于刊印的新闻"这句名言登在头版报眼位置。但是，1898 年的发行量仍然只有 25 000 份，奥克斯决定做最后一搏。《纽约时报》的售价为 3 美分，《纽约世界报》和《纽约新闻报》的售价为 2 美分。为什么不将《纽约时报》的售价降为 1 美分，取得必要的发行量以保证获得可靠的广告支持呢？

调整价格的老办法又一次取得了成功。售价降至 1 美分后，《纽约时报》1899 年的发行量猛增到 75 000 份，并于 1901 年突破了 10 万份大关，广告数量在两年内增加了一倍。报纸扭亏为盈，根据收购协议，奥克斯获得了该报纸的控制权。但是不久之后，他因为投资 250 万美元在百老汇大街建造时报大楼而再次负债，那是 1904 年纽约最雄伟的建筑之一，并成为日后的时报广场。时报广场处于纽约市繁华地段，是城市夜生活的中心，这种位置优势和后来发展起来的移动电子新闻公告牌使该报成为纽约社会重要的公共机构之一。

（二）"范安达死光"与《纽约时报》的巅峰

1904 年，美国第一流的编辑主任卡尔·范安达（Carl Vananda）作为指导《纽约时报》新闻采编人员的天才人物开始了他在该报 25 年的生涯。范安达取得了令人难以置信的成就，尽管他是一个完全避免抛头露面的人，但是他几乎成了一个传说中的人物，甚至在他

① 埃默里 M，埃默里 E，罗伯茨．美国新闻史，大众传播媒介解释史（第九版）[M]．展江，译．北京：中国人民大学出版社，2004：298.

的同行中也是如此。他沉默寡言，看上去冷冰冰的，那双具有穿透力的眼睛被称为"范安达死光"。

1904 年，他进入《纽约时报》，很快便被重用，在担任新闻编辑主任的 25 年中，范安达以自己出色的才干协助奥克斯把《纽约时报》推上了一个新的辉煌顶峰，而他本人也获得了"最伟大的新闻奇才"的美称。

对于"泰坦尼克号"惨案的伟大报道，突出表现了卡尔·范安达的新闻敏感性和卓越的报道组织能力。对于范安达来说，《纽约时报》在他的领导下于 1912 年 4 月对著名豪华邮轮"泰坦尼克号"冰海沉没的报道，应该是他新闻生涯中最为杰出的成就之一。

1912 年 4 月 14 日晚，美联社波士顿分社夜班报务员肯尼迪在拨弄一架自己装配的无线电发报机时，意外地收到了一个可怕的海难呼救信号，这个信号发自当时世界第一大豪华邮轮，英国白星轮船公司的"泰坦尼克号"，电文是："火速前来营救，我们撞上了冰山，这是遇难求救信号（CQD），船只位置，北纬 41 度 46 分，西经 54 度 14 分。"

紧接着，美联社审慎地发出了一条简讯："〔美联社纽芬兰密斯角 4 月 14 日星期日深夜电〕今夜 10 时 25 分白星轮船公司的'泰坦尼克号'称急需救援。"

4 月 15 日凌晨 1 时 20 分，《纽约时报》的电讯室铃声大作，值班员抄收到了美联社这则简讯，并立刻送到范安达手中，拿到这份简讯的范安达半分钟也没有犹豫，立刻传令印刷车间把已上机的头条新闻拆下来，刊印上美联社的这则简讯和"泰坦尼克号"自英国南安普顿港首航纽约的消息，标题是"泰坦尼克号大海中触及冰山，行将沉没"。

范安达的处理方式非常大胆，因为他坚信无线电报的可靠性，尽管白星轮船公司纽约办事处坚持说 4.5 万吨的"泰坦尼克号"不可能沉没，但范安达根据各方面的信息，毫不动摇地坚信这场海上灾难的真实性。而此时，纽约的其他著名报纸却因犹豫不决而没敢采用美联社的这条消息，放过了第二天刊登这一新闻的绝好机会。

就这样，4 月 15 日上午，当伦敦和纽约的其他报纸还以谨慎及观望的态度等待白星轮船公司的权威消息时，绝早上市的《纽约时报》第一版排出了三直栏宽、四排大字的大号标题：

新邮轮"泰坦尼克号"触及冰山

午夜船首已开始进水下沉

妇孺登上救生艇撤离险境

清晨 0 时 27 分后电讯已告中断

第一版上有一个两直栏宽的加框消息，是一个集纳性的标题——"沉船最后消息"，刊出了截稿前收到的相关电讯稿件。而《纽约时报》4 月 15 日清晨 3 点半上机的本市要闻版更直截了当地宣布伟大的"泰坦尼克号"沉没了。

这一天，从海上现场发回的电报证明了这场航海史上最大灾难的发生。当丘纳德轮船公司的"卡帕夏号"到达现场时，仅仅发现海面上拥挤不堪的救生艇和那条世界第一豪华巨轮所留下的油污。"卡帕夏号"救起了海上的655名幸存者，晚上8点20分，白星轮船公司才沉痛宣告："卡帕夏号"上的655人，就是"泰坦尼克号"上的全部生还者。

至此，《纽约时报》对"泰坦尼克号"事件的报道已轰动纽约、轰动全美、轰动欧洲、轰动世界，成为人们最为关切的话题。那些因胆小或过分相信"泰坦尼克号"不会沉没神话的报纸在饱受教训、痛悔不已之后，都纷纷转载《纽约时报》的有关新闻报道，《纽约时报》取得了这场新闻报道战的重大胜利。随后的3天里，《纽约时报》继续以领先地位报道"泰坦尼克号"的相关新闻。

1912年4月19日，当"卡帕夏号"带着死里逃生的"泰坦尼克号"幸存者驶入纽约港时，《纽约时报》以其卓越的报道使自己名垂史册，这一天的《纽约时报》成为人们竞相搜集保存的珍品，编辑主任范安达也以他出色的组织才干、考虑周全的采访报道计划和完美的版面处理技巧赢得了世界报业同仁的一致称赞。若干年后，当范安达访问伦敦《每日镜报》时，《每日镜报》总编辑打开抽屉，里面摆着一份1912年4月19日的《纽约时报》，他对客人们说："这一份报纸是采访史上最伟大的成就，我们谨以保存作为借鉴。"

第一次世界大战时，《纽约时报》在范安达的领导下，登上新闻报道的顶峰。这时的《纽约时报》已有充足的财力派遣自己的战地记者奔赴前线采访报道。范安达日夜站在总编辑室的大军事地图前，根据各方情报和自己准确的判断，不断向世界各地的战场热点派出记者、发出指令、布置报道。《纽约时报》的记者们活跃在各条战线上，他们发回的一篇篇独家报道吸引了无数美国读者。

也就在这一时期，根据奥克斯和范安达的指示，《纽约时报》开始刊登各类权威的历史文件和演说原文。1914年8月，《纽约时报》以6个整版的篇幅刊登了英国的白皮书，还陆续刊登了英国外交部致德国和奥地利的信件原文，以及德国官方关于战争的前因后果的说法。在第一次世界大战结束时，《纽约时报》又以8个整版的篇幅刊载了《凡尔赛和约》全文，成为全文发表这一文件的唯一报纸。这些措施使得《纽约时报》日益成为对图书馆员、学者、政府官员、研究机构及其他报纸都有参考价值的大报，而后来《纽约时报》发行出版的目录索引进一步保证了它的这一地位。

（三）苏兹贝格家族与《纽约时报》的转身

《纽约时报》一向以客观中立的态度著称。1935年奥克斯逝世后，他的女婿亚瑟·海斯·苏兹贝格（Arthur Hays Sulzberger）继任《纽约时报》的发行人与社长之位。在他的主持下，《纽约时报》逐渐摆脱了以往过于僵死的客观中立态度，开始强烈地反对法西斯势力，谴责意大利、德国和西班牙的战争行径，这在奥克斯凡事严守中立的时代是不可想象的。

1963 年 6 月 20 日，苏兹贝格的外孙小苏兹贝格接任社长。在小苏兹贝格任期内，《纽约时报》继续在国际国内的新闻报道中保持领导地位。《纽约时报》在这一时期所取得的最大胜利就是顶着来自政府的压力，独立发表五角大楼的秘密文件。

1974 年 3 月，《纽约时报》的著名记者尼尔·希恩（Neil Sheehan）从一位五角大楼文职官员丹尼尔·艾尔斯伯格（Daniel Ellsberg）手里弄到了一份长达 43 册的政府秘密文件。丹尼尔·艾尔斯伯格是一个对越南战争持反对观点的五角大楼官员，他把这些文件的副本秘密提供给《纽约时报》的记者尼尔·希恩，希望通过媒体阻止这场战争的继续。这个文件的全称是《关于越南问题的美国决策过程史》，它是奉前任国防部长麦克纳马拉之名编制的。当时，这位部长不同意将越南战争升级，并因此与约翰逊总统产生了分歧，为了推卸责任，他秘密任命手下的一个特别小组撰写了这份长达 43 册的备忘录。这些报告虽然从内容上看都是些关于越战的史料，并不具有军事的机密性质，但从政治和外交上来看，却具有爆炸性，依据 1953 年颁布的一条行政条令，该文件被列为"绝密"级报告。

《纽约时报》总编辑乔·罗森塔尔（Joe Rosenthal）为此指派了几名重要的编采人员躲在希尔顿饭店里，秘密研究这些文件。《纽约时报》的律师也被请来了，律师认为这些文件从法律的角度来说是可以发表的。就这样，6 月 13 日《纽约时报》刊出了根据这些文件编写的第一部分新闻稿件。五角大楼秘密文件的刊出，立刻轰动了全美国，司法部长米切尔要求《纽约时报》马上无条件停止刊登，但被《纽约时报》拒绝了，于是司法部长求助于一位刚刚得到尼克松总统任命的地方法官，这位法官发出了一项没有先例的临时约束限制令。6 月 15 日，法官的这项命令强迫《纽约时报》停止对五角大楼秘密文件的连载，《纽约时报》旋即向上级法庭上诉。6 月 23 日，依据《纽约时报》的上诉，纽约州的上诉法院推翻了这位法官的裁决，与此同时，《华盛顿邮报》也找到了丹尼尔·埃尔斯伯格（Daniel Ellsberg），并开始在该报进行秘密文件连载。最后，官司打到了美国最高法院。在 6 月 30 日的最后表决中，美国最高法院最终以 6：3 的票数宣布，新闻界有权公布历史记录而不管这些记录是否有"绝密"的标记，由此《纽约时报》胜诉，获得了这次新闻报道的空前胜利。

长期以来所拥有的公信力和权威性，使《纽约时报》这份在纽约出版的日报，成为美国精英报纸和严肃刊物的代表。由于风格古典严肃，它有时也被人们戏称为"灰色女士"（The Gray Lady）。

20 世纪 90 年代，网络开始兴起，小苏兹伯格敏锐地察觉到网络变革可能带来的巨大影响。1996 年 1 月，《纽约时报》公司建立自己的报纸网站，提供《纽约时报》的在线阅读。1999 年《纽约时报》公司整合了网络方面的业务，成立独立核算的数字《纽约时报》部门，负责包括《纽约时报》网站在内的 40 余个网站的业务，并设有各种类型的数据库以供读者查阅。也就是说，《纽约时报》网络版不再对其母体负责，而是拥有独立的管理层和采编队伍，可以按照网络新闻自身的规律运营。

数字版的《纽约时报》在创办的第一年就开始盈利。2005 年，《纽约时报》宣布从 3 月 28 日发起在线订阅模型，对网站读者收费。小苏兹伯格说："这是我们 159 年来演变与再演变的历史中极为重要的一天。"他在给员工的致辞中说："几年前人们坚信没有人会为网络内容付费……这一举动是为我们的未来投资。"百年大报良好的信誉让《纽约时报》网站表现出超强的竞争力，同时小苏兹伯格"鼠标加水泥"式的网络策略，让《纽约时报》网站逐渐成为一个全球品牌。在美国报业协会的评选中，《纽约时报》网络版 2004 年和 2005 年连续两年被评为全美最佳报纸网络版。

第七章　电报：电讯革命与新闻垄断

"文革"时期，北京一位老大娘在西北工作的儿子要带着名叫兵兵的孙子回北京探亲。那时候发电报一个字要 5 分钱，而当时的 5 分钱恐怕比现在的 5 元钱还要贵，为了省钱，他发给母亲的电报是这样的："某日某车带兵进京"。这封电报被居委会带红袖章的老太太们截获，真是如临大敌，立即草木皆兵。她们分析了情况的严重性，第二天就和派出所的公安人员一起到车站堵截，结果上演了一场闹剧。[①]

电报带来的类似结果在 100 年前就让英国记者安德鲁·温特感同身受："电报体让任何形式的礼貌说法都无容身之地。'May I ask you to do me the favour'（劳驾）这么一句话，传输 50 英里的距离就要 6 便士。这个可怜的人要把类似温文尔雅的形容词无情地砍掉多少，才能将他的信函开支降到一个合理的水平呢？"[②]

与拍发报文时的字斟句酌相比，电报对人类传播活动的改变更为深远。这种我们如今已经不太熟悉的传播技术和载体使人类的文字传播进入了全新的时代，而天气预报的出现、通讯社的诞生、新闻业垄断格局的形成，也都因为电报的发明而产生。与麦克卢汉把电力时代的媒介看作人的中枢神经的延伸一样，詹姆斯·格雷克（James Gleick）在《信息简史》中把电报称为"地球的神经系统"。在互联网出现之前，一个全球性的信息网络实际上已经因电报线路的交织而形成了。

第一节　电报的发明

在人类传播活动的历史中，文字的出现无疑具有划时代的意义。当口口相传的语音凝结为抽象线条组合的文字符号之后，如何让它在空间上传播得更为广泛，在时间上流传得更为久远，就成了文字媒介在发展中要不断面对和解决的两大难题。甲骨和竹简虽然能长久保存，但是却因不便运输而难以在空间上广泛传播；飞鸽传书、驿马快报尽管在很大程度上跨越了空间的界限，但是巨大的运输成本又阻碍了信息的大规模流通。

造纸术的出现和流传，印刷术的发明与改进，让进入印刷时代的人类能够大批量、高频率地复制文字，文字跨越空间散播信息的能力得到了空前的解放。不过，印刷时代文字对空间的跨越必须借由交通工具进行，无论从成本还是效率上来说，文字传播在跨越空间方面仍未获得真正的自由。直到在西方印刷革命发生 400 年以后的电信时代，随着低成本的远距离信息传输技术在人类的欢呼声中面世，这一问题才真正得以解决。

1844 年 5 月 24 日，在美国华盛顿最高法院旧议事厅里，画家出身的美国科学家萨缪尔·芬利·布里斯·莫尔斯（Samuel Finley Breese Morse）当着众多名流的面，演示了自己发明的有线电报传输装置。接通电源后，莫尔斯在一只电键上撷出一串嘀嘀嗒嗒的电码，等候在巴尔的摩的助手把这些声音翻译出来，当围观的人们看到电讯内容是："上帝创造

---

①　盖英利.电报的消逝［J］.档案，2006(4)：16.

②　格雷克.信息简史［M］.高博，译.北京：人民邮电出版社，2013：149.

了何等奇迹！"刹那间，人群一片欢呼。

当天下午晚些时候，莫尔斯发出了第一条登在报纸上的电讯稿，这家报纸是《巴尔的摩爱国者报》，电讯内容是："1时——众议院刚刚就俄勒冈问题提出一项动议并交由全体委员会。被否决——79票赞成，86票反对。"①

至此，人类有史以来拍发的第一份电报和第一条登在报纸上的电讯稿正式诞生。它之所以意义重大，是因为电报"把我们带入一个同时性和瞬间性的世界，这是人类历史上从来没有经历过的"②。1844年5月24日也成为国际公认的电报发明日。

电报的发明，拉开了电信时代的序幕，开创了人类利用电来传递信息的历史。莫尔斯电报的原理是利用电流的接触与断开，形成一短一长两种声响，然后将这两种声响通过不同的排列组合代表26个英文字母和0到9十个数字，便可以隔着空间迅速传递信息了。"嘀嗒"一响，只要1秒钟，电报便可以载着人们所要传送的信息绕地球走上7圈半。这种速度是以往任何一种通信工具望尘莫及的，人类跨越空间传递信息的效率得到了前所未有的提高。"由于电报的出现，时空的距离被大幅度压缩，人们的生活世界以及人们对这个世界的感知与感知方式，随之产生巨大的、潜移默化的变化。"③

第二节　电讯革命

在人类利用媒介拓展传播活动范围的历程中，莫尔斯发明的电报同400年前古登堡发明的金属活字印刷术一样，都具有里程碑意义。

一、传播与交通的分离

电报打破了人类历史上传播与交通之间的依赖关系。电报这个人类历史上首次使用电流进行信息传输的媒介，可以通过电路传输的信号将世界上几乎任意两个点连接起来。自此以后，文字的传递开始脱离对交通工具的依赖。正如传播学者詹姆斯·凯瑞（James W.Carey）所言："在电报之前，'communication'被用来描写运输，还用于为简单的原因而进行的讯息传送，当时讯息的运动依仗双足、马背或铁轨。电报终结了这种同一性，它使符号独立于运输工具而运动，而且比运输的速度还要快。"④

在电报发明之前，"'通信'问题基本上等同于交通问题"⑤。所有的信息，包括用书面

① 埃默里 M，埃默里 E，罗伯茨.美国新闻史，大众传播媒介解释史（第九版）[M].展江，译.北京：中国人民大学出版社，2004：144.

② 波兹曼.娱乐至死[M].章艳，吴燕莛，译.桂林：广西师范大学出版社，2011：88.

③ 李彬.全球新闻传播史[M].北京：清华大学出版社，2009：185.

④ 丁未.电报的故事——詹姆斯·凯瑞《作为文化的传播》札记[J].新闻记者，2006（3）：45.

⑤ 吴伯凡.孤独的狂欢——数字时代的交往[M].北京：中国人民大学出版社，1998：212.

表达的，只能通过交通工具进行传播。中国古代最快的传讯方式就是驿马快递，所谓"校尉羽书飞瀚海，单于猎火照狼山""一骑红尘妃子笑，无人知是荔枝来"等，正是驿马快递情景的形象再现。世界上最早的通讯社——哈瓦斯社创办之初，由于既无铁路又无电台，当时的快讯主要依靠驿马传递。为了尽快获取与传递新闻，哈瓦斯社还用过信鸽，开辟了布鲁塞尔到巴黎、伦敦到巴黎等信鸽传讯线路。在哈瓦斯社发展成 19 世纪第一大通讯社的过程中，信鸽立下了头功。

随着电报的发明，信号的传输与实物的运输分离开来，基于传输的传播与基于运输的交通分离开来，人类的信息传播能力得到了前所未有的提升。正如尼尔·波兹曼（Neil Postman）所说，电报"使信息从时空中脱离出来，远远超过了书写和印刷文字的传播能力"[①]。

传播与交通二位一体的终结，意味着文字传递在空间上开始获得彻底的自由。电报使得文字能以几乎可以忽略不计的时间成本跨越空间，当文字以每秒 30 万公里的速度传递，地球上的任何距离几乎都可以被瞬间跨越。当然，电报时代的文字仍然受到时间的重重限制，电传的文字信息依然要靠纸张来保存，尽管纸张让文字能以很小的空间成本跨越时间，但要使文字跨越时间所耗费的空间达到可以忽略不计的水平，还要等到由计算机开启的数字时代才能实现。

当电报彻底在空间上解放文字之后，这种媒介直接促成的传播革命和间接引发的社会变革在接下来的一个世纪里迅速蔓延至全世界。这是电流律动的全新节拍，这是电报开启的崭新时代。电流载动的信息传递得如此之快，以至于曾经阻碍人类传播活动的空间距离仿佛瞬间消失了，与跨越空间相联系的时间耗费和能量消耗也不再是人类固有的传播经验。

对刚刚进入电报时代的人们而言，尽管还无法获得数字时代全球范围的信息瞬息即至，以及世界仿佛就在眼前的超级体验，但是与电报发明之前相比，信息传递得太快了，马歇尔·麦克卢汉因此认为："电讯传播的同步性……使我们每个人都可能受到世上的其他影响。在很大程度上，在电信时代里我们同时在各地共处这一事实，是一种被动的，而不是积极的经验。"[②]信息来得太快了，因而每个人能够接收的信息也太多了，尼尔·波兹曼忧心忡忡地指出："在人类历史上，人们第一次面对信息过剩的问题。"他认为，在电子时代到来之前的口头文化与印刷文化中，信息的重要性在于它可能促成某种行动，但由于电报的发明和其他技术的发展，"人们将面对丧失社会和正式活动能力的问题"[③]。

显然，麦克卢汉和波兹曼着眼的是西方社会生活的日常现实，就全球范围而言，电报

①　波兹曼.娱乐至死［M］.章艳，吴燕莛，译.桂林：广西师范大学出版社，2011：87.
②　麦克卢汉.理解媒介——论人的延伸［M］.何道宽，译.北京：商务印书馆，2000：306.
③　波兹曼.娱乐至死［M］.章艳，吴燕莛，译.桂林：广西师范大学出版社，2011：75.

诞生之后的世界正处于波澜壮阔的变动之中，导致传播与交通的分离。电报带来的信息传递的提速与这样的社会现实相结合，就会产生人们完全意想不到的历史结果。在这一点上，如果观察电报在我国"五四运动"中的积极作用，波兹曼就不会得出如此悲观的结论了。

1919 年 1 月至 6 月，第一次世界大战的战胜国在法国凡尔赛宫召开了协调战后国际关系的巴黎和会。中国作为战胜国出席，却在山东问题上遭遇外交失败，操纵会议的美、英、法 3 国背着中国将山东的主权出卖给了日本。这一消息传到国内后，引起广大民众的极度愤慨和强烈抗议，并直接促使"五四运动"的爆发。

在这场跨国信息传播中，电报这一媒介扮演了十分特殊的历史角色。《大公报》记者胡政之在巴黎和会期间拍发的新闻专电和通讯在国内外引起了强烈反响，中国在山东问题上外交失利的消息是如何迅速传到国内的？又是如何让国内的舆论得以传递至千里之外的巴黎，进入中国代表的视线的？[1] 显然，正是电报产生的快速信息传递，引发了激烈的社会反应和行动，而作为引爆此次社会运动的媒介，电报的作用正可以用麦克卢汉所言的"社会激素"[2] 来加以形容。

二、新闻内容与形式的改变

传播与交通的分离，使信息得以大范围快速传递。与过去通过驿马将信息由一个人传递给另一个人的一对一传递方式相比，电报让信息的获取变得更为容易，普通人获得信息的能力和诉求大大提高，信息于是成为可以售卖获取利润的产品。"电报创造了读者和市场，他们不仅消费新闻，而且消费各种支离破碎、不连贯、基本上互不相干的新闻。这些直到今天仍是新闻事业的主要商品。"[3] 随着新闻行业生态与格局的变化，新闻的内容与形式也因此发生彻头彻尾的改变。

电报改变了新闻价值的基本取向。当电报创造了超越时空的奇迹，本地新闻和那些没有时效性的新闻便失去了在报纸上的中心位置。当整个行业为了寻求信息传递的速度而普遍使用电报时，信息变得比信息来源更加重要。"截稿时间""第一时间"的观念，越来越成为制约新闻的首要因素。正如尼尔·波兹曼所说："报纸的财富不再取决于新闻的质量和用途，而是取决于这些新闻来源地的遥远程度和获取的速度。"[4]

电报催生了新的内容。电报使人们对天气的感知发生了变化。英国的谷物投机商们利用电报来相互传递简单的天气报告，人们开始意识到天气是一种大范围的、彼此相互关联的事件。1854 年，英国政府在贸易部下设立了一个气象办公室。办公室主任罗伯特·费兹罗伊（Robert FitzRoy）海军中将选定了伦敦国王街上的一间办公室，并在里面

① 方汉奇 . 发现与探索：方汉奇自选集［M］. 北京：首都师范大学出版社，2009：315.
② 麦克卢汉 . 理解媒介——论人的延伸［M］. 何道宽，译 . 北京：商务印书馆，2000：304.
③ 波兹曼 . 娱乐至死［M］. 章艳，吴燕莛，译 . 桂林：广西师范大学出版社，2011：89.
④ 波兹曼 . 娱乐至死［M］. 章艳，吴燕莛，译 . 桂林：广西师范大学出版社，2011：73.。

配备了晴雨表、气压计和气象表。携带同样装备的观察员们则被分派到海岸沿线的各个港口，他们要用电报每天发回两次当地风和云的报告。费兹罗伊开始发布天气预报，从1860 年开始，《泰晤士报》也开始每日登载他的这些天气预报了。①

电报产生了全新的新闻格式，即报纸报道的消息头，也称为电头。消息头的定义：报纸上刊登的消息，其开头部分往往冠以"本报讯"或"XX 社 XX 地 x 月 x 日电"的字样。如今，不论是报纸、电视，还是广播，在报道新闻前，依然保留了消息头的样式。

电报产生了新的新闻文体。电报对于媒介文本最深刻的影响，在于催生出一个在当时全新的、至今也仍然通行的新闻文体——倒金字塔体。电报业务刚投入使用时，由于技术上的不成熟和军事上临时征用的原因，稿件有时不能完全传送，时常中断。1861 年，美国内战爆发。内战期间，记者通过电报传送的稿件经常因此丢失。后来，记者们想出一种新的发稿方法：把战况的结果写在最前面，然后按事情的重要性依次写下去，最重要的写在最前面，这种应急措施产生了新的文体——倒金字塔体。倒金字塔体也成为目前新闻写作的基本结构。

关于倒金字塔体的起源问题有不同的观点，有人认为倒金字塔体是美国内战后产生并普及起来的，电报、电话业务的逐步普及，自由竞争市场的形成迫使所有的记者运用客观写作手法，把纯粹的事实交待给读者，让读者自己得出结论，于是倒金字塔体应运而生。

其实不论哪一种观点，都认为这一文体同电报的出现息息相关。这种伴随着电报技术运用而成熟起来的文体的寿命，甚至远远超过了作为新闻传播手段的电报的存在时间。倒金字塔体不仅被文字记者奉为写作的圭臬而统治了报纸的绝大多数版面，甚至深深烙在其后出现的视听媒介中，成为一种新闻传播的惯性思维。比如主要依靠影像传递信息的电视媒介为了弥补线性传播的缺点，也会在新闻的开头对最重要的信息进行提示，用以告诉观众最重要的信息并吸引他们留在电视机前。这种以事实的重要性程度或受众关心程度依次递减的顺序，先主后次地安排消息中各项事实内容的做法，无疑构成了标准的"倒金字塔"。从这个角度来说，近现代的广播、电视媒介尽管不是电报技术的直接产物，但其新闻文体却仍未走出电报构建的传播逻辑，仍是"电报体系"中的一部分。

电报也带来了行文的变化。这一点在汉语文稿的写作中尤其明显。莫尔斯电报的原理是根据电流接触与断开的时长，十分简单，而汉字博大精深，太复杂，不能像字母一样直接传递。于是，中国的电报就需要用十个数字再次排列组合的模式，四四一组代表一个方块字，结果就使中文电报多了两道译电的麻烦。而要背熟那么多的数字组合，等同于要学会另一种文字，耗时费力，这也是电报费用昂贵的原因之一。由于电报费用较贵，人们拍发电报前要打草稿，反复修改行文，可谓字字珠玑，也正因如此，才会出现本章开篇"带兵进京"的误会。

① 格雷克 . 信息简史［M］. 高博，译 . 北京：人民邮电出版社，2013：145.

第三节 通讯社的创立

随着新闻行业格局与内容形式的变化，一种新的新闻机构——通讯社应运而生。如果说商业报纸的崛起，为通讯社的问世提供了必要性，那么电报的发明，就为通讯社的发展提供了可能性。通讯社正是在历史必要性与现实可能性的双重驱动下，成长壮大起来的。[①]随着通讯社的发展壮大，全球新闻传播格局与秩序都受其左右。电报的发明人莫尔斯难以想象，这种随着电流嘀嗒作响的媒介将对世界产生如此深远的影响。

如前一章所述，廉价报业的发展带来了新闻需求的旺盛和新闻市场的繁荣，当时已经没有任何一家报馆或小型通讯社能够完全靠本身的力量来采访新闻。即使是小城的周报都需要与当地的某些民众合作，请他们代为注意是否有读者关心的事件发生。19世纪时，欧美部分关注时局发展的报纸，已有专员负责阅读外国报纸，并挑选读者会有兴趣的文章加以转载。这些报社也会派人访问乘船入境的旅客并与某些贸易金融界人士保持接触，以了解最新情势，并且在可能获知值得报道之消息的警局、消防队、铁路车站、旅馆与其他组织中布线。有的报纸还会付钱请居住在国外、各州首府或都会区的人为其撰写新闻稿。不过即使如此，各报社遗漏新闻的情形仍然相当普遍。正是在这种直接而强烈的需求中，各大通讯社在短短的几十年间次第出现。

一、哈瓦斯社

1833年，一位名叫查尔斯·哈瓦斯（Charles Havas）的人在巴黎买下一间翻译社改为从事新闻服务。其主要业务是从外国报纸上选出法国人感兴趣的报道，然后翻译成法文，卖给巴黎的各家报社。由于哈瓦斯既有新闻敏锐性，又有外语能力，所以他编译的稿件比较受欢迎，他的通讯社就日益兴旺起来。

为了建立一个能为他设在巴黎的新闻机构服务的记者网，他早在1825年就游历了欧洲；他还雇佣了一些翻译、信使和职员。这其中就包括马克思和海涅，以及日后与他分庭抗礼的两个死对头——马丁·沃尔夫（Martin Wolf）和保尔·朱利叶斯·路透（Paul Julius Reuter）。他的新闻第一批订户是金融家、商人及外交官之类的人。他专门传播股票行情和金融界感兴趣的其他新闻。

哈瓦斯一开始就把"速度"奉为根本，为了尽快获取和传递新闻，最初他使用信鸽往来巴黎、伦敦与布鲁塞尔。莫尔斯发明电报后，到了1850年欧洲各国已普遍建立有线电

---

① 李彬.全球新闻传播史［M］.北京：清华大学出版社，2009：236.

报网络。1866 年，第一条大西洋海底电缆铺设成功，又把美洲与欧洲的电报线路连为一体。哈瓦斯相继利用这一系列新发明，进一步加快其新闻的传递速度。随着有线电报的飞速发展，哈瓦斯通讯社的事业也迅速壮大。

1848 年欧洲大革命时期，法国猛增的上千家报纸竞相从哈瓦斯社订购新闻，从而使哈瓦斯社顾客大增。此外，哈瓦斯社也开始联系国外订户，积极向海外发展。比如，沙皇俄国的宫廷就订购了哈瓦斯社的新闻稿。到 19 世纪 60 年代，哈瓦斯社已漂洋过海，将触角伸到了拉丁美洲，其对拉丁美洲新闻的垄断曾在 1912 年阻止了美联社向南美的新闻进军。1856 年，哈瓦斯开始以提供新闻来交换报纸的广告版面，再由广告客户处获取利润，经营广告业务。

第一次世界大战结束后，哈瓦斯社已控制法国 80% 的报业广告，成为法国最大的广告垄断组织。1930 年，法国一位记者在普林斯顿大学召开的报业会议上发言道："对一家报纸来说，疏远哈瓦斯通讯社实际上意味着丧失其全部的广告收入。"①

二、沃尔夫社

哈瓦斯的成功与他所提供之服务的实用价值，吸引了更多的人加入此行业。沃尔夫就是其中之一。他原本是哈瓦斯手下的员工，在听说德国柏林至亚琛的电报线路开通后，他立即从哈瓦斯社"神秘失踪"。

离职后的沃尔夫在柏林开设了一家电报新闻服务公司，利用这一渠道来供应诸如市场、价格与其他层面的商业消息，后来他也提供政治与经济方面的新闻。第一次世界大战后，德国战败，沃尔夫社退出了国际新闻服务的竞争行列。

第二次世界大战期间，沃尔夫社被法西斯政府接管，与另一个民间通讯社"联合电讯社"合并为德国通讯社，简称 DNB。具有 80 多年历史的沃尔夫社就此告终，后在 1945 年随希特勒的垮台而寿终正寝。②

三、路透社

与沃尔夫几乎同一时间从哈瓦斯社失踪的还有一人——路透。

路透首先在亚琛开始了他自己的新闻服务事业，创办了一家电报事务所。他收集各地的股票行情、证券交易之类的商业金融信息，然后提供给银行家、商人、投资者等。当时，巴黎到布鲁塞尔已通电报，但布鲁塞尔到亚琛还有一段电信空白。这样一来，路透占据的亚琛便成为一个连接巴黎与柏林的通信中继站，地位非常重要。为了加快传讯速度，

---

① 霍恩伯格.西方新闻界的竞争［M］.魏国强，等，译.北京：新华出版社，1985：423.
② 郭亚夫，殷俊.外国新闻传播史纲［M］.成都：四川大学出版社，2004：42-43.

路透也照搬哈瓦斯的老办法，用信鸽来填补亚琛到布鲁塞尔之间的电信空白。如今，在路透当年的电报事务所旁边，还立有一块路透纪念碑，碑上用德语写着：

> 保尔·朱利叶斯·路透（1816—1899 年），路透通讯社的创始者。1850 年，他曾在此接收用信鸽从布鲁塞尔送到这里的消息，这是他毕生从事的国际新闻事业工作的开端。

可惜，路透在亚琛好景不长，他的事务所刚开张一年，亚琛到布鲁塞尔也通了电报。柏林的沃尔夫社与巴黎的哈瓦斯社之间可以直接联系，不再需要路透社作为中转站。路透不得不再次放弃他的事业。恰好这个时候，路透偶然得知英吉利海峡正在铺设海底电缆。这项工程竣工后，伦敦、巴黎、布鲁塞尔、柏林之间的电报线路就可连为一体。在亚琛经营的失利，加上伦敦市场的前景，最终促使路透在 1851 年告别亚琛，来到英国伦敦，正式亮出"路透通讯社"的招牌。

但从 1851 年挂牌成立到 1858 年的 7 年之间，没有一家报纸同路透社打交道，对于新闻界来说，路透社仿佛不存在。1858 年，为了打破新闻通讯上的空白，路透首先叩开了伦敦《广告晨报》的大门。在攻下《泰晤士报》之后，路透社开始有了长足的发展。在伦敦，路透首先以供应英国报纸商业及金融咨询为主要服务项目，但他的业务范围很快便扩大开来。[1]

路透社的崛起得力于"天时、地利、人和"。由于几家通讯社的发展过程与该国的殖民扩张过程相联系，路透社凭借当时日不落帝国殖民全球的赫赫之势扶摇直上，将其触角伸展到世界许多角落，并"逐渐取得了领导的地位"[2]。而路透社的兴旺发达，进一步促使伦敦成为"世界新闻的中心"，从而巩固了大英帝国的新闻霸权地位。

四、美联社

马克·吐温曾说："给地球各个角落带来光明的只有两个——天上的太阳和地上的美联社。"印度"圣雄"甘地对美联社记者吉姆·米尔斯（Jim Mills）说过一句令美联社不无得意的话："我猜想，当我死后站在天堂门口的时候，碰到的第一个人会是名美联社记者。"

美联社的诞生始于墨西哥战争中的新闻竞争。为报道墨西哥战争，早在 1846 年《纽约先驱报》和《纽约论坛报》已开始刊登发自华盛顿的相同的电讯稿。这些相同的日常电讯稿几乎是每日拍发。这便为创办新闻通讯社奠定了基础。[3] 在高度竞争的环境下，即使

---

① 施拉姆.人类传播史［M］.游梓翔，吴韵仪，译.台北：台湾远流出版公司，1994：269.
② 施拉姆.人类传播史［M］.游梓翔，吴韵仪，译.台北：台湾远流出版公司，1994：270.
③ 埃默里 M，埃默里 E，罗伯茨.美国新闻史，大众传播媒介解释史（第九版）［M］.展江，译.北京：中国人民大学出版社，2004：145.

连纽约财务状况不错的大报，都觉得报道 1846—1848 年之间美墨战争的费用高得难以负荷。这促使纽约地区 6 家报社（《纽约太阳报》《纽约先驱报》《信使与问询报》《纽约论坛报》《纽约快报》《商业日报》）于 1848 年共同创立了一个采集新闻的合作组织：纽约联合新闻社，以便共同分担派遣特派员的费用，并有更多的新闻选择。[①]

不过，关于美联社的起源各种说法并不一致。埃默里父子在《美国新闻史》中认为：关于在 1848 年正式组建通讯社一说，并没有资料可以作证。整个后来发展成为现代美联社的组织正式创办的最确切的日期是 1849 年 1 月 11 日。正是在这一天，上面提到的 6 家纽约日报签署了一项协议，组成"港口通讯社"。显然是由于通过电报出售新闻的生意变得越来越重要，1851 年该组织签署协议，改名为"电讯与综合新闻联合社"。1856 年，该组织通过了《纽约市综合新闻联合社章程》，从而使组织工作更为严密。该组织不久之后便被叫做"纽约联合新闻社"，它建立了对合作电讯新闻报道的牢固控制，并向外地报纸出售新闻。纽约联合新闻社除了向自己的会员服务以外，也开始向其他地方拓展。不过，这一机构并不直接向各地报纸供稿，而是向各地组成的报业团体集体供稿。由于这些团体类似于纽约联合新闻社的二级机构，所以也都冠以"联合新闻社"的名称，比如"费城联合新闻社""南部联合新闻社""西部联合新闻社"等。其中，"西部联合新闻社"（由美国中西部报业于 1862 年组成，总部位于芝加哥）的势力最大，构成今天美联社的基础。

1882 年，芝加哥又出现了一家新的通讯社"合众社"（United Press）。它与纽约联合新闻社展开激烈竞争，结果纽约联合新闻社败北，其中大多数人加入合众社，其余小部分会员则与西部联合新闻社合并，于 1892 年成立"伊利诺伊联合新闻社"，社址还在芝加哥。原来纽约联合新闻社与合众社的竞争，变成了伊利诺伊联合通讯社同合众社的竞争。

伊利诺伊联合新闻社的第一任社长是斯通（Stone）。他一上任就马上赶赴欧洲，以巨大的代价同当时三大通讯社签订了独家交换新闻的合同，从而切断了合众社的国外新闻来源。1897 年，合众社倒闭。 1898 年，伊利诺伊联合新闻社卷入一场持续两年的官司。当时芝加哥的《洋际报》由于采用别家通讯社的稿件，伊利诺伊联合新闻社便停止向《洋际报》供稿。为此《洋际报》向法院上诉，经过两年审理，1900 年伊利诺伊州法院做出裁定，联合新闻社必须将稿件提供给任何客户，不得有所歧视。败诉后，为了规避伊利诺伊州的法律，斯通便解散伊利诺伊联合新闻社，同时在纽约成立一家新的通讯社，就是今天的美联社，其简称 AP 也是在这次重大改组中正式确定下来的，并沿用至今。

第四节　电讯垄断

随着电报在新闻业中的普遍应用，全球新闻市场逐渐形成。由于新闻采访的规模日益

---

① 施拉姆.人类传播史［M］.游梓翔，吴韵仪，译.台北：台湾远流出版公司，1994：270.

庞大，传播费用日趋昂贵，在此背景下，采用电报技术的新闻通讯业务应运而生，并且逐渐成为新闻市场的主要控制者。仅有少数大报社有能力保持自己的通讯网，派遣记者跟踪采访重大事件。

与现代的新闻通讯社相比，当时的通讯社规模还不算庞大，不过他们却发现彼此的营业范围高度重叠。它们的业务日益越过国界，而且同殖民扩张的进程相联系。经过十几年的激烈争夺，各通讯社已经各自完成了对世界主要新闻市场的占领。

1866 年大西洋海底电缆铺设完成。用奥地利作家斯蒂芬·茨威格（Stefan Zweig）在其《人类的群星闪耀时：历史特定》一书中的话说，这项工程是 19 世纪"最煊赫的壮举"，"为了说明这项工程的巨大规模，这样的比方是最形象不过了：绕在电缆里的三十六万七千里长的单股铜铁丝可以绕地球 13 圈，如果连成一根线，能把地球和月球连接起来。自从《圣经》上记载有通天塔以来，人类没有敢去想还有比它更宏伟的工程……从此时此刻起，地球仿佛在用一个心脏跳动；生活在地球上的人类能从地球的这一边同时听到、看到、了解到地球的另一边。"[1]大西洋海底电缆的开通使欧洲与美国之间的信息互通更为迅捷，从而加剧了全球新闻市场的竞争。

在激烈的新闻竞争中，各方都受到了很大的损失。1870 年 1 月 17 日，路透社、哈瓦斯社和沃尔夫社 3 家通讯社在巴黎举行和解会谈，并签署了旨在分割世界新闻市场的垄断性协定。根据协定，哈瓦斯社负责法国、瑞士、意大利、西班牙、葡萄牙、中美洲、南美洲、埃及（同路透社共享）；路透社负责英国、埃及（同哈瓦斯社共享）、土耳其、远东；沃尔夫社负责德国、奥地利、荷兰、斯堪的纳维亚、俄国和巴尔干各国。[2]

1875 年，路透社又代表哈瓦斯社和沃尔夫社同美联社的代表签订了一项交换新闻的协定，根据规定，美联社负责采集美国的新闻，经由伦敦供给欧洲 3 社，欧洲 3 社发往美国的消息也只供给该社。这一系列协议的签署就是近代通讯社发展史上具有标志意义的"三社四边协定"，据此协定，一个由 4 家通讯社对世界新闻市场进行瓜分和垄断的体系建立起来了。

这一体系维持了 40 多年，直到第一次世界大战德国惨败，法国势衰，美国强盛，"三社四边协定"失去了约束力，基于该协定形成的垄断局面才发生变动。第一次世界大战后，随着德国战败，沃尔夫社退出了国际新闻服务的竞争行列。1934 年，"三社四边协定"正式被废除，西方各大通讯社开始了在世界新闻市场上的自由竞争时期。许多国家的大型报纸均向一家以上的国际通讯社订购电讯稿件，以便获得更丰富的报道与更多元的观点。

第二次世界大战以后，哈瓦斯社更名为法国新闻社。自此，竞逐世界通讯服务市场的通讯社只剩下 4 家，即路透社、法国新闻社、美联社与合众国际社。许多国内或半国际的

---

[1] 茨威格. 人类的群星闪耀时：历史特写［M］. 舒昌善，译. 北京：三联书店，1992：225.

[2] 李磊. 外国新闻史教程［M］. 北京：中国广播电视出版社，2001：344.

新闻通讯服务机构纷纷成立，一些新近独立的国家也开始借助新闻通讯社，力图发出自己的声音，并角逐国际新闻市场，其中较有影响力的如苏联成立了塔斯社，中国成立了新华社，日本成立了共同通讯社。

第五节 当今世界的通讯垄断格局

随着电话、网络数位化技术的广泛使用，电报通讯成为数位通讯网络中一种以文字通讯的应用，而当电脑、互联网提供的电子邮件，以及手机提供的短信业务日渐普及，电报这一人们最早利用电流进行信息传递的技术进一步淡化出人类生活的舞台。不过，电报对人类社会的影响并未就此中止。由电报而来的通讯社，并未随着电报技术被超越和替代而走向衰落，相反，国际通讯社对信息流通的控制和垄断至今仍在深刻影响着全球新闻传播业的秩序与格局。

据统计，到 20 世纪末，美联社在美国国内有订户 7 700 多家，国外订户遍及 110 多个国家，达 8 500 多家；法新社的国内订户有 2 750 家，国外订户有 10 500 家；路透社的新闻用户遍及世界各地，媒介直接用户为 3 000 多家，间接订户在 10 000 家左右。[①] 尽管先后有塔斯社、新华社等机构的出现和崛起，但长期以来，大型国际通讯社在世界新闻流通总量中稳定占比 80%，在国际传播格局中处于明显的强势垄断地位。

一、法新社

19 世纪 20 年代后期，在经济危机的影响下，哈瓦斯社财政不断恶化，亏空日益严重。1931 年起，哈瓦斯社不得不依靠政府补助维持生计，从而在其业务上呈现出明显的官方意志。到第二次世界大战前，哈瓦斯社已逐渐演变成法国政府的半官方喉舌。而这时的哈瓦斯社依然是全球数一数二的大通讯社，无论在国际还是在国内都具有翻云覆雨的传播能量。

第二次世界大战前《巴黎晚报》一位主编曾说过："哈瓦斯通讯社只发一条消息，就足以在巴黎证券交易所引起一场惊乱，或在议会发动一场可能导致政府下台的运动，引起动乱，甚至于发动战争。"第二次世界大战爆发后，哈瓦斯社被德军接管，成为纳粹的宣传工具。1940 年 12 月，维希政府将其改组成 3 个机构：广告社、法国新闻社、世界电讯社。自此，世界上第一家通讯社在战火中消逝了。

1944 年巴黎光复后，在原哈瓦斯社的基础上组建了一家新的通讯社，就是今天的法国

---

① 周岩. 世界性通讯社垄断竞争概况［J］. 新闻大学，1999（1）：71-72.

新闻社，简称法新社。同年9月，法新社以法令的形式获得临时公共机构的地位。法新社名义上是独立的报业联营企业，实际上是法国官方通讯社。

1953年3月6日，法新社渴望摆脱其半官方的地位，并于1957年1月10日在法国议会通过了一项法律，由此确立其独立性。在这项法令中，法国政府规定法新社应准确、迅速、清晰并完全独立地一年356天、一天24小时向全世界各地发消息，报道世界政治、金融、体育新闻，以及传送各种图片。

法新社领导机构包括3个组织：（1）管理委员会是法新社最高领导机构，委员任期3年，管委会由社长兼总经理主持；（2）高级委员会负责监督法新社章程的实施；（3）财务委员会负责监督预算的执行和财务管理。

法新社业务上分3个大部：新闻部、总务部、技术部。摄影部较小，从属于新闻部。总社每天通过各条线路用各种文字编发新闻稿。目前，法新社拥有来自81个国家和地区的2 000多名雇员，其中900人左右在国外工作，以及覆盖全球165个国家和地区的110个办事处。

二、美联社

美联社成立初期，是一家不以盈利为目的的合作社。美联社第一任社长斯通对董事会明确说道："一个全国性的新闻合作组织是这样一种机构，它属于而且只属于各个报纸，他不出卖新闻，不谋私利，不付股息，仅仅是各个报纸的代理人和公仆。参加者应该包括一切党派、宗教界、经济界和社会各界的新闻工作者，但他们对新闻事业同样热情积极，所采集的消息应该严谨、准确、公正和完整。这就是我们梦寐以求的美好愿望。"

第一次世界大战后，美联社开始真正崛起。第一次世界大战爆发时，美联社的订户仅有100来家。第一次世界大战之后，3大通讯社的垄断局面名存实亡，美联社随星条旗向海外拓展。两次世界大战之后，美国取代英国成为世界上实力最强的超级大国，美联社也随之取代路透社的领导地位。作为当今世界实力最雄厚的通讯社，美联社在世界新闻市场上占有重要的垄断地位。

美联社最初只向本社成员报社供给稿件，1945年以后开始向非成员报社和电台供稿。包括1 300家报社和3 890家电台、电视台。1994年，美联社增设电视部，向全世界电视订户提供声像新闻。每天美联社用6种文字播发新闻和经济信息约300万字。每年发图片15万张。不仅为美国1 500多家报社、6 000家电台及电视台服务，还为世界115个国家和地区的1万多家新闻媒体供稿。

美联社对新闻文体的改变有着重要影响。美联社的文体格式主要经历了两个发展阶段：一是以客观求真实，这是其纯客观报道时期。1900年美联社改组时确定了其报道方针为"报道事实，不报道意见"。这是在反对"党派报纸的黑暗年代"的历史背景下出现的。随后，由于社会责任论的盛行和读者需求的变化，美联社转向提示"新闻背后的新闻"，即解释报道。该社前总经理说："人们变得更加挑剔了，他们要的是解释性强的报道。"

梅尔文·L.德弗勒（Melvin L. Defleur）、E·丹尼斯（E. Denis）所著的《大众传播通论》中认为，客观性法则是由美联社最先提出并大力倡导的，美联社是后来称之为"客观报道"的先驱。曾任美联社总经理长达30余年的肯特·库珀（Kent Cooper），一直致力于宣传客观性法则。他把客观性法则解释成"真正公平"的新闻报道，还称客观性法则"作为一种至善至新的道德观念，发展于美国，奉献于世界"。至于"美联社之父"斯通，更是将客观性法则具体化为"5W1H"的导语格式和倒金字塔的新闻文体，而这些都成为新闻写作的标准模式，风行全球。

三、路透社

2005年，路透社总部由著名的伦敦舰队街85号搬迁至位于金丝雀码头的大楼，路透大楼前的空地也随之被重新命名为路透广场。从1851年刚刚成立时窄小的办公室到伦敦舰队街总部，再到金丝雀码头的路透大楼，这座庞大的通讯社已位居世界多媒体新闻通讯社前列，为128个国家提供着各类新闻和金融数据。

路透社的服务分为4个部分：买卖与交易、研究及资产管理、企业和媒体，其中超过90%的收入来自金融服务业务：对股票、外币汇率和债券等资讯的分析、处理、发送，以及相关产品的开发。而新闻报道的收入占不到10%。

路透社的新闻报道以迅速、准确享誉国际，同时，它提供工具和平台，例如股价和外币汇率，让交易员可以分析金融数据和管理交易风险；而路透社的系统让客户可以经由互联网完成买卖，取代电话或是纽约证券交易所的买卖大厅等人工交易方式，它的电子交易服务串联了金融社群。在其他方面的服务，最值得注意的是分析40 000家公司债务、债权，竞争者包括彭博新闻社和道琼斯通讯社。

1980年路透社开始快速成长，开拓产品范围。1984年，路透社在伦敦证券交易所和纳斯达克挂牌上市，成为公开的上市公司。然而，有人担心，上市公司会使客观的报道受到损害，例如控制该公司的单一股东。为了应对这种可能性，公司在制定章程的时候，包括股票上市规则，个人不被允许超过15％的股份，这一规则适用于1980年代末。

与此同时，为进一步采取措施保护新闻的独立性，路透社创办人路透成立了一家股份公司。这个公司唯一的任务是保护其新闻输出的完整性，它拥有一个"创办人股份"，一个试图改变任何有关规则的路透社原则。这些原则规定了公司的宗旨，以维护其独立性、完整性和不受偏见的新闻报道。

2008年4月18日，加拿大媒体巨头汤姆森集团与路透集团正式完成合并，新公司名为汤姆森－路透，总部设在纽约，年营收额达 125 亿美元，在全球 155 个国家和地区拥有 5 万名员工和超过 4 万家客户。汤姆森集团和路透集团整合后，全球资讯提供商"三足鼎立"的格局形成——汤姆森－路透、彭博和出版商 Reed Elsevier。

而作为三雄之一的后起新秀——彭博新闻社，在现在的竞争中成为路透社的主要对手，两者的市场份额各占三分之一。

四、彭博新闻社

作为路透社的主要竞争对手，彭博新闻社可以说是财经新闻的耀眼新星。他的创始人迈克尔·彭博（Michael Bloomberg）仅用 22 年的时间，就使其在金融数据市场的销售收入超过具有 150 年历史的、世界上最大的资讯公司——路透集团。

彭博新闻社又称布隆伯格新闻社，1990 年由彭博创立于纽约。在这之前，彭博于 1981 年成立美国彭博资讯公司，目前是全球最大的财经资讯公司。彭博新闻社也已发展为集新闻、数据和数据分析为一体的全球性多媒体集团。

彭博公司的创始人迈克尔·彭博是个传奇式的人物。他出生于 1942 年，在马萨诸塞州梅德福一个经济上并不宽裕的家庭长大，成绩优异的他顺利进入约翰斯·霍普金斯大学，然而由于家境贫寒，年纪轻轻的他靠为人泊车及借贷才完成学业。1966 年，他获得哈佛大学工商管理硕士学位。毕业后，彭博供职于当时华尔街著名的投资银行——所罗门兄弟公司，任股票交易员，1972 年成为该公司的股东。很快他又接过该公司的股票、贸易、销售业务，稍后又接手信息系统。1981 年，因所罗门公司内部纷争，在得到 1 000 万美元的遣散费后，彭博被所罗门公司辞退。

"失业后"的彭博并没有垂头丧气，不放过任何机会的他马上对当时的市场进行了仔细的研究和分析。当时，市场上缺少的是人们对有用证券信息的选择，以及通过简单易用的软件对其进行分析的工具。于是，看准机会的彭博就用自己拿到的遣散费创建了一家证券信息资讯公司——"创新市场系统公司"，这就是彭博新闻社的前身。此后，公司迅速发展成为全球咨询行业的顶尖企业。在公司业务正如日中天的 2001 年，60 岁的彭博从彭博新闻社总裁的位置上退了下来，并加入到纽约市市长的竞选中，一举成功。2009 年 11 月，彭博再次获得纽约市市长的连任，这是他第三次连任纽约市市长。

彭博新闻社创立时正处于路透社和道琼斯通讯社蓬勃发展的时期。为什么它这么快就能够向两家大公司发起挑战呢？彭博在他的自传《信息就是信息》中表示："大公司都不把刚开张的小公司当成主要对手，等它们清醒过来时已为时太晚……这一次，大公司的傲慢自大表现得更加充分。这两个庞然大物一开始没怎么把我们放在心上。"

彭博找到了道琼斯通讯社和路透社没有占据的市场空档。"从一开始，我们就能为我们的基本产品配上他们提供的东西，这比为他们的产品配上我们生产的东西要容易得多，尽管他们无法复制我们的分析——对金融及期货市场上各种假设方案的计算结果，但我们仍开始在文字新闻上向他们看齐，在每篇报道采访、消息上都紧握不放。他们因粗心铸成大错，在我们随时间而壮大的过程中，我们在彭博新闻社必须确定不犯同样的错误。"

依托当时先进的计算机网络技术，以及美国华尔街强大的金融信息需求，务实的彭博公司在此后 10 年内以令人惊异的 40% 的年增长率高速成长。当彭博新闻社的突飞猛进终于惊醒老牌路透社时，路透社才开始着手应对，他们开发了一种新系统，名为"彭博杀手"。而另一个老牌竞争者，道琼斯通讯社的一位副总裁在接受《福布斯》杂志的记者采访时说："你告诉那家伙（彭博），我要干掉他！"

彭博新闻社的努力逐步得到了市场的认可，时至今日，纽约证券交易所现有 3 家"正式"新闻机构：彭博新闻社、道琼斯通讯社和路透社，每家都以提供上市公司的充分报道、向其持股人提供全面信息而著称。除这 3 家的记者以外，没有别人能这么自夸，虽然许多人都尝试过。

如果说彭博新闻社对于路透社的挑战还仅仅是通讯社内部力量与秩序的重新洗牌，那么，互联网对于传统通讯社主导的信息传播格局的影响则是颠覆式的。电报及后继的广播、电视等电子传播媒介采用集中、单向的信息传播方式，受到互联网分布式、交互式的数字传播方式的全面挑战。在互联网因削弱了层级关系而变得扁平化、因个人崛起而逐渐去中心化的传播模式中，新闻消息采集和传输的成本相较于传统的电子平台已经大大降低，而这种信息传播成本上的低廉，正是 19 世纪中叶电报相较于驿路和铁路的比较优势，也正是一百多年来新闻媒体购买通讯社稿件的原因和通讯社的立足之本。

同样被以互联网为代表的数字传播平台所超越的，还有基于电报技术创立的经典新闻文体本身。当每一个人类个体被海量的信息包围，人们不再需要媒体告诉他们什么是重要的、有趣的，而是开始主动选择并接受自己感兴趣和认为有用的内容。传统的传受界限在互动平台上不再分明，长期奠基传统新闻媒体的倒金字塔文体开始让位于微博、微信等轻逻辑、即时性的内容。在这样一个信息俯拾即是的环境中，无边无际的信息碎片正在替代严谨编辑的倒金字塔文体，成为人们认知外部世界的主要依据。

第八章 广播：无远弗届的声响幻境

2012 年 4 月，美国导演詹姆斯·卡梅隆（James Cameron）用 3D 影像技术将一场 100 年前发生的海难场景立体呈现给全球的电影观众，这是卡梅隆第二次执导电影《泰坦尼克》。1997 年 12 月，由卡梅隆执导的电影《泰坦尼克》在美国上映，创下的票房纪录让这部电影在接下来的 12 年里稳坐全球票房冠军的宝座。电影中的故事和爱情感动了全球亿万观众，也让这部电影在 1998 年的奥斯卡颁奖典礼上获得最佳影片、最佳导演、最佳摄影等 10 多项殊荣。

当年世界最豪华的客轮上，到底发生了哪些故事？如今我们已经无法知晓，只能靠电影艺术来想象和描述当年的景象。不过对人类历史产生更大影响的是，泰坦尼克号海难的发生让一项媒介技术受到前所未有的重视，一种全新的媒介从此走向了现代文明的前台。文字时代之后，口语这项人类最早的传播方式，重新进入大众传播的系统之中。

第一节　从无线电报到大众媒介

一、泰坦尼克与无线通信

1912 年 4 月 14 日晚，泰坦尼克号豪华客轮与冰山相撞，在其"处女航"中沉没。距离泰坦尼克号 58 英里的卡帕提亚号轮船接到了泰坦尼克号的求救信号，尽管全速赶往出事地点，但还是没能赶在泰坦尼克号沉没之前到达海难现场。最后，卡帕提亚号轮船拯救了 600 多人，超过 1 500 名乘客和船员不幸遇难。

其实，当时离泰坦尼克号更近的还有两艘轮船。一艘是加利福尼亚号，但它没有应答求救信号，船上唯一一名无线电操作员因执勤太久已经昏昏欲睡，船长也已切断了船上所有电源，使得无线电系统没有了供电。另一艘是货轮丽娜号，距离泰坦尼克号只有 30 英里，但由于是货船，载客海员也不多，没有配备无线电设施。

当泰坦尼克号沉没的消息抵达美洲大陆时，已经离沉船有一段时间了，因为当时卡帕提亚号的无线电设备只在 85 英里范围内有效。时任美国总统的塔夫脱派遣了两艘海军巡洋舰去接应卡帕提亚号，但因为船上的无线电操作人员技术不够熟练，这两艘巡洋舰未能及时地将信息传回纽约。

在陆地上，第一个将泰坦尼克号沉船消息发送出去的，是当时一位年轻的通讯员大卫·萨尔诺（David Sarnoff）。他在收到消息后的 72 小时内，不间断地接受和发送消息，塔夫脱总统于是命令关闭所有的电台，只留下萨尔诺的电台与船只进行联系。在海难消息传递工作中的杰出表现，使萨尔诺名扬一时，也使得其所在的马可尼电报公司声望大大提高。萨尔诺后来成为美国无线电广播公司的经营者及总裁，被称为"美国广播通讯业之父"。

鉴于无线电在这次海难中表现出的特殊重要性，舆论普遍认为联邦政府对无线电事业应该有所管制。于是，无线电管制开始被提升到同铁路运输、石油企业和肉食品加工企业管制同等重要的地位。泰坦尼克号悲剧发生之后的 4 个月内，个人发送无线电波信号必须得到政府的特许，而新出台的《1912 无线电法案》则要求所有无线电操作人员必须持有许可证，电台必须服从制定的频率分配，求救信号的优先权高于其他任何通信，商务部长有权颁发无线电许可及采取其他必要的无线电管制措施。

泰坦尼克号海难这场巨大悲剧的发生，将人们的注意力吸引到无线通信这项新的技术上来。获得许可证的业余爱好者从 1913 年的 322 人增加到 1917 年的 13 581 人。在提高公众对无线通信的认识方面，这场海难比以往进行的任何无线电实验都更为有效。

二、从实验发明到电台开播

（一）从有线到无线

无线电并不是哪一个人的单独发明。在无线电发明之前，利用线缆进行电磁信号及语言本身的传输已经得以实现。1851 年 11 月 13 日，英国在英吉利海峡铺设了连接英法两国的世界上第一条海底电缆，使伦敦与巴黎之间实现了有线电报业务。1876 年，发明家亚历山大·格拉汉姆·贝尔（Alexander Graham Bell）首次展出了他发明的电话机，实现了声音的远距离传输。贝尔关于电话的专利说明书解释道："通过电子手段传送有声语言和其他声音的一种方法和工具。"尽管当时他对电话的用途还有很多设想，但是直到 1890 年，美国电话公司才开始确定利用电话作为人与人交谈的工具。

有人则对贝尔的多种设想进行了开发，广播的雏形在这时出现。1893 年，匈牙利人西奥多·普斯卡（Theodore Puska）把布达佩斯 700 多条电话线连接起来，定时向听众广播新闻，被称为"电话报纸"。这可以说是广播的先声，尽管它是有线传送的，而且这个方法肯定十分麻烦，但是这意味着电话的传播方式是可以发展为广播的。因为后来无线电传送技术的发明，人们觉得不受有形路线的限制而又能够传送人声显然更妙，于是开始了无线广播的实验和发明。

不过，在广播的发展过程中，有线技术始终是它的一部分。有线广播曾经长期存在于许多疆域辽阔、人口众多的国家。比如苏联和东欧社会主义国家，以及 1949 年以后的中国，都曾经大规模发展过有线广播。苏联是世界上常规有线广播的诞生地，它采用有线入户的方式接转无线广播。1924 年底，苏联政府提出"劳动人民住宅无线电化"（即有线广播入户），到 20 世纪 80 年代，可以选择收听 3 套节目的有线广播接收工具开始普及。由于有线传播方式便于控制，德国、法国从 20 世纪 30 年代起也开始利用电话线网络发展有线广播网。由于有线广播解决了无线广播发展初期功率不足、覆盖能力不强的问题，瑞典、瑞士、奥地利等国在 20 世纪 50 年代初开始在山区建立有线广播，后来无线广播的功率增强了，这些国家又对有线设备更新改造，使之接收效果超过了无线广播。

虽然有线广播的发展比无线广播要早，但有线电报在技术上存在着一个明显的缺陷，即没有导线就不能传递信息。这个遗憾在 50 年后被无线电报的发明弥补了。1864 年，苏格兰物理学家詹姆士·克拉克·麦克斯韦尔（James Clerk Maxwell）公布其研究成果，证明信号可通过电磁波发送。他的理论预言，有一天人们不通过电线就可以将电子信号发射到别的地方。到了 1887 年，德国物理学家海因里希·赫兹（Heinrich Hertz）证明了麦克斯韦尔的理论是正确的，他在实验室建立了一个简陋的火花隙（射频）振荡器，从一点向另一点发射了无线信号，他的名字后来也成了电磁波频率的基本单位 Hz。

19 世纪 90 年代，另外 3 位发明家几乎同时致力于无线发射与检测。法国物理学家艾都尔德·布朗莱（Abdurde Brown）发明了称为金属屑检波器的信号检测设备。英国物理学家奥利弗·洛奇爵士（Olive Lodge）研究出了共振调谐原理，使发射器和接收器可以在同一波长上工作。俄罗斯的亚历山大·波波夫（Aleksandr Popov）开发出一种更好的金属屑检波器和垂直接收天线。

（二）"无线电之父"马可尼

尽管前人有着众多的理论与发明，但是真正验证了赫兹的理论，完善了布朗莱和洛奇的无线电设备，并取得无线电通讯巨大突破的，是意大利发明家古列尔莫·马可尼（Guglielmo Marconi），他日后被人们称作"无线电之父"。

马可尼出生于意大利波伦亚的一个富有家庭，从小马可尼就不是一个循规蹈矩的好学生，他的思维方式与学校里僵化古板的理论格格不入。富有创新精神的马可尼 21 岁时开始对无线电很感兴趣，他想要做的事情是使无线电工作起来。

1895 年，马可尼在庄园前面的草地上布置了一个接收器，对他的哥哥阿方索说："如果你能听到蜂鸣器响，就挥小旗向我示意。"然后他奔向实验室，按下发报器的按钮，再从窗口向外张望，看见阿方索正挥动手中的小旗，蜂鸣器响过了。这证明电波可以不通过电线在空气中无影无踪地传播。几个月后，马可尼增加了发报机的功率。这次他把发报机放在距家两公里的地方，中间还隔着一座小山丘，因此，他让哥哥和另一位农民接收到无线电信号后开枪示意，结果枪声响了。接下来的两年里，马可尼建立起一种能够在两英里范围内发送和检测信号的无线系统。

由于意大利政府对马可尼的发明不感兴趣，马可尼与出身高贵的母亲一起回到了她的家乡英国。母亲的家族关系网使他有机会将他的无线系统展示给可能的投资者，包括英国邮政总局的主管。1896 年，刚刚 22 岁的马可尼在英国取得了他的第一个无线电报技术的专利。马可尼的实验引起了国际上的广泛关注，一些外国观察家陆续从法国、德国、俄国和意大利来观看他的实验。"我平静的生活从此宣告结束。"后来他回忆说。军方首先开始对这种新技术进行应用，英国军舰上开始安装马可尼无线电报。1897 年，无线电报与信号公司建立起来，继续进行远距离传播无线讯号的实验。1899 年 3 月 28 日，马可尼发出了从英国到法国的无线电报。1901 年 12 月 12 日，马可尼首次横越大西洋的无线通信的实验获得成功，证明经过他的仪器处理过的电磁波可以不受高山大洋的阻隔而自由传播。

关于人类第一次横越大西洋的无线电通信，马可尼在一篇自己的文章里描绘道：

> 刚过正午，我戴上耳机仔细倾听起来。我面前桌上的接收装置非常简单——只有几只线圈以及放大器与合成器——但我还是将它调试完毕。12 时 30 分，我终于听到了微弱但清晰的"嘀－嘀－嘀"的讯号。我赶快把耳机递给肯普："你听见了吗？"我问。"是的，是的，"肯普激动地说，"这是字母 S 的讯号。"——他也听见了。我所有的预见都得到了证实，无线电波穿过了整个大西洋——这是一个简直令人无法置信的距离，整整 1 700 英里——地球表面的曲线竟然无法阻挡它！意识到这一结果对我来说比意识到自己的成功更为重要。正如奥利弗·洛奇爵士所说，这是一个划时代的创举。现在我第一次可以有把握地说，对于整个人类这一天总算到来了：不需要任何导线，我们便可以在世界的任何两个端点进行通信联络了。

这次无线通信实验的成功，标志着人类在地球上的信息沟通几乎可以跨越所有的障碍。此后，马可尼开始出售这种无需导线即可发送莫尔斯电码的电报机，并将其作为海上船只与岸上电台间联络的通信工具。英国马可尼公司及其美国分公司占领了莫尔斯电码无线通信的大部分市场。

1927 年，马可尼逝世，在此之前他已获得诺贝尔物理学奖，并取得了一百多个大学的名誉学位。著名意大利诗人邓南遮在他的墓志铭上写道："他的发现开创了一个人类生活的新时代。"

（三）"广播"的开端

无线电服务的名称，随着无线电技术一起不断发展演变。在马可尼时代，人们只使用"无线电报"（wireless telegraph）一词。1906 年至 1912 年，这一名称变为"无线电波和无线电话"（radiotelegraph and radiotelephony）。在泰坦尼克号海难发生后出台的 1912 法案实施之时，"无线电"（radio）一词开始使用，这个词来自拉丁语 radius，是"射线"的意思，而无线（wireless）一词逐渐被摒弃。"广播"（broadcasting）一词借用自农业，原意为在农田中播撒种子的活动。最早的编码无线电发射是从一名特定的发送者到一名特定的接收者。有了对发射信号人的许可和管制之后，无线电广播逐渐从发送给单独一名接收者转变为面向多个接收者。

在参与早期广播实验的爱好者当中，加拿大的雷金纳德·费逊登（Reginald Fessenden）最为著名，他一生获专利 500 余项，在获得发明专利的数量方面仅次于爱迪生。费逊登以其无线电技术为美国国家气象局工作，从 1900 年起，他希望能改进马可尼的无线系统，实现连续载波的使用。他所致力研究的发射系统与马可尼的莫尔斯电码发射系统完全不同，人们通过费逊登的发射系统可以听到连续的声音。1906 年 12 月 25 日晚，圣诞之夜的 8 点钟，费逊登使用自己开发出的实验振荡器，在马萨诸塞州布兰特罗克镇的工作室中广播了他自己制作的节目，这次节目包括一段《圣经》片断的朗读，一段亨德尔《广板（Largo）》的录音，还有一段费逊登自己演奏的小提琴独奏曲，节目结束时，他还唱了一首歌并祝愿所有的听众们"圣诞快乐"。虽然这次广播的质量并不令人满意，但它不仅展示了费逊登的艺术才华，还展示了一次空前的广播实验。费逊登的听众主要是海上船只中的无线电操作员、得知这次公开广播实验的记者以及一些广播爱好者。之后的新年夜，费逊登又做了一次类似的广播。他所做的这些实验标志着可被听众广泛接收的非编码无线电信号发射成功，有人因此称他为世界上第一位电台节目主持人（DJ）。

费逊登的圣诞广播被认为是广播时代的开端，但是，这一时期的实验者们都没有建立一个定期播出节目的真正的广播电台。第一次世界大战前夕，无线电使用已经从普通的海上航运扩大到国防和海军装备。1917 年 4 月，美国与德国开战后不久，广播技术的专利纠纷平息下来。在战争期间，作为国家安全措施，美国海军接管了所有大、高功率电台的运营，甚至包括美国马可尼公司拥有的电台。所有业余电台和无线电实验者都被迫终止了广播。第一次世界大战结束后，无线电广播依然没有走进人们的视线。

（四）KDKA 电台

最早一批广播电台的运营是作为销售收音机的一种手段，抱着这类目的运营的广播电台中最著名的是匹兹堡的西屋电气公司电台 KDKA。

西屋电气公司有位工程师叫康拉德，他是一位无线电爱好者，早在第一次世界大战前便在自家的车库里安装了一套小型的广播设备。1920 年 4 月，康拉德用业余电台呼号8XK 试验播放自制的节目，但他很快就对连续不停地独自讲话感到厌倦，于是开始改用播放唱片来取代说话。意想不到的事情发生了：康拉德开始收到其他无线电爱好者的来信，来信中有评论播音质量的，也有人请他播出某一唱片，或在某一特定时间播出节目。于是，为了满足这些听众的"点播"要求，康拉德开始定期播出节目。

作为康拉德老板的西屋电气公司对他的业余电台很感兴趣，1920 年 10 月 16 日，西屋电气公司为康拉德的电台提出执照申请，并在同年 10 月 27 日获得美国商业部颁发的电台执照，呼号为 KDKA。在这一时期，电台的呼号是美国商业部分配的呼号组合。后来，电台呼号开始以密西西比河为界，密西西比河以东的电台呼号以 W 开头、密西西比河以西的电台呼号以 K 开头。

尽管 KDKA 电台的历史可以追溯到第一次世界大战之前，但其第一次正式广播的时间是在 1920 年 11 月 2 日的大选之夜。这一天，KDKA 电台利用美国总统选举的大好时机，围绕选情通报这一公众关注的焦点，大张旗鼓地开始了定期广播。由于宣传广泛、影响重大，KDKA 成为美国历史上第一家正式广播电台，1920 年 11 月 2 日这一天也成为世界广播事业的诞生日。

KDKA 电台开播之初，工作条件相当简陋。电台的第一个播录室是在西屋电气公司大厦楼顶上的一座小屋里。时而发生的技术故障并没有妨碍听众数量的迅速增加，因为那时有许多收音机都是各家自己做的，人们以为那是他们的机器出了故障。KDKA 开播后的两年时间里，美国有了 500 家电台和约 150 万台收音机，每一个大都市都有了自己的电台。

三、美国广播网的形成

KDKA 电台的成功使得其他公司纷纷效仿，开办起自己的电台。美国无线电公司在纽约开办电台，呼号 WDY；美国电报电话公司也在纽约开办电台，呼号 WEAF；通用电气公司则在纽约州的斯克内克塔迪开办电台，呼号 WGY。西屋电气公司后来在马萨诸塞、新泽西和伊利诺伊又增开了几个电台。

这些公司开办商业广播电台的初衷主要是为了牟利，其生产的无线电发射器和接收机如果只用于船—岸通讯，因其数量终究有限，那么利润也同样有限。但如果能把广播推向民众，那收音机的销售市场将是巨大的，这样巨大的利润诱惑吸引着每一家公司开发广播业务。①

随着广播电台的增多，无线电广播日益流行起来，这个行业开始寻找各种各样的方式来促进自己的发展，其中一个比较有新意的方式就是联网。美国电报电话公司的 WEAF 电台，是第一家从事商业广播的电台，也是第一家提供联网广播的公司。美国电话电报公司已经在全国各地架好了电话线，如果可以把各个电台连接起来，美国电话电报公司便拥有了竞争优势。1923 年，他们做了第一个联网实验，将纽约的 WEAF 电台和波士顿的 WNAC 电台连接起来。1924 年 10 月，卡尔文·柯立芝（Calvin Coolidge）总统的演说第一次通过联网广播在 22 家电台播出。②

为了对抗美国电话电报公司，打破它对城际联网广播的封锁，美国无线电公司和通用电气公司也建立了广播网。为首的是美国无线电公司的纽约台 WJZ 和设在斯克内克塔迪的 WGY 电台，不过该广播网传送声音与音乐的效果不佳。

1926 年美国电话电报公司决定从广播事业中退出，它把自己的 WEAF 卖给了美国无线电公司，美国无线电公司、通用电气公司和西屋电气公司立刻合资组成了全国广播公司，也就是现在大名鼎鼎的 NBC，作为美国无线电公司的子公司。NBC 建立后，主持着两个新的广播网，即以 WEAF 为首的红网（NBC Red Network）和以 WJZ 为首的蓝网（NBC Blue Network），广播网从东海岸扩展到西海岸。

---

① 蔡骐，蔡雯.美国传媒与大众文化——200 年美国传播现象透视［M］.北京：新华出版社，1998：173.
② 斯隆.美国传媒史［M］.刘琛，等，译.上海：上海人民出版社，2010：505.

1926 年 11 月 15 日，全国广播公司在纽约华道夫酒店（Waldorf-Astoria Hotel）广播了 4 个小时的节目，根据报道，这一活动共耗资 50 000 美元，邀请了歌手、管弦乐队、笑星和两名来自其他城市参与远程广播的演员，其中大多数明星都是义务演出，所耗费的资金有半数用来购买技术设备，包括 3 600 英里的 AT&T 特殊电话电缆，用于将 WEAF 电台的节目连接到 20 多个电台，全国广播公司的新总裁梅林·埃尔斯沃斯（Merlin Aylesworth）预计，约有多达 1 200 万人收听了这次广播，而当时美国的人口不到 1 亿，因此 1 200 万听众已经相当惊人。最重要的是，这次广播使人们认识到新无线电网络的强大力量，因而这次广播标志着网络广播的新纪元。之后全国广播公司一直控制着两大广播网，直到 1943 年由于联邦通讯委员会的干涉，才不得不出售 NBC 蓝网，该广播网于是成了现在的美国广播公司（ABC）。

1927 年，美国一些没有加入 NBC 的独立广播商在哥伦比亚留声机唱片公司（Columbia Phonograph Record Company）的帮助下，建立了另外一个广播网，最初起名为哥伦比亚唱机广播公司（Columbia Phonograph Broadcasting System），以后又改名为哥伦比亚广播公司（Columbia Broadcasting System，CBS）。当时 27 岁的雪茄公司继承人威廉·佩利（William Paley）请哥伦比亚广播公司为他的雪茄做广告，广播大大扩大了他公司的雪茄销路，从此佩利对电台开始产生兴趣。佩利在 1928 年得到哥伦比亚广播公司的控股权，并对其进行扩展，从而和全国广播公司进行竞争。到 1934 年，哥伦比亚广播公司已拥有 97 个电台。

1934 年，除全国广播公司、美国广播公司和哥伦比亚广播公司之外的第四家广播网得以建立。它是由四家未加入广播网的电台创办的，领头的是纽约的 WOR 电台和《芝加哥论坛报》的 WGN 电台，起名为相互广播公司（Mutual Broadcasting System，MBS），它主要向较小的广播电台提供节目。到 1953 年，它拥有了 60 个成员电台。在日后电视出现的日子里，只有相互广播公司还留在广播领域，而另外 3 家广播公司则把自己的事业扩展到电视领域中。[①] 直到 1999 年相互广播公司才终止运营。

广播电台的发展和广播网的建立，使得人们纷纷追捧无线电广播。无线电设备的销售额剧增，从 1922 年的 6 000 万美元剧增到 1923 年的 136 亿美元，1924 年更是达到 358 亿美元。到了 1925 年，收音机已经制作得像一种家具，这个广受欢迎的传播媒介吸引的不再仅仅是无线电爱好者，而是个人和家庭，人们在自己舒适而安静的家中享受广播带来的信息与娱乐。

广播节目也随着收音机的发展而不断丰富起来。在 20 世纪 20 年代，无线电节目一般是由本地音乐家主持，他们表演自己的节目或推广其他的演出。还有一些信息类的节目，包括联邦政府主办的农业节目，其提供农业信息。农民们会为了了解市场价格而购买收音机。一份《无线电》杂志曾经报道过一个与鸡蛋价格相关的农村听众的故事。当时一名采购员告诉那位农妇，鸡蛋的价格很低，而且还会继续降价，农妇立即反驳了他，并且忠告

---

① 蔡骐，蔡雯 . 美国传媒与大众文化——200 年美国传媒现象透视［M］. 北京：新华出版社，1998：173-174.

他，如果下次还想欺骗她，最好在她收听了 8 点钟的价格信息节目之前赶到！除此之外，美国的乡村音乐在这一时期也成为广播的主要内容，因为工业化使许多美国人从乡村移居到城市，而乡村音乐成了他们寄托思乡之情的载体。①

四、中国广播的开端

我国使用无线电报始于清朝末年。1905 年（光绪三十一年）秋，北洋大臣袁世凯在天津开办无线电训练班，聘请意大利海军军官葛拉斯任教，培养无线电报务人员。②同时购置无线电收发报机，分别安装在北京、天津、保定和北洋海军的舰艇上，用于沟通军事情报。1908 年，上海英商汇中旅馆私设无线电报机，开外国人在我国私设无线电台之先河。此后，西方国家的使馆、商人、殖民者为了通信联络上的便利，竞相在中国境内私自安装无线电收发报机。清政府邮传部虽曾多方交涉拟予取缔，但收效甚微。

1920 年，在美国第一家 KDKA 电台开始播音不久，美国人便把初办见效的无线电广播技术输入中国。1920 年 8 月在上海出版的《东方杂志》以《无线电传送音乐及新闻》为题，首次把正在孕育中的广播介绍给中国读者。到了 20 世纪 20 年代初期，中国建立起第一批早期无线电广播电台，但都是由外国人创办的。中国境内开设的第一座广播电台，是美国人 E.G. 奥斯邦（E. G. Osborn）开办的，他将一套无线电广播设备从美国运到了上海，目的是为了推销收听设备。1923 年 1 月 23 日晚，呼号为 XRO 的"大陆报——中国无线电公司广播电台"开始首次播音，每晚播出 1 小时的节目。当时的总统黎元洪也对广播产生了兴趣，他派秘书打听，如何收听电台的音乐节目，消息传到奥斯邦那里，他受宠若惊，立刻赶制了一台特制的收音机，以确保黎元洪能够在其北京的家中清楚真切地收听广播节目。很快，民营广播电台多了起来，但当时无线电器材相当昂贵，全上海也只有 500 台左右的收音机。形形色色的节目多是为了军阀、官吏、富商和外国殖民者茶余饭后的娱乐消遣。鲁迅先生对此有入木三分的描述："天气热得要命，门窗都打开了，装着无线电收音机的人家便把音波放到街头'与民同乐'，其声音一会尖一会沙，不但和'水位大涨''旱象已成'之处毫不相干，就是和窗外流着油汗整天在挣扎着过活的人们的地方也完全是两个世界"。

与美国广播创办之初私人商业广播蓬勃发展的景象不同，中国的广播是由官方推动创办的。1922 年，在第一次直奉战争中，奉系军阀战败，退居关外。为了东山再起，奉系军阀出于军事通信的需要，开始大力发展无线电事业。在奉系当局的支持下，我国早期的无线电专家刘瀚建成了我国第一座自办的广播电台。1926 年 10 月 1 日，哈尔滨广播无线电台开始正式播音，呼号 XOH，每天播音两小时，内容有新闻、音乐、演讲及物价报告。

① 彼茨.无线电广播产业［M］.詹正茂，等，译.北京：清华大学出版社，2007：32.
② 赵玉明.中国广播电视通史［M］.北京：中国传媒大学出版社，2004：4.

在 1928 年 8 月国民党的中央广播电台出现以前，北洋军阀统治时期的广播事业只是初具雏形。先后有外商、中国人创办的广播电台十来座，发射功率一般较小，收听范围也限于广播电台所在的城市及其周围地区。当时还没有一个全国性的电台，这个时期，全国约有收音机 1 万台左右。

中国共产党创办的延安新华广播是在抗日战争的硝烟中诞生的。1939 年秋冬，周恩来因右臂受伤去苏联治疗，在莫斯科，他与任弼时特意同共产国际的领导会谈，研究在延安建立广播电台的事情。第二年 3 月，他们回国时，几经周折，带回了一台广播发射机。1940 年春，为了打破敌人的新闻封锁，中共中央在延安成立了广播委员会，周恩来亲自担任主任，成员有中央军委三局局长王净和新华社社长向华仲。当时延安没有电，为了发电，拆卸了一部汽车的引擎，用木炭烧出煤气来带动引擎转动，但是这样的发电机并不稳定，由于电力导致的故障使得播音员在一次播音中可能要暂停好几次，通知观众播音只是暂停，请不要关机。

不过，电力方面的困难还不是最主要的。为了彻底切断红色电波，日军和国民党军的飞机，只要捕捉到一定信息便会轮番轰炸，新华广播从开始播音就一直在不断转移的过程中坚持工作。当时《解放日报》已经无法出版，白区的《重庆日报》也已经撤出白区，唯一能够向国民党统治区进行宣传的只有广播电台，所以当时中央非常重视和关心广播工作，广播不允许有一天的中断。

1946 年 3 月 28 日，电台接到了再次转移的命令，就在这一天的晚上，新华广播电台播出了青化砭大捷歼灭国民党军队 4 000 多人的消息，这极大地鼓舞了正在前线奋战的人民解放军指战员。第二天，远在哈尔滨出版的《东北日报》在第一版头条显著位置刊登了这条新闻，并且注明"据新华广播电台 28 日夜口语广播称"，这在中国广播史上是一件很有意义的事情。广播电台从诞生之日起一直是依托纸质媒介而存在的，而这一次它却成为报纸的新闻来源，广播迅速、直接的特性，在战乱中得到了充分的体现。

1949 年 10 月 1 日，中华人民共和国开国大典在天安门广场隆重举行。通过电波，全世界都听到了新中国庄严而豪迈的宣言："同胞们，中华人民共和国中央人民政府今天成立了！"从下午 3 点到晚上 9 点 25 分，整个开国大典持续了近 6 个半小时，这是中国人民广播史上第一次大规模的全国实况转播。

随着新中国的成立，广播开始真正深入到人民大众的生活当中。在 1949 年 9 月 2 日的一篇新华广播稿中，摘录了中央对广播事业发展的规划：广播是一个有着非常灿烂前途的事业，我们中国有四万万七千五百万人口，其中的 80% 都是文盲，因此，无线电广播语言事业就更加成为为人民服务的、教育中国人民的非常重要的工具。第二年春，新闻总署签署了在全国范围内建立广播收音网的决定，"全国各县市人民政府之尚未设立收音员者，除所在地为中心城市有大型日报者外，应一律制定政府内适当人员兼任收音员"。

新中国成立初期，面对百废待兴的局势，新政权迫切需要动员一切力量团结一致搞建设，广播成为动员和组织社会力量的重要工具。1951 年 9 月 15 日，全国各地广播电台教唱《歌唱祖国》《全世界人民心一条》两首歌曲，两个月后，广播电台举办广播体操节目，每天喇叭一响，大小城市的千百万人统一行动、步调一致，这在中国历史上是破天荒的新鲜事。

1952 年 4 月 1 日，中国第一座农村有线广播站正式播音，以此为标志，广播走进了农村。从此，目不识丁的农民也有了认识外部世界的通道。到 1957 年底，全国广播电台的数量从建国初的 11 座，增加到 1 698 座，高音喇叭从 900 支，发展到 941 200 支。具有中国特色的农村有线广播网迅速普及，农民足不出户就可以知道发生在千万里之外的国家大事，广播进入了寻常百姓家。

1966 年 5 月，中央人民广播电台 3 次全文播送了姚文元的文章——《评三家村》《燕山夜话》《三家村札记的反动本质》，一场政治大迫害迅速遍及全国，北京广播学院的教学也受到了猛烈的冲击。自 1966 年 7 月 1 日起，根据"文化大革命"以来听众的需要，中央人民广播电台开办《毛泽东语录》节目，每天广播 3 次，每次 10 分钟，播送《毛泽东语录》中的 1 条，共播送 6 遍，其中中间的两遍要放慢速度，并读出标点，便于听众抄记。

那个时候的广播，感情色彩很单调，播音员都尽可能让声音充满浓浓的火药味，以至于很多经历过那个时代的人，到今天听到类似的语态都不寒而栗，大家给这种腔调，起了相应的名字"文革腔"。当乌云散去，狂热不再。我们静下心来琢磨的时候，在那无数次的狂热中有一些声音到今天仍令人感动。1970 年 4 月 24 日中国第一颗人造卫星上天，数以亿计的中国人通过收音机用心聆听天外传回来的，那首唱了无数次的乐曲《东方红》。

粉碎"四人帮"，不仅给中国带来了文艺的春天、科学的春天，也迎来了电视发展的春天。为了消除高音喇叭在老百姓心目中的不良印象，中央广播事业局发出《关于加强管理城乡高音喇叭的通知》，提倡低音喇叭，消除城乡噪音。广播的声音在变小，电视的成长在加快。1983 年 3 月 31 日，第十一次全国广播电视工作会议在北京召开，以往的十次会议都叫"广播工作会议"，而这一次在会议名称中加上了"电视"两个字。

第二节　抒情表意的声响幻境

一、《星球大战》广播剧

在广播的发展史上，1938 年的一件事情不得不被提及，那就是著名的广播剧《星球大战》。奥森·威尔斯（Orson Welles）是哥伦比亚广播公司一位 23 岁的播音员，1938年万圣节的时候奥森·威尔斯播出了他根据赫伯特·乔治·威尔斯（Herbert George

Wells）小说《星球大战》改编的广播剧。

在《星球大战》广播剧播出之前的一周内，参加该剧演出的演员们都在绞尽脑汁，试图把这部小说改编成一场吸引人的广播剧。但这毕竟是一部科幻小说，通过声音来演绎的确很困难。怎么才能增加它的生动性呢？威尔斯深思熟虑之后，决定采用一种打破常规的播音方式。

节目播出的当天是万圣节，这原本就是人们相互开玩笑的日子，播音员在广播剧开始前做了4次声明，说得非常清楚，本故事纯属虚构，只是万圣节的恶作剧而已，但当时许多听众都在收听另一家广播网的埃德加·伯根（Edgar Bergen）和查利·麦卡锡（Charley McCarthy）的节目，似乎没有注意到播音员的说明。在埃德加·伯根和查利·麦卡锡节目进入广告时间的时候，那些不愿意听广告的听众纷纷换台，于是等待他们的恰恰是哥伦比亚广播公司这场令人毛骨悚然的广播剧。

在广播剧开始时，先是一大段在大饭店演奏的舞曲音乐，接着奥森·威尔斯让一位"新闻记者"气喘吁吁地打断这个正在播出的常规音乐节目，实际上听众对这种播出快报的方式已经相当熟悉了。"新闻记者"告诉听众在火星上观测到一团气云，可能有不明飞行物从火星飞来地球，另外新泽西州格罗弗米尔市有人看见"巨大的陨石"坠落。这段快报播完又播起了音乐节目。一段音乐之后，播音员通过电话采访一位"著名的天文学家"，讨论火星上存在生物的可能性。接着又开始播放音乐节目。这段音乐之后，播音员再次插入新闻快报说："各位女士、先生，我要向大家宣布一个重大消息。不可思议的事情发生了，无论是科学观察与亲眼所见都指向一种结论——今晚在新泽西州田野上登陆的是火星侵略军的先遣部队。"接着，听众可以听到该"新闻记者"被侵略军的射线枪所消灭。此后剧中接连播出许多的新闻快报与现场报道，指出从太空船内走出来的巨大火星人已经开始向纽约方向移动，美军正朝其登陆地点出发；火星人携带有毒气的瓦斯武器，死伤人数不断增加，等等。

剧情的详细内容并不重要，重要的是这引起了一场全国性的大恐慌。美国东部成千上万的民众收听了这则广播剧，人们相互打电话，通知亲朋好友即将来临的大祸。在华盛顿许多居民跑向自己的汽车，开车狂奔以躲避外星人的袭击，导致许多地方交通堵塞。结果，在一小时长的广播节目结束时，许多人打算自杀，整个社会一片混乱，许多正在休假的军事人员被召回基地。[①] 几乎没有人先查证它的真实性。换言之，收听万圣节广播的听众都相信他们在广播中听到的新闻。由于此前，广播播出的消息全部是真实的，所以听众很难想象所听到的是一个虚构的故事。这一事件导致的后果是联邦通讯委员会立即插手，宣布以后广播中不得播出虚拟的新闻公告，而媒介所激发的民众恐慌心理也成为许多心理学家和社会学家研究的对象。

广播营造出的声响幻境，使人们对虚假的新闻信以为真，而广播也正是凭着这种独特

---

① 施拉姆．人类传播史［M］．游梓翔，吴韵仪，译．台北：台湾远流出版公司，1994：335-336.

的媒介魅力，在美国经济大萧条时期蓬勃发展。

二、广播的黄金时代

1929 年的经济大萧条让美国人谈虎色变。在乐观高峰的人们还没有来得及反应，就已掉入沮丧的谷底。1929 年之初，美国还一派繁荣。工业生产指数在 1921 年平均为 67，在 1928 年已上升到 110，到 1929 年 6 月更是上升到 126。股票市场也一片向好，在 1929 年夏季的 3 个月中，西屋电气公司的股票从 151 上升到 286，通用电气公司的股票从 268 上升到 391。财政部部长安德鲁·威廉·梅隆（Andrew W. Mellon）在 9 月向民众信誓旦旦地保证："现在没有担心的理由，这一繁荣的高潮将继续下去。"

言犹在耳，崩溃已至。一个月内，股票下跌40%，以后又持续下跌了 3 年，这 3 年中，有 5 000 家银行倒闭。到 1933 年时，工业总产值和国民收入暴跌了将近一半，商品贸易下降了三分之二以上。经济崩溃导致的大萧条给人们带来了严重的失业问题，1933 年 3 月，美国失业人数保守估计也有 1 400 多万，相当于全部劳动力的四分之一，排队领救济金的场面成了这一时代最具特色的景象。

在经济大萧条时期的艰苦岁月里，广播却迎来了属于它的"黄金时代"。[①]经济大萧条提供的社会环境正是促使广播流行的重要原因。经济危机中，许多富有的家庭一夜之间失去了所有的财富，一大批贫穷家庭和中产阶级家庭则由于主要劳动力被解雇而失去了收入来源。全国性的银行倒闭更使许多人失去了一辈子的积蓄。经济困难使得许多家庭对手头的钱必须精打细算，不再出去娱乐，而是坐在收音机前消遣。当时晶体管已经取代了体积较大的真空管，这使得收音机变得小巧玲珑而便于携带，所以人们无论漂泊何方，都不会忘了带上自己的收音机。对于那些因为失业而不得不背井离乡、四处漂泊的人来说，广播是一种可以移动的娱乐方式，当他们到达新的目的地之后，往往人地两疏，在孤寂之中他们发现自己心爱的广播节目还在忠实地陪伴着自己。

从当时民众的心态上来看，许多人在经济大萧条的岁月爱听广播，是因为广播起着一种心理调节的作用。从广播剧中他们可以感受到，现在的问题并不是自己一个人的问题，许多倒霉的人比自己更不幸，这是社会造成的，这对减轻他们面对经济大萧条与失业而产生的心理压力大有裨益。当然，人们心中也还总藏着这样一个希望，说不定收音机中会播出一些好消息呢。由于这些因素，广播在经济大萧条中可以说是一枝独秀。1930 年时，美国有收音机 1 250 万台，到 1940 年时已上升到 4 400 万台，大约 90% 的家庭拥有一台或一台以上的收音机，每天人们在收音机旁消磨的时间达 4 小时之久。

同时广播的繁荣在很大程度上也得归功于其节目的多姿多彩。在 1927 年广播网建立之后，广播就成了一流的娱乐媒介，许多以前的歌舞杂耍表演的明星如今在广播这一行中

---

① 斯隆.美国传媒史［M］.刘琛，等，译.上海：上海人民出版社，2010：525-526.

找到了工作，广播与电影一起导致了歌舞杂耍表演的寿终正寝。20 世纪 30 年代，广播节目变得日益成熟并流行起来。所有节目中，64.1% 为音乐节目（其中 23.5% 为舞曲，4.5% 为唱片音乐）；13.3% 为妇女、儿童和故事娱乐节目；12.1% 为信息、新闻、教育和政治资讯节目；6.5% 为戏剧。《悬念》《阴影》《小孤儿安妮》《男子之家》《时代的步伐》《独行侠》等节目极大地提升了广播的流行程度。

在经济大萧条政治气息浓重的气氛中，广播不仅是最流行的娱乐来源，也是讨论政治意识问题的重要平台。一些政治家逐渐适应了这种新媒介，总统罗斯福则是成功实现这一转变的政治家代表。面对危机，胡佛政府的无能终于导致富兰克林·罗斯福（Franklin Roosevelt）的上台。1933 年 3 月 5 日，年仅 51 岁的罗斯福在危难之中就任美国第 32 届总统。他出身于显贵家庭，性格活泼，精力充沛，温文尔雅，待人随和。1921 年时他患了脊髓灰质炎，这使他下肢失去了活动能力，许多人认为他的政治生涯将从此结束，但他却战胜了种种困难，最终进驻白宫。罗斯福上台后，面对的不仅是千疮百孔的社会经济，更是一种沮丧彷徨的心态，他深知除了采取必要的政策手段来恢复经济外，还必须把民众从绝望的深渊中挽救出来，只有民众以一种乐观的态度和坚定的信念来迎接这场挑战，才有可能赢得最终的胜利。怎样才能做到这一点呢？他想到了广播，这种新传播媒介既便捷又直接，是与民众沟通的最好的工具。

1933 年，新当选的总统罗斯福利用广播分别在 3 月 12 日、5 月 7 日、7 月 24 日、11 月 24 日发表了 4 次演讲，罗斯福总统闲适随意地坐在白宫楼下的起居室里，在夫人的陪伴下，通过实况广播向千百万美国普通大众发表令人难以忘怀的演讲，这就是美国历史上著名的"炉边谈话"。当时，许多美国人面对巨大的经济灾难惊慌失措，他们觉得唯一的希望就是新的领导人，而通过广播，普通民众终于听到他们总统的声音了，语调是那么安详，信念是那么坚毅，这种充满个人魅力的沟通方式，让困苦中的民众重新感到了希望所在。如果说罗斯福借用广播达到了自己的政治目的，那么广播则借助罗斯福的谈话充分展示了自身的功能与魅力。

经济大萧条中广播的繁荣大约持续了 10 年。广播以其自身的魅力很快成为千千万万民众心中迅速而可靠的信息来源，就像人们曾经迷信过文字，认为白纸黑字自有一种神圣感，那么如今电台中的声音也代表着一种真实与真理。美国政治与社会科学学会于 1935 年 1 月和 1941 年 1 月发表了《美国政治与社会科学学会年鉴》，探讨了美国及全球无线电广播系统的发展，以及公众对于这种全新的娱乐和信息媒体的反应。在 1941 年年鉴的序言中，编辑赫尔曼·爱汀格（Herman Ettlinger）写道："可以说，自 1929 年以来，无线电广播业已从幼年时代发展到了青年时代，现在正开始逐步走向成熟。当今，广播作为一种用于娱乐、文化与政治启蒙，以及更为正式的教育培训的传媒，扩展了其对于个人以及方方面面的影响，每 10 个美国家庭中就有 6 个家庭受到它的影响。它已成长为自印刷机问世以来大众传媒中最主要的媒体。"①

三、广播对报纸的冲击

广播最初只被看成一个玩具，它从形式到内容都充满了稚气，KDKA 电台初次广播仅仅是对美国大选结果的报道。早期的广播节目内容非常有限，很多时候，广播的播音员仅仅是简单地读一下当地报纸的新闻标题，并且配上一行小广告，告诉听众如果想知道详情，可以购买哪种报纸。这种做法显然对促销报纸有利。有些报纸发行商正是看中了这一点，干脆自己开办电台来为报纸做宣传。此外，早期的新闻广播还缺少固定的时间安排，一直到 20 世纪 30 年代，才开始形成比较规范的广播节目表，但一般也仅仅是早晨播音一到两次，中午一次，晚上若干次。

如果说最初的广播对报纸有着一种积极作用，那么从报纸的角度来说，报纸对广播这个后来者也是宽容而友善的。报纸上往往刊登广播节目表以便让感兴趣的听众收听，并且报纸还宣传广播领域取得的进展，以及介绍一些广播明星，报纸发行商办的电台更是一身服务于两家。美国报纸发行人协会广播委员会于 1927 年发表的报告表明，当时有 48 家报纸拥有自己的电台，69 家报纸在别的电台出钱主办节目，97 家报纸上刊登广播新闻节目，几乎一半以上的高级电台都同报纸有着某种联系。当然，也并不是所有机构都对广播加以厚待，美联社在 1924 年就只允许报纸发表它对当年总统选举结果的报道，并且因为波特兰的《俄勒冈人报》擅自在自己的电台上广播这些消息而对它罚款 100 美元。

作为一种新的大众媒介，广播的成长速度是相当快的。到 1928 年，全国广播公司和哥伦比亚广播公司已经能使自己的声音传送到全国 800 万台收音机听众的耳朵里。当时竞选总统的共和党候选人赫伯特·胡佛（Herbert Hoover）和民主党候选人艾尔弗雷德·史密斯（Alfred Smith）都意识到广播具有的能量，都在广播中进行演说。广播这种发展势头显然使报纸感到有些不安，但在当时，报纸与广播相比还占据着较大的优势，因为在 1929 年广播的广告收入虽已增加到 4 000 万美元，但同年报纸的广告收入却已达到 8 亿美元。

但人们很快就认识到广播是一个大众沟通的有力工具。随着 20 世纪 20 年代大范围的商业广播的兴起，公众们发现无线电波带来的新闻和娱乐比印在纸上的更快捷、更有力。1929 年的经济危机结束了报纸与广播和睦相处的历史。由于经济危机的打击，美国的工商业和银行业都陷于瘫痪之中，经济的衰退使报纸的广告收入锐减，1933 年报纸的广告收入比 1929 年下降了 45%。然而，同样是在这经济大萧条的年代，广播的广告收入却翻了一番。

从 1931 年到 1945 年总共有 584 家日报停刊，尽管这一数字又因为 386 家日报创刊而

① HETTINGER S. Organizing radio's discoveries for use［J］. Annals of the American academy of political and social science 213，1941：170-189.

被抵消。但报纸的衰退不可否认。广告量急剧下降，迫使报社裁员减薪。1929 年报纸在大众媒体中占全国广告量的 54%，杂志占 42%，广播仅占 4%；但到了 1939 年，报纸的百分比下降到 38%，杂志为 35%，广播却上升到 27%。尽管报纸在当地广告中仍然占领先地位，但广播还是对报纸造成了威胁。

报纸与广播之间的矛盾最重要的自然是经济收入的争夺，但这里面也包括双方对民众的争夺。长期以来，报纸一直以能够提供丰富的信息而著称，而如今广播从速度上向其提出挑战。通过广播，人们即使自己没有办法去现场，也可以在事件发生的当时听到消息，这对许多人来说，要比第二天才从报纸上读到有关消息好得多。1929 年的经济危机更进一步强化了人们的这种心态，危机中的商情瞬息万变，这使得当时如惊弓之鸟一般的民众更加热衷于从广播得到"即时"新闻。

20 世纪 30 年代初期，随着无线电广播网逐步在地方和网络上实现盈利，无线电开始涉足新闻内容，报纸发行商没有忽视无线电对于新闻的这种关注，由于无线电的竞争和经济萧条这两方面的原因，他们的广告收益已经大幅下滑，这使得报纸发行商大为光火。全国广播公司和哥伦比亚广播公司的新闻报道日益增加，于是报纸发行商想要通过切断广播与新闻的联系进行还击，报纸想重新确立它们对新闻传播的垄断地位。从此开始，部分地方广播电台发现，它们的广播节目表不再被认为"具有报道价值"，因而未在报纸上发布。无线电的广告商在报纸上被封杀。1932 年，美联社为了挫败合众社，把 1932 年总统选举结果提前供给广播网以进行现场播音，广播还报道了民主党与共和党大会，这使得许多报纸忍无可忍。于是，美国报纸出版商协会于 1932 年年底向美联社以及私有电信服务业施加压力，发布最后通牒，在报纸刊出有关新闻之前，不得出售或透露新闻给广播电台，广播应该仅仅播送一些简单的要闻，以鼓励大众读报。尽管当时也有人反对，但 1933 年美联社成员召开会议，还是决定不再向广播网提供新闻，并把美联社成员报纸的电台广播也限制在偶尔播送 35 字以内的简报上。其后，合众社与国际新闻社也都停止向广播网出售新闻。

广播网通过确立它们自己的新闻操作方式进行了反击。由于三大新闻社全部断绝新闻的供应，这就迫使广播电台不得不自己去搜集、采写新闻。哥伦比亚广播公司于是率先建立了第一个一流的新闻搜集机构，它由以前的合众社记者保罗·怀特（Paul White）领导，在美国各主要城市和伦敦都设立了办事处，建立了一个广泛的记者网，并且把美国交换电讯社的新闻报道用于哥伦比亚广播公司每天的新闻广播里。当时哥伦比亚广播公司的一些新闻评论员如 H. V. 卡顿伯恩（H. V. Kaltenborn）、博克·卡特（Bock Carter）、洛厄尔·托马斯（Lowell Thomas）、埃德温·C. 希尔（Edwin C. Hill）和加布里埃尔·希特（Gabriel Hitt）都成为家喻户晓的人物。全国广播公司用来对抗的新闻社则是由任新闻和大事部主任的谢克特（Schecter）筹建起来的。至于地方上的一些小电台，它们还继续依靠报纸上的消息。报纸的压力其实使广播进一步走向独立与成熟，并且使广播对报纸造成的威胁更大；但对于广播公司来说，独立搜集新闻产生的巨大成本也是一种压力。

1933 年 12 月，全国广播公司、哥伦比亚广播公司、新闻通讯社与美国报纸出版商协会在纽约比尔特莫酒店举行了一次会谈，哥伦比亚广播公司同意缩减新闻服务，国家广播公司也将避免开展收集新闻的业务。各广播网同意自担成本，成立一个新闻广播局，由这个机构向广播公司传递新闻摘要——每条摘要不超过 30 个词。新闻公报允许广播网每天安排两次为时 5 分钟的新闻播报节目：一次是在上午 9 点 30 分之后，另一次是在夜间 9 点之后。选择这两个时间段的目的在于保证报纸的发行情况免受广播的影响。

但是，不受新闻广播局协议限制的通讯社很快就开始直接向广播公司提供报道。新闻提供商如雨后春笋般涌现出来，使无线电新闻的覆盖范围扩展到许多电台。1935 年，合众社和国际新闻社又重新开始向电台出售新闻，合众社甚至还建立了一项专门用于广播的服务。1940 年美联社也不得不改弦更张，再次把自己的新闻出售给电台，并且建立了一项专门用于广播的服务。这以后，美联社与合众社同时活跃于广播与报纸两大领域，新闻广播局很快就销声匿迹了。报纸发行商纷纷意识到拥有无线电台的价值所在，于是也开始申请电台许可证。1935 年，新闻广播局的尝试失败了，广播在新闻大战中获胜。

四、第二次世界大战时期的广播

在互联网和电视问世之前，广播是唯一生动、即时的大众传播媒体。让我们一起回忆 1941 年某个安静的周日下午，这样就能轻而易举地了解无线电的流行程度和无线电新闻的重要性。那一天，在美国东部时间下午 2 点 31 分，一名哥伦比亚广播公司的新闻记者中断了常规广播节目，宣布日本对夏威夷的珍珠港发起了一次空中突袭。第二天，约有 6 200 万美国人收听了富兰克林·罗斯福总统的对日宣战声明。

第二次世界大战期间，有许多令人难忘的声音通过麦克风和无线电波传递给了民众：宣布对日开战的富兰克林·罗斯福总统；将其集权主义思想叫嚣着传达给他的狂热追随者的阿道夫·希特勒（Adolf Hitler）；在意大利激起法西斯党徒追随的墨索里尼（Mussolini）；把同胞们集结起来不遗余力地对抗轴心国战争机器的英国第一首相温斯顿·丘吉尔（Winston Churchill）。

在德国的广播中，战争是以另一种面目开始的。1939 年 8 月 31 日中午 12 时过后，希特勒书面下达了于次日拂晓对波兰发动侵略战争的命令。而当晚 9 时，所有德国电台都广播了"元首"对波兰的"和平建议"，并向德国人民解释政府为了维护和平是如何"尽心尽职"的。而在此时，德军已做好发动战争的一切准备。第二天，也就是 9 月 1 日，160 万德军越过边界，分北、南、西三路杀向华沙。9 月 1 日凌晨 5 时 40 分，希特勒在德国电台歇斯底里地叫喊："昨天夜间，波兰正规军已经向我们领土发起第一次进攻，我们已开始还击，将以炸弹回敬炸弹。"

而在英国，人们从广播中听到了第二次世界大战中最鼓舞人心的讲话。1941 年 6 月 22 日，德国向苏联宣战。当晚丘吉尔就通过广播向全国民众发表了讲话，称现在必须与从前的敌人苏联合作："在过去的 25 年中，没有一个人像我那样始终一贯地反对共产主义。我并不想收回我说过的话，但是这一切与正在我们眼前展现的情景对照之下，都已黯然失色了……任何对第三帝国作战的个人或国家，都将得到我们的援助。任何跟着希特勒走的个人或国家，都是我们的敌人。"

除了传递领导人的声音，无线电广播对战争的报道也做出了难以替代的贡献。在战争时期，听新闻广播已经成为一种全民的习惯，美国公众可以从 5 600 万台收音机中收听到战争的消息。当全家人聚集在一起聆听晚间新闻报道时，爱德华·R. 默罗（Edward R. Mero）、威廉·施莱尔（William Schreyer）和其他的记者们从海外将关于欧洲战争的报道通过电波发送到了美国家庭的起居室里。这场战争使广播评论员和他们的听众们建立起一种双方从未经历过的亲密关系。沃尔特·温切尔（Walter Winchell）那连珠炮似的开场白"全美的女士们、先生们，在海上航行的北美和所有国家的船只，晚上好！现在让我们开始新闻广播"回响在数以万计的美国家庭之中。而洛厄尔·托马斯（Lowell Thomas）的告别语"让我们明天见"中有一种使人心神安定的感觉。这些广播评论员们，以他们个性化的话语风格，成了全国性的人物，并且成了这个在战争中的国家的一个重要组成部分。

而在所有从第二次世界大战的广播里传出来的声音当中，或许最值得纪念的就是哥伦比亚广播公司记者爱德华·R. 默罗从伦敦发出的报道。他从伦敦发出的夜间广播总是以一句严肃的"这里是伦敦"作为开场白，然后用一种庄重而不失活泼的语气对德国轰炸给伦敦带来的破坏进行描述。有些夜晚，炸弹飞落爆炸的声音总是伴随着他的广播准时开始。

1937 年，希特勒日益加紧扩军备战，欧洲局势日益紧张。哥伦比亚广播公司主管新闻部的副总经理，觉得有必要选派一名记者去主持 CBS 的欧洲记者站。起初虽然不愿从总部放走默罗，但最终经过一番考虑，觉得最合适的人还是默罗。于是，29 岁的默罗受命成为伦敦欧洲记者站的负责人。默罗到达欧洲后，为了能够顺利开展工作，决定先物色一名合适的助手。经过一番观察和挑选，原为赫斯特报系新闻社的记者威廉·L. 夏勒（William L. Shirer）成为他的助手。

1938 年 3 月，默罗从伦敦赶到华沙，筹办一个文化节目，夏勒也到维也纳为这个节目奔忙。正值此时，希特勒开始武装进占奥地利。夏勒得到消息后立即从维也纳给默罗打电话，用暗语表示德军正在越过德奥边境，向维也纳逼近。默罗大吃一惊，指示夏勒立即飞回伦敦，准备向国内报道这一重大新闻。随后，默罗用 1 000 美元包下一架 27 座的客机，独自直飞维也纳。1938 年 3 月 12 日，默罗在德军进占维也纳的同时，向美国听众广播了他的第一篇战争报道。这次报道被视为广播史上的第一次"现场直播"。

此后，默罗和夏勒配合默契，又进行了一系列出色的广播报道，使奉行"孤立主义"

的美国听众对欧洲事务越来越关心，从而把美国同欧洲在心理上联为一体。1940 年不列颠空战时期，"这里是伦敦"的广播报道非常成功，也成为默罗广播风格的标志。默罗的报道总是尽可能地贴近战争一线，让听众听到隆隆的飞机声、爆炸声等一切与轰炸场景有关的元素，为美国听众提供了一种身临其境的战火体验。1941 年默罗回国，公司为他举行了盛大的晚宴，12 月 7 日，他被邀请到白宫与罗斯福共进晚餐。

在整个第二次世界大战中，正是通过广播报道，使得国内的人们能够了解到欧洲战场和太平洋战场的局势，了解到整个战争的进程。

与第一次世界大战时期的情况不同，第二次世界大战时期美国政府并没有强行管制无线电，而是成立了一个战时新闻处，由前哥伦比亚广播公司新闻评论员埃尔默·戴维斯（Elmer Davis）掌管。战时新闻处负责判断应该向国内与国际听众报道哪些战况，其中包括新闻、关于美国战斗方法与缘由的公务信息，以及关于公众可为战争贡献哪些力量的信息。为应对来自德国、日本和意大利的国际广播，战时新闻处还创办了"美国之音"。

早在美国开展国际广播之前的 1927 年，荷兰为维护其殖民统治，开始用荷兰语向其遥远的海外殖民地东印度等地进行广播，成为世界上最早开办对外广播的国家。不久，德国（1929 年）、法国（1931 年）、英国（1932 年）、日本（1934 年）等国也相继向海外殖民地进行广播。苏联为了打破帝国主义的封锁，也于 1929 年开始对东北亚地区播出汉语、朝鲜语和英语节目。不久，莫斯科国际广播电台成立，开始连续提供德语、法语、英语节目。然而，早期的这些对外广播发射电力弱，播音时间也短。

第二次世界大战期间，对外广播得到了巨大发展，交战的双方都把对外广播视为一种重要武器。美国在第二次世界大战时除了以 14 种语言播出美国之音外，还成立了自由欧洲电台与自由电台。这两家电台的总部均设在慕尼黑，自由电台主要是对苏联广播，而自由欧洲电台主要是对东欧广播。1939 年第二次世界大战爆发前，只有 27 个国家有对外广播，而到 1945 年战争结束时，有对外广播的国家增至 55 个。

第三节　新媒介成为旧媒介

第二次世界大战中广播的出色表现给每一个人留下了深刻的印象，也直接导致了战后几年中广播的兴旺与发达。第二次世界大战结束时，电台申请数量激增。从 1940 年到 1950 年，电台节目翻了一番，全国性电台网的播时出售额，从 1935 年的 3 500 万美元激增到 1948 年的 1.33 亿美元。随着收音机价格的下降，更多家庭开始拥有多台收音机，无线电逐渐从起居室走向厨房和卧室。至 1950 年，96% 的美国家庭拥有收音机。

然而，在这繁荣的表象下，一种新的打击悄然而至，那就是电视的产生。第二次世界大战后，无线电台的扩展给许多大城市以外的居民带来了最初的地方性服务。在许多居民刚刚开始享受第一次无线电服务时，联邦通讯委员会已在设备制造商的支持下大力发展电视事业。电视的发展极为迅速，因为它搭建在已有无线电结构之上。电视借用了无线电节目的形式，又额外增加了视频，电视网与无线电广播网的运作方式类似，广告商从无线电转向电视，收音机制造商开始制作电视机。电视这种新大众传播媒介以广播无法相比的优越性很快吸引了公众的注意力，其发展速度之快大大超过了人们的预料。由于电视展现出的巨大潜力，广播界自身也开始把注意力转向电视这个新领域，电台业主们纷纷申请开播电视台的许可证，而在几大广播网中，除了相互广播公司还继续坚守传统的阵营，其他 3 家公司都开始向电视拓展，毕竟人们清楚地认识到，不仅能听，而且能看的电视确实是对广播的一个巨大改进。

电视是在 1948 年取得突破性进展的，也正是在这一年，哥伦比亚广播公司对全国广播公司的广播明星进行了一次著名的"侵袭"。哥伦比亚广播公司准备发展自己的电视节目，但要吸引观众，就得有具有号召力的明星来压阵，培养与推出一个明星显然周期太长，最简单的办法是把已经具有较高知名度的广播明星直接邀请到自己的电视网中来。它看中了全国广播公司属下的那一班精兵强将，于是巧加运作，一举同全国广播公司的大牌明星杰克·本尼（Jack Benny）、阿莫斯（Amos）、安迪（Andy）、乔治·伯恩斯（George Burns）、格雷西·艾伦（Gracie Allen）、埃德加·伯根（Edgar Bergren）、宾·克罗斯比（Bing Crosby）签订了电视合同。以后，根据历史学家埃里克·巴尔诺（Erik Barnouw）的研究，哥伦比亚广播公司能够成功地说服这批明星跳槽，主要是利用了美国的所得税法。它让这些明星相信，如果他们把自己的节目出售给哥伦比亚广播公司，可以大大增加自己的收入，因为这种出售所得将按一个较低的税率来征税。通过这种办法，哥伦比亚广播公司买进了几乎所有全国广播公司著名的星期日晚间节目的表演明星，通过对这些偶像人物的控制，从而掌握了电视时代的主动权。

电视对广播造成的威胁不仅在于它吸引了广播人才流向电视，更在于它直接借用了广播的节目形式。广播中的一些传统节目如肥皂剧等都被移植到电视中去，电视进一步利用自身图像的优势，使这些节目青出于蓝而胜于蓝。随着电视技术的普及与电视观众的增加，广播在听众中受欢迎的程度以及广播的盈利持续下跌，广播节目的收听率从 1949 年的 23.8% 骤跌到 1953 年的 5.4%。不少人都有这样一种担心，用不了多久，广播恐怕就要走向死亡。确实，广播的危机已使它处在一个生死存亡的关头，它面对的只有两种可能：变化或死亡。幸运的是它选择了前者并取得了成功，在新的大众文化中再次找到了自身的位置。

为了迎接电视的挑战，广播开始改革自身的节目形式。以往各家电台的节目往往大同小异，内容庞杂，如今开始走向特色化。广播放弃了一些无法与电视抗衡的节目形式，如舞厅音乐、肥皂剧、情景喜剧等，取而代之建立了一种以音乐和新闻为主的新模式。以音乐电台而言，各个电台都力图确立一种个性化的风格，一个地区某家电台可能以播放音乐金曲排行榜前 40 名歌曲为主要内容，另一家则可能以播放黑人音乐、乡村音乐、爵士音乐或者古典音乐为特色。与这种音乐电台新模式一道产生的自然是音乐节目主持人，他们必须通过自己独特的广播风格以及对音乐的选择来吸引自己的追随者，这固然显示了节目主持人的见识与个人魅力，但也往往产生一些争议。1959年广播事业就受到了"贿赂丑闻"的沉重打击，许多著名的音乐节目主持人，包括曾创造了"摇滚乐"这个词的艾伦·弗里德（Alan Freed），被指控从唱片、磁带企业收受钱和礼物，以使某些音乐节目能够登上排行榜。许多音乐节目主持人因此丢掉了工作。电台开始雇佣节目指导来选择将要播放的音乐，电台工作人员还必须签下一份文件，申明自己对联邦通讯委员会关于禁收贿赂的规定已经知晓，并同意将从音像公司收到的任何价值超过25美元的礼品上交管理部门。

从20世纪50年代起，广播的生存与发展固然与流行音乐休戚相关，但并不是所有的电台都播放音乐，电台中依然存在着全新闻电台。这种电台往往采用滚动制播出，每20分钟轮回一次，使听众总是能够及时了解最新的消息。除此之外，谈话电台也别具特色。这种电台一般是由一个主持人同几个嘉宾或几个打入电话者亲切交谈，谈话的内容则范围很广，既可以是个人问题，也可以讨论社会问题，如性和政治。当时走红的谈话节目主持人有恰克·哈德（Chuck Harder），他最有名的节目是《为了人民》；此外还有露丝·韦斯特海默（Ruth Westheimer）博士，她是著名的性问题专家；以及著名的政治记者拉里·金（Larry King）。据统计，在美国35岁到54岁的人中有80%的人每天平均收听3小时的谈话电台节目，这些人中大多数是在早晨6点到10点的"行车时间"收听节目。谈话电台节目还可以直接给人帮助，美国人可以免费打电话给谈话电台节目，询问理财、法律等方面的信息。许多知名人士也十分乐意上谈话电台节目与听众交流，如迈克尔·杰克逊（Michael Jackson）、迈克尔·杜卡基斯（Michael Dukakis）等都上过谈话电台节目。

随着广播节目的变化，人们使用无线电和广告商购买广播时间的方式也发生了变化。电视网成为接触更大范围的全国观众的途径，无线电广播成为一种地方性的广告媒体。在1954年财政年度结束时，获得许可证或经授权的电台总计为2 697家，接近1943年运营的电台数量的3倍。无线电台数量的增长反映了许多电台所有者对无线电的忠实信念。无线电曾经是一种夜间娱乐媒体，但在20世纪50年代，它变成了"清晨驾车时"或"下午驾车时"的收听模式，而这种变化的原因显而易见。20世纪50年代中期是美国经济的繁荣时期，经济萧条和第二次世界大战期间食品及奢侈品短缺的阴霾已经散去。消费奢侈品重归市场，消费者信心也开始提高。同时出现的还有郊区房产的蓬勃发展，更多的家庭有能力拥有一辆汽车甚至是两辆，第二次世界大战结束后，人口出生数量也大大增加。也是在这个时期，晶体管问世，电子设备迈向微型化，晶体管提高了收音机的质量，使用电池供电的小型晶体管收音机改变了人们收听广播的地点和方式。

总之，尽管电视对广播有着巨大的威胁，但广播还是生存了下来，最重要的一个原因是，收音机是一种易于携带、可以移动的传播媒介，人们可以带着它去上班、去野餐、去锻炼，而这种特点是当时的电视所无法具备的。因而，作为一种物美价廉的大众媒介，民众至今并未对其失去信心，广播以后能走的路似乎还很长。

第九章 电视：大众巅峰与人际拟态

美国传播学学者保罗·莱文森（Paul Levinson）在《手机》一书中写道：实际上，20世纪40年代后半期，经过大规模开发之后，电视在10年的时间里就深入到86%的美国家庭之中。这是一个创纪录的速度，此前此后的任何媒介都不能匹敌（电话从发明到20世纪50年代进入美国50%的家庭，花了75年的时间。如果把网络和手机大量露面的时间定在20世纪90年代早期到中期这个范围内，它们达到50%这个标准，大约也花了10年的时间。直到2003年，它们深入美国家庭的比例还没有达到86%）。

在被称为"数字时代的麦克卢汉"的保罗·莱文森眼里，电视在媒介史上仍然保持着这样的地位：大众化速度最快、程度最高的媒介。其实更重要的在于，电视对家庭的高度渗入已经改变了当代人的生活方式，如今在人们的居室里，每个房间最显眼的那面墙壁上都预留着有线电视的接口，电视占据着整个家庭甚至每个房间视觉中心的位置。电视是当之无愧的"第一家庭媒介"。

第一节　从发明到普及

一、电视的发明

无论作为一个概念还是一项技术，电视的历史都比我们通常想的要久远得多。早在1879年，《笨拙》（Punch，英国的一份适合中产阶级阅读的幽默周报）中的一幅插图就预料到将来会有互动电视，其向我们描述了这样一个场景：一个家庭一边观看网球比赛，一边通过电话同其中一位参赛队员交谈。3年后，法国艺术家阿尔贝特·罗比达（Albert Robida）对电视的描述看起来似乎与现在的更为接近：电视是一种学习的工具（可以看到教授在黑板前授课），是突发新闻的来源（坐在卧室中即知中东爆发战争），是一种娱乐的载体（一个薄衣舞女在为一个抽着雪茄的秃头胖男人跳舞），还是叫卖干货的小贩（一个妇女正在查看商家的布帛）。[①]

电视的发明从广义上说与广播的诞生一脉相承：从无线传播的角度看，电视的发明与电磁波理论的提出、验证和应用有关；从有线传播的角度看，电视的发明也与电话有关。可以说，电视是电报远距离快速传递信息的继承者，是在电话和广播传送声音之后的进一步发展。

早在19世纪上半叶，当传递信号的无线电报刚刚诞生时，莫尔斯的发明激发了许多人的思维。有一些发明家设想通过类似的方式来传递声音与图像：贝尔由此想到的是可以利用线路传送人的语言，从而发明了电话；爱迪生则对莫尔斯电码传送时产生的声音突发

---

① BARNOUW E. Tube of plenty: the evolution of American television，2nd ed.［M］. New York: Oxford University Press，1990: 4-7.

灵感，电报纸带可以用来记录人的语音，从而发明了留声机；而电话的发明使尼普科夫产生了传送图像的想法。

电视的发明是一个错综复杂的故事，里面包含了许许多多探索者的汗水与喜悦。1850年，英国科学家巴克韦尔（Barkerville）建造了一个能够传送书面图形的电传系统，虽然它还不够精细。1865年，英国工程师约瑟夫·梅（Joseph May）发现了硒的光电效应，即当光线照射到含硒的物体上时，它便能产生电子放射的现象，从理论上证明了任何物体的影像都可以用电子信号来传播，这个发现启发后人沿着这个思路去探索。

1884年，德国发明家保尔·尼普科夫（Paul Nipkow）发明了尼普科夫扫描圆盘，这对以后电视的发展影响巨大。这一发明最初的动因十分感人，保尔·尼普科夫在中学时就着迷于电话能传送人声，进而十分自然地产生了传送图像的梦想。1883年圣诞节前夕，在柏林大学就读的他非常思念远在家乡的父母，他想：这时要是能看到他们，哪怕只是一眼，该多好啊！尼普科夫后来说："这就不由自主地产生了我对电视的总体设想。"1884年1月6日，尼普科夫向柏林皇家专利局申报了他的发明成果，专利书上的第一句话就是："这里所述的仪器能使处于 A 地的物体在任意一处 B 地被看到。"因此，这一发明也被称作"电望远镜"。1885年1月15日，这个专利被批准，这是世界上有关电视的第一个专利。这时距莫尔斯发明有线电报40年，距贝尔发明电话不到10年。

1897年，德国工程师卡尔·费迪南德·布劳恩（Karl Ferdinand Braun）又发明了一种带荧光屏的阴极射线管，受到电子束的撞击时，荧光屏上会发出亮光。1906年，布劳恩的助手用这种简单的电子显像管传送了线条和字母。1907年，俄国发明家罗辛把尼普科夫和布劳恩的发明结合在一起，组成了一个可以远距离传输画面的电子系统。1923年，罗辛的学生，从俄国移居美国的物理学家兹沃尔金发明了光电摄像管并申请专利，1929年他又发明了电子图像显示管。尼普科夫和兹沃尔金的发明分别成为机械电视和电子电视的基础。日后，机械电视先得到了发展，但最终被电子电视所取代。

到了20世纪20年代，在广播飞速发展的时代，各主要科技大国就开始对电视技术进行攻关。在英国，机械电视发展起来，1924年苏格兰人约翰·洛吉·贝尔德（John Logie Baird）在伦敦展示采用尼普科夫原理制作出的机械电视，1925年10月2日，他在伦敦的一次实验中"扫描"出一个人的脸，15岁的店堂杂工威廉·台英顿（Willian Taynton）成为世界上第一个上电视的人。1926年1月16日，贝尔德又在伦敦进行了首次电视画面直播的公开展示，这次展示经包括一名记者在内的旁观者证实，他们清楚地看到了一个木偶的鼻子和眼睛，图像从一个房间被传送到另一个房间，虽然图像很暗而且常常模糊不清，但是已经清晰得足以让人在一个只有几平方英寸的屏幕上看到。两年后，贝尔德利用短波波段，把一位妇女的图像从伦敦传送到纽约州的哈茨代尔，由于距离远，需要中继，他先把图像传送到 1 000 英里外的一艘远洋汽船上。这次实验的时间在马可尼越洋传送无线电信号之后的第27年，在费逊登用无线电传送人声之后的第22年，当时的《纽约时报》连续报道了这一成就。从此之后，英国广播公司与贝尔德合作，开始实验性播送无声图像。1930 年，第一个声图电视节目播出——意大利作家皮伦代洛的舞台剧《口含一朵鲜花的勇士》。

1936 年 11 月 2 日，英国广播公司在伦敦郊外的亚历山大宫以一场规模盛大的歌舞开始了电视的正式播出，并提供世界上最早的定期电视服务，这一天被认为是世界电视事业的诞生日。

电视广播之初，几乎没有多少人可以感受到这个奇迹，因为卖出去的电视机还不到 300 台。第二次世界大战的爆发推迟了家家户户拥有电视的梦想。在英国，为了防止敌人的轰炸机利用电视信号来导航，在开播后不到 3 年，电视广播被迫关闭。经历过这段历史的人们还记得，那天晚上打开电视，电视中说这将是最后的电视节目了。于是人们突然意识到战争降临了，战争意味着再也没有电视可看了。这时的美国由于远离战场，加上其强大的经济基础，反而在电视的发展上成为世界上最先进的国家。

美国的电视台筹建工作早已展开，在英国唯一的电视台正式开播后的第二年，美国已经有了 17 座电视试验台。早在 1928 年，通用电气公司开始试验远距离传送电视节目。1930 年美国广播公司不甘落后，也跟着试验性地播出电视节目。1932 年，纽约市的 WCBC-TV 向大约 7 500 位实验性电视机的拥有者报道了总统选举结果，使观众大吃一惊。1939 年，美国无线电公司（RCA）在纽约世界博览会上展出了自己生产的 5 英寸和 9 英寸的电视机，价格在 200～600 美元之间，电视机既是新奇的又是价格不菲的玩意儿。同年 4 月 30 日，RCA 旗下全国广播公司（NBC）所属的 WZXBC 实验电视台实况转播了富兰克林·罗斯福总统在博览会现场致开幕词的影像，罗斯福从而成为第一个参加电视实况转播的总统，同时公司总经理萨诺夫在 RCA 的展区前面对摄像机讲话，从此，美国电视节目才算开始正式定期播放。

到 1940 年 5 月，美国全国有 23 座电视台开始播送电视节目。与此同时，美国联邦通讯委员会要求电视播放有限的商业性节目，这意味着尽管还不能做广告，但可以让出资者上电视，目的是为了把电视推向商业之路。不过这个要求很快又被收回了，美国联邦通讯委员会显然已经考虑到电视可能产生的巨大影响。这就影响了电视的发展，受限于资金来源，电视台只能处在实验台阶段，播出时间从每周最多 14 小时减少到 4 小时。

在决定技术和常规标准方面，美国联邦通讯委员会是非常谨小慎微的。因此，在整个 20 世纪 30 年代，电视的发展非常缓慢。1940 年，负责电讯和广播管理的美国联邦通讯委员会成立了一个各方均可接受的国家电视标准委员会（NTSC），以建立统一的电视标准。1941 年 1 月，国家电视标准委员会提出了新的 NTSC 制式标准。据此，美国联邦通讯委员会规定自 1941 年 7 月 1 日起实施。当时美国全电子电视采用的制式是黑白颜色，每秒 30 帧画面，每帧 525 行扫描线，图像采用调幅制，伴音采用调频制，在甚高频段播出。

在电视发展的问题上，不仅工程师之间展开了激烈的竞争。在美国联邦通讯委员会对此进行讨论之前，就已经有若干个电视发展计划出台，其中包括来自哥伦比亚广播公司的一项发展彩色电视的计划。直到1941年，美国联邦通讯委员会才着手实施电视的发展计划。1941年美国联邦通讯委员会批准美国商业电视台播送节目，这时，英国及欧洲其他先开播电视节目的国家因为战争都已停播电视节目，美国政府在这时候批准电视台进入商业运作，体现了美国希望在战争没有波及本土时能够保持国家的安宁。

但由于1941年12月7日珍珠港事件的发生，美国卷入了太平洋战争，这使得电视的发展停顿下来，因为当时电子学方面的试验与研究已经全部转向为战争服务。在第二次世界大战期间，全美国一共只有6个地方性电视台坚持了少量播出，其中两家在纽约，另外在斯克内克塔迪、费城、芝加哥和旧金山各有一家。电视机厂转为生产军用设备，市场上剩下的电视机也被用来让防空队员集体观看防空教育节目，NBC为此专门制作、播放这一类节目。

第二次世界大战对新生的电视事业来说是一次极大的挫折。英国、法国和苏联的电视节目在战争中先后停播。美国和德国的电视节目虽然在战争期间维持播出，但美国电视事业处于停滞状态，而德国的柏林电视台也在纳粹覆灭前的最后时刻被盟军炸毁。德国对波兰的突然袭击打断了英国电视事业的发展。1939年9月1日，BBC中断了正在播放的米老鼠动画片，并开始了延续7年的停播。由于事发突然，电视台甚至来不及向观众说明，便径直关机，将机器都封存起来。战争期间，美国广播业界对电视的技术标准还在争论不休，NBC的电视播出时断时续，质量甚差。人们在逃难时，不忘带上他们的收音机，但是电视机却不行，电视机确实是家居的娱乐工具，电视台的正常播出是国家生活正常的表现，这一点至今不变。

二、第二次世界大战后的发展

第二次世界大战结束后，战前就有了电视台的国家开始重建电视产业，不过由于各国在战后的首要目标是恢复经济，电视又是需要高投入的产业，因此，重建和创建电视台的步子都比较慢。

1948年以前，美国还只有少数精英阶层能消费得起电视这个时髦玩意儿，1946年美国家庭中大约有7 000台电视机，播出的节目也有限，不过已经包括体育节目，如橄榄球、棒球、网球、拳击、摔跤和曲棍球等，还有新闻节目、电视剧、舞蹈演出、音乐节目和老电影。1947年秋，电视开始激起大众的兴趣，估计约有350万人在那一年从电视中观看了全美职业棒球冠军赛。当然，他们中的许多人是在街区的小酒馆中观看的，但这也使他们有了这样一个愿望：自己家中也应该买上一台电视机。

电视取得突破性进展是在1948年，那一年两家实力雄厚的广播公司——哥伦比亚广播公司和全国广播公司——开始把它们的注意力移向电视。由于电视给传统的节目增加了新奇的画面，所以公众对广播的兴趣开始下降，广播的广告收入也随之下降。这一年哥伦比亚广播公司对全国广播公司的广播明星进行了一次著名的"侵袭"，使他们与新的哥伦比亚广播公司电视网签约。尽管这时的电视还不赚钱，广播网要以电台收入弥补电视经费，但是毫无疑问其前景被看好，所以，广播网甚至要以取消一些赢利不多的电台节目为代价来发展电视。

1948 年秋，美国联邦通讯委员会意识到电视作为一种新媒介将会迅速发展，于是冻结了电视经营许可证的发放，把电视台的数字限制在 124 个，虽然其中只有 108 个真正在工作。从这时一直到 1952 年，美国联邦通讯委员会制定了一个完整的计划，面向美国全国分配电视频率，这项计划批准在 1 300 个社区建立 2 000 个频道。美国联邦通讯委员会还提出建议，规范彩色电视系统，并且分配教育电视频率。表面的理由是为了更好地分配频率以不至于造成从前广播电台曾有过的混乱；深层的原因则在于，电视毕竟是一个需要大量投入的行业，也许政府不愿意看到大家一哄而上反而害了这个产业，希望该产业能发展得稳健一些。但是美国企业界和广播公司却采取了积极的行动。电视产业从 1948 年至 1952 年还在扩展，冻结取消后，电视产业扩展更为迅猛，全国广播公司和哥伦比亚广播公司均大力发展自己的电视产业，第三家电视网 Dumont 也加入竞争，同时美国广播公司与派拉蒙影院合并，也走上了发展电视产业之路，只有互相广播公司依然保持着是一个纯广播网。竞争的结果是 Dumont 于 1955 年破产，另外三家成为美国电视业的霸主。从电视机的数目而言，拥有电视机的家庭到 1953 年猛增到 3 000 万户，1960 年达到 4 600 万户，90% 的家庭至少拥有一台电视机，每人每天在电视机前消磨的时间大约是 4 小时。

20 世纪 50 年代是世界各国争相开办电视台的时期。法国在第二次世界大战前就有了电视广播，1939 年，巴黎地区有电视机 1 万台。战后政府取消私营，对广播电视业实行国家垄断，发展速度很慢，到 1953 年年初，法国全国只有 6 万台电视机，在欧洲各国中户均占有率最低。与此同时，美国已经把电视传播延伸到了欧洲，1953 年 6 月，英国女王伊丽莎白二世的加冕典礼使美国三大广播公司上演了一场竞争好戏。NBC 在使用交通工具运送影片的速度上胜出 CBS，但 ABC 利用英国能够传输图像到加拿大的电缆抢先播出。英国是产生"无线电之父"麦克斯韦、马可尼和"电视之父"贝尔德的国家，又是世界上第一座正式开播的电视台的诞生地，尽管第二次世界大战使英国中断了电视节目播出，但战后英国立即恢复了电视节目播出，并走上了一条不同于美国电视商业化的公私并营的电视发展道路。

1946 年，当电视重新进入人们生活的时候，大众娱乐仍然主要是看电影和听收音机，英国每周都有 3 100 万人光顾电影院。电视机的价格是人们每周平均工资的七倍，超出了一般工薪阶层的消费能力，只有把电视机放在舞厅和酒吧才会有更多民众分享到这种新的娱乐方式。

当时，引进电视技术的国家一般有三种类型的电视台，它们是公共台、广告台和政府控制的官方台。与英国一样，法国的电视也为观众提供服务，但观众必须缴纳观看许可费，在经济紧缩时期，一些社区联合起来购买电视机。在苏联，电视业的发展则直接由国家出资，第一批电视机由政府提供。在美国，电视和无线电广播都被当成一门生意来经营，它通过商业性广告来筹集资金，美国推广电视的速度最快，在这个经济繁荣的国家，产业工人买得起电视机。到 1949 年，大约已经有 20 万户家庭看上了电视。为了卖出更多的电视机，制造商们想方设法地刺激人们的购买欲望。

三、全球的普及

20 世纪 60 年代初期，世界上大部分地区可以收看电视节目了。巴西平民区的一些居民购物首选电视机，然后才是其他家庭用品。在南美洲，电视是商业化的，它通过广告来挣钱，各家电视台竞相播放各种流行节目。但是在大多数国家，政府深知电视的重要性，因而，他们把电视当做一种宣传工具用来为自己服务。1960 年，埃及只有一个由政府管理的单一的电视频道，它提供本地制作的娱乐节目以及人们喜爱的歌曲。当然它也播放政府认为有利于自己的官方新闻，当纳赛尔总统讲话时，电视自始至终地进行现场转播。在东欧和苏联，电视的使用更加谨慎。在东德、匈牙利、波兰和罗马尼亚，观众们逐渐适应了他们的领导人关于国际形势和社会主义的观点。

就整个亚洲来说，电视的普及是在 20 世纪 70 年代末以后逐步实现的。许多生活在中国内地的人或许还记得，在 20 世纪 80 年代初，观看《大西洋底来的人》《加里森敢死队》和《霍元甲》等连续剧时万人空巷的盛况，从那时候起，中国老百姓看到的不仅仅是新奇的故事内容，还有久违了的外部世界。在亚洲地区，早期最受欢迎的电视系列节目常常来自日本。《阿信》描述了一个农村姑娘从贫穷走向富有的一生，这部电视剧非常成功，它在包括中国在内的 26 个国家播出。

1975 年，印度开始使用从未接触过的电视，这是一项由国际组织资助的实验，这一新兴技术将被用来推动乡村经济的快速发展。许多村民甚至从未听过收音机或者看过电影，他们长期以来完全被隔离在世界之外。美国太空署提供了一颗卫星，它的信号能够到达地面转播站传送范围以外的乡村。在很短的时间内，2 000 多个村民得到了卫星信号接收器和电视机，学校教师学会了如何操纵和控制这些东西，用当地方言制作的一些特别节目开始向村民介绍卫生保健、家庭生育计划和耕种的方法。人们用电视向那些歉收的农户演示稻米耕种的新方法。由于实验的经费花完了，卫星只借了一年，但是这次实验的效果却非常好。

到了 20 世纪 80 年代，印度的一部名叫《罗摩衍那》的连续剧使印度人对观看电视的看法有了新的改变，它讲述了罗摩神和他的妻子悉多的故事，这是印度的一个古老传说。由官方电视台播放的这部印度电视剧要比任何关于水稻栽种的电视节目更具有影响力，这是人们想要看到的。遍及全国的电视观众都把电视机视为庄严的殿堂，那里边讲述着一个个神圣的故事。《罗摩衍那》让整个印度为之倾倒。如果因为停电而中断了某一集的播放，常常会在当地酿成骚乱。许多人相信扮演神的演员是最接近神的，因而印度的一个反对党甚至要求演员们参加竞选。那位扮演悉多的女演员最后当选为巴罗达地区的人民院议员。由于放映《罗摩衍那》，国家电视台已经在不知不觉中削弱了政府的地位。

到了 20 世纪 90 年代，一些意识到国际市场尚待开拓的公司开辟了新的电视频道，全天 24 小时播放电影、流行音乐和广告，跨过电视业务转而通过卫星和逐渐建立起来的有线系统实现其目的。在印度，新的商业频道把国外正在播放的电视节目，配上本国语言向国内播放。随着电视机销量的剧增，印度人正面临着广告宣传异域文化和不同价值观念的猛烈冲击。

第二节　电视产生的冲击与改变

一、电视改变生活

电视带来的现场感和真实感一下子把世界的距离缩小了，它使人们不仅了解到发生在自己身边的实情，同时也对发生在世界其他地方的事情产生关注，如同身临其境。电视日夜不停地在全球范围内并且是在同一时刻给予每个人同样的信息，给予他们进行研讨的同样的基础，通讯中产生的这种变化又紧接着影响了新闻业、情报收集、经济学和外交。在一些学者看来，甚至连国家的概念都因之受到影响。当然，在开始的时候，并不是所有人都为电视传媒的出现而欢呼。

也有人对这种新媒介的力量持保留态度，其中包括正在访美的温斯顿·丘吉尔。丘吉尔说："嗯，电视已经在这世界上占据了一席之地，作为一个十足老派的人，我不是它的拥戴者，但我认为它不需要任何外界的支持，它能沿着自己的路走下去。不错，电视的确是一样了不起的东西。试想一下，此刻我脸上的表情正被成千上万的美国人盯着看，当然了，但愿我的表现足以与电视技术相媲美。"

电视带着我们穿越时空直接目睹国内外发生的重大事件，这种魅力迎合了公众的想象，为了转播 1953 年英国女王的加冕仪式，电视台所做的准备工作和加冕仪式本身的筹备工作不相上下。一些人在路边宿营等待着观看仪式，其实他们还不如待在家里，那样看到的效果会更好。超过两千万的观众通过电视观看了加冕典礼。这一年，英国电视机的数量翻了一番。

早期提倡发展电视的人宣称，电视具有巨大的影响力，可以扩展观众的知识面，启发观众的各种兴趣，一开始，这些希望看起来都实现了。日本靠征收专门费用来兴办国家广播公司，它试图维护和保持传统艺术。而苏联电视台只播放戏剧、芭蕾、歌剧等严肃的电视节目。但是，在美国这个竞争日益加剧的商业社会中，创办电视台的高度灵感必须和观众的需求结合在一起才有出路。

电视走进人们的生活，既是科学技术的成功，也是商业的成功。正是一大批做广告的商家口袋里的钱支撑着电视的运转，而当人们的生活越来越离不开电视的时候，它又反过来刺激商人对电视的投资。世界上第一条电视广告于 1941 年 7 月 1 日出现在美国纽约的一个电视频道上，这是一则手表的广告，当时购买 10 秒钟的电视广告时段，只需要花 9 美元，而今天这个数字已经上升到几千美元。仅在 1990 年，全世界用于广告的费用，就已经高达 2 500 亿美元。

英国的商业电视台是 1955 年才出现的，在这之前，英国人一直坚持认为电视是公共服务设施，所以不应该夹带广告。1979 年，当中国内地的电视传媒第一次在黄金时间播出商业广告的时候，许多观众也表示不理解，有的甚至要求电视台取消这样的做法。当然，人们的认识后来发生了变化。

电视在给人们带来愉悦的时候也有可能带来祸患，它不仅有可能在生理上引发电视病，更重要的是，它有可能对青少年造成不良的心理影响。1985 年的一份研究报告表明，一个美国青年人在高中毕业的时候，在他看过的 22 000 小时的电视节目当中，就会看到 18 000 次血腥的凶杀场面。这 22 000 小时的总时数，相当于他们课堂学习时间的两倍，近年来，甚至在动画片中也出现了性和暴力的场面，这使家长们非常担心，他们呼吁电视台在追求收视率的同时也不要忘记自己的社会责任。

二、政治的"电视时代"

据统计，如今世界上已经拥有超过 6 亿台电视机。早在 1985 年，每一个美国人一年当中平均花在电视机前的时间，就已经达到了 2 000 小时，这个数字超过了他们用于工作的时间。电视观众既是商品的消费者，也是新闻和思想的消费者。1963 年肯尼迪总统遇刺事件的连续现场报道，就使成千上万的美国电视观众成为这一血腥事件的目击者。电视关于越战的报道，也掀起了美国的反战高潮，此刻的电视不仅是简单的娱乐用品，还是描绘一个国家、一个政党、一种主张的形象的工具。

（一）默罗与《现在请看》

在电视新闻早期的发展过程中，爱德华·默罗有着卓越的贡献。作为一名哥伦比亚广播公司的广播明星，20 世纪 50 年代早期，默罗转变成为一名电视播音员，他把他那深受美国听众欢迎的《现在请听》节目变成了一个每周播放的电视节目《现在请看》，并通过自己的节目为美国电视新闻确立了一个标准，这一标准在以后的岁月中一直得到同行们的尊重。默罗的杰出之处在于他不仅仅是一个普通的电视新闻播音员，他还利用电视这种新媒介，以及自己的声望与才能，使电视新闻成为一种维持正义的社会力量。

20世纪50年代美国恐红症泛滥，麦卡锡主义横行，不仅使电影业许多人上了黑名单，而且这一潮流也蔓延到广播业与电视业。1950年6月，一个调查委员会发布了一个列有151名广播和电视工作人员的名单，这些人员被认为卷入了共产党活动。名单上的许多人员立即丢掉了工作，大好前程顿时化为泡影。他们中间包括著名的广播电视工作者威廉·夏勃和霍华德·史密斯等人。说来好笑，史密斯之所以被列入黑名单，据说仅仅是因为有一家共产党报纸表扬了他对某一新闻事件的报道。就在这黑云压城之际，默罗以大无畏的勇气向麦卡锡主义发起挑战，爱德华·默罗与约瑟夫·麦卡锡参议员之间的交锋，将电视系统与党派政治的联姻关系表现得淋漓尽致。

美国著名新闻主播丹·拉瑟（Dan Rather）在1993年回顾广播电视新闻史时，对广播电视业的经理们说，集体性地缺乏勇气——他所崇敬的英雄爱德华·默罗曾表现出的那种勇敢无畏——是广播新闻消亡的原因。在丹·拉瑟看来，新闻和娱乐节目之间的界限之所以消失是因为："我们已变成好莱坞了，我们已经屈从于新闻的好莱坞化了，因为我们担心的不是这样。我们化重要为琐碎……我们将最好的时段给了闲言碎语和奇闻。"

电视上的图像可以影响整个国家的政治进程。在1960年的美国总统竞选中，尼克松和肯尼迪首次同意在电视上进行现场辩论，制片人事先为候选人讲解整个过程。听收音机的人大多以为尼克松已经胜券在握了，但是，电视上的肯尼迪却给人们留下了更为深刻的印象。在电视的帮助下，肯尼迪赢得了这场选举。即使在办公室里，肯尼迪仍然要收看电视，为了确保他能够继续受到欢迎，摄像机首次被允许进入白宫。

（二）"电视总统"肯尼迪

肯尼迪被称为"电视总统"，因为如果没有电视，他可能就不会当选总统。而这一称号的由来可以追溯到肯尼迪与尼克松的一场辩论。1960年，肯尼迪和尼克松为了竞选美国总统，从9月26日到10月21日进行了四次全国性的电视辩论。其中第一次最为重要，这是美国有史以来总统竞选中的第一次电视辩论，观众多达7000万人，对选举结果起到决定性的作用。当时的约翰·肯尼迪还算年轻，在他参加辩论时，如果不算默默无闻之辈，那也算不上多老道的辩论家。但是在那天辩论结束时，他却成了骄傲的凯旋者。与此相反，理查德·尼克松短短的露面却耗尽了他8年副总统的全部资本，辩论结束时一副败将模样。

肯尼迪明白，这场林肯和道格拉斯以来最有历史意义的辩论必然会产生空前的影响。他事后承认，如果没有电视辩论，他就会失败。大选结果是这样，肯尼迪赢得26个州，获303张选举人票；尼克松赢得22个州，获219张选举人票。其中，肯尼迪以不到2%的多数在12个州获胜，也以同样的差额失去了6个州；肯尼迪得到34 227 096张选民票，占总票数的 49.7%。尼克松得到 34 108 546 张选民票，占 49.5%。肯尼迪只比尼克松多不到 12 万张选民票，这是此前 76 年中票数最接近的一次选举。但是值得深思的是，在这场电视辩论过后，通过看电视来了解辩论情况的观众认为肯尼迪必胜；而通过广播来获知的观众却认为尼克松才是赢家。对尼克松来说，电视辩论是一场灾难；但在某种意义上，凯旋者不仅仅是肯尼迪，而是电视这个新的宣传工具。

这件事影响深远，虽然全国人民希望看到更多的辩论，可是直到 16 年后才又出现总统提名人之间的直接辩论。因为电视蕴含着很强的蛊惑力，在一般情况下知识界会对这个祸福参半的东西感到某种战栗。而肯尼迪靠着自己的魅力、风格和敏捷，把政治和电视融为一体，赢得了全国知识界精英的一片喝彩，也赢得了"电视总统"的称号。从这场辩论中我们可以看出，电视具有广播所不能及的魅力，他与单纯的声音不同，给人以听觉视觉的双重感官。尼尔·波兹曼因此说："由此可见，自由世界的领导人是电视时代的人民选择的。"[1]

令人唏嘘的是，电视不仅见证了肯尼迪的成功，也目击了他的死亡。

1963 年 11 月 22 日是一个阳光明媚的日子，肯尼迪总统的车队在去集市的途中穿过德克萨斯州达拉斯市的中心，肯尼迪要在集市向用午餐的民众讲话。当肯尼迪和妻子乘敞篷车在行车路线的尽头慢慢转弯时，子弹射出了枪膛，肯尼迪被一名刺客开枪击中身亡，那是中午 12 点 30 分，总统的轿车以及随行的警察和特工人员飞速离开，这一事件震惊了所有的美国人。后来合众国际社的记者史密斯写道："我们的车大概只停了几秒钟，但就像停了好长时间。人们看到历史在眼前爆炸了，甚至对最训练有素的观察家来说，一个人的理解力也是有限的。"

在美国国内，电视报道的动作出奇地快，刺杀总统的枪声响后 6 分钟时，ABC 就发出了消息，10 分钟时 CBS 的克朗凯特突然出现在电视屏幕上，他根据 4 分钟和 9 分钟后合众社发出的两条简讯报告："在德克萨斯州达拉斯市有 3 枪射向肯尼迪总统的车队。第一次报道说总统'伤势严重'。"这条报道的收视率达到 95%。电视在面对这一突发事件时充分展示了自身的潜力，从案发的星期五到第二周的星期一，美国三大电视网不惜代价，中断了所有的商业节目和其他节目，24 小时连续报道肯尼迪遇刺事件。人们后来说，11 月 22 日到 25 日是电视史上最好的日子。冷静、全面的报道从达拉斯到华盛顿，给了全美国一种安全感。

1963 年 11 月 24 日，星期天，电视镜头集中到国会圆形大厅前，当天 12 点 30 分刚过，被指控暗杀肯尼迪总统的"争取公平对待古巴委员会"成员李·哈维·奥斯瓦德（Lee Harvey Oswald）被从达拉斯警察局带往县监狱。在纽约，三大电视网控制室的监视器捕捉到这一场面，全国广播公司决定立即将镜头转向达拉斯，而哥伦比亚广播公司和美国广播公司的镜头仍然停留在站在灵柩边的肯尼迪夫人和她的孩子身上。在警察押着奥斯瓦德穿过地下室大门进入达拉斯一个地下停车场时，全国广播公司的汤姆·佩蒂特（Tom Pettit）

---

① 波兹曼.娱乐至死［M］.章艳，吴艳莛，译.桂林：广西师范大学出版社，2004：85.

离这名疑犯只有几英尺。在佩蒂特开始描述这一场景时，一个彪形大汉连推带挤地从警察和记者中穿过。夜总会老板杰克·鲁比（Jack Ruby）掏出手枪，向奥斯瓦德开了一枪。人们透过电视机清楚地听到了那声枪响。这是电视上第一次直播的谋杀。哥伦比亚广播公司和美国广播公司也录下了这一场景，三大电视网在那天一遍遍反复播放。一个小时后，奥斯瓦德死亡。美国人惊愕地坐在电视机前，猜测这次意外的背后故事。鲁比事后被判有罪，然而未等到复审却于 1967 年病死，留下了一桩疑案。

11 月 25 日，几乎全美国人都通过电视观看了葬礼。在华盛顿的每一个主要路口都安排了电视摄像机，灵柩通过，乐队奏哀乐，在阿灵顿国家公墓，在向肯尼迪总统最后致辞后，全国默哀。军用飞机从空中掠过，一架飞机从编队中消失，象征着总统的离去。整整 4 天，美国人一直坐在电视机前，观看这两场谋杀案的重播，以及有关肯尼迪总统的一些纪录片，还有阿灵顿国家公墓让人万分感伤的葬礼，电视把整个国家投入到一种悲痛之中，有人在这期间只睡了 6 个小时，其余时间都守在电视机前。

据统计，由于该事件，纽约市的电视观众从占人口的 30% 上升到 70%，从肯尼迪遇刺到举行葬礼历时 4 天，收视率都保持在 40%。而在举行葬礼、全国默哀的几分钟里，电视观众达到 93%，由此可见电视的巨大影响力。也就是在这一年，美国电视网把晚间新闻从 15 分钟延长到 30 分钟。许多人第一次承认主要消息来源依靠电视而不是报纸，调查显示电视占 55%。

在肯尼迪遇刺案、人类首次登月、越南战争等一系列重大新闻事件中，美国各家电视网提供的新闻直播都令观众难以忘怀，成为美国乃至全球观众共同的时代记忆。在对肯尼迪遇刺案进行直播报道的过程中，电视新闻在传播时效和影响力上明显超过了报纸和广播，从而确立了对这两大传统媒体的竞争优势。

三、国际电视的影响

从 1957 年苏联发射第一颗人造地球卫星起，电视传播手段也开始由过去的地面微波传送、局部覆盖，发展到利用同步卫星转播电视节目进行全球传播的时代。1962 年，美国 "电星一号"（Telstar 1）发射成功，它是世界上最早用来传播电视节目的通讯卫星；同年 7 月 23 日，"电星一号" 将美国发射的电视节目传送到欧洲，又将欧洲发射的电视节目传送到美国，开创了全球电视的新纪元。[①]

阿波罗登月计划可以说是美苏太空竞争的产物，20 世纪 50 年代中期，苏联首次发射人造卫星的成功使美国人感到压力与挑战。早在 1961 年 5 月，肯尼迪总统就向国会宣布："我们这个国家应当尽一切力量在 10 年内达到把人类送上月球并安全返回的目标。"1969 年 7 月 16 日，全世界 5 亿多人坐在电视机前，观看人类登上月球的壮举。担负这项伟大使命的是阿波罗 11 号宇宙飞船，而在肯尼迪发射场上也有近 100 万观众。

---

① 陆晔，赵民 . 当代广播电视概论［M］. 上海：复旦大学出版社，2010：4.

随着美国太空飞行计划的实现，电视技术的新发展得到了最有说服力的验证。阿波罗11号既是一次探索性的飞行，同时也被策划为一次壮观的电视演示，当它向月球进发的时候，宇航员为观众们进行有趣的表演。直到第4天，地球上的观众才目睹人类历史上那伟大的一刻。月球的图像穿过所有的国界，可以被47个国家的观众同时收看。有7.23亿人，即占全世界五分之一的人口都怀着同一种激情，他们都为这个辉煌的成就感到骄傲。

电视在报道这一事件中立了大功，据统计，当实况电视图像被发回地球时，有1.25亿美国人收看了这一登峰造极的转播，而通过卫星网全世界有5亿观众收看到了美国阿波罗11号登月。

当全球6亿人通过电视直观地看到美国阿波罗11号登月实况的时候，它的影响力显然是电台无法比拟的。当时人们还通过电视看到了月球上的一面牌子，上面写着：来自行星地球的人们，在此首次登上月球，我们是代表全人类和平来到这里的。

在成功转播了美国阿波罗11号登月之后，电视还曾多次实况转播人类进军太空的征程。这里面值得一提的是，1986年1月，美国发射"挑战者号"航天飞机，机中载有第一位去太空的女教师，结果航天飞机在升空后爆炸，有无数观众在电视机前亲眼目睹了这一悲剧，整个国家陷入悲痛之中。被采访的许多人声称自从23年前肯尼迪总统遇刺以来，他们从未有过如此深切之痛。[①]

当电视播放国际体育比赛的时候，各国观众都团结一致，一起支持本国的队伍，电视为人们带来的是更多的激动和骄傲。1972年在慕尼黑举行的奥林匹克运动会上，聚集了来自79个国家的记者和近700台摄像机。千家万户看到了卫星传送的图像，美国人看到了本国游泳运动员麦克施皮兹是如何赢得7块金牌的。特殊的摄像机可以从多个不同角度展示泳池中运动员的优美动作，而现场观众却看不到这些。电视里苏联体操运动员奥尔加·科布特（Olga Korbut）的精彩表演激励了100万英国学生先后参加体操运动。

但是到了第9天，以色列代表团的成员被绑架了，于是国际体育盛事突然变成了一场生死搏斗。比赛停了下来，但是观众人数却上升了，他们紧盯着那栋劫持人质的大楼，代号为"黑色九月"的巴勒斯坦组织通过这次体育盛事达到了自己的目的。恐怖分子要求释放关押在以色列监狱中的巴勒斯坦人。慕尼黑事件之后，其他组织也学会了制造事端，然后利用电视激起世人对他们"事业"的关注。

电视技术在世界各地的传播也导致了价值观念的转化。20世纪80年代以前，世界格局两极分化，东西方的冷战形势也日益严峻，所以不少国家都利用电视向公众传送自己所推崇的价值观念和意识形态，这也就决定了不同的国家，对于电视媒体有不同的定位。

一些国家对电视自始至终严加控制。在罗马尼亚，国家电视台用来帮助构筑对齐奥塞斯库总统的个人崇拜。1989年12月，苏联和东欧的社会主义阵营正面临崩溃，这时候每

---

① 蔡骐，蔡雯.美国传媒与大众文化——200年美国传播现象透视［M］.北京：新华出版社，1998：208-209.

当齐奥塞斯库总统在布加勒斯特集会上讲话时，罗马尼亚的电视继续像往常一样突出他的领袖地位。但是物资匮乏和思想控制最终导致骚乱，就像人们通过摄像机看到的那样，齐奥塞斯库对局面失去了控制，只经过短短的几个小时，齐奥塞斯库就倒台了。造反者击溃了支持总统的部队，占领了电视台，拉开了一场大变革的序幕。对于许多罗马尼亚人来说，这场变革首先意味着电视台可以不间断地播放电视节目了。

1991年，美国和其盟国发动了一场针对伊拉克的战争，电视活生生地展现了战争的全过程，坐在家中的美国人可以亲眼看到美国的导弹在敌人的首都爆炸。因对这场战争的报道而异军突起的CNN（美国有线电视新闻网）改变了电视传播新闻的方式，使电视新闻的报道和传播方式发生了根本性的变化。

CNN开播于1980年6月，是美国第一个全新闻的频道，创立之初全美只有200万家庭看得到。当时的批评人士认为，美国观众对24小时的新闻频道不会感兴趣，他们给CNN起了一些充满嘲笑意味的名字，如"视觉墙纸"或"鸡汤面频道"。但20年以后，CNN已经成为在全球电视新闻版图中举足轻重的媒体，全世界有20亿人可以看到它的节目。

对海湾战争的直播报道让全世界对CNN刮目相看。在美国展开对伊拉克的军事行动之后，CNN第一个发出现场报道并连续17小时直播了巴格达遭空袭的画面，其收视率一举打败了三大传统电视网CBS、NBC、ABC，而在平时，其收视率很难达到三大网的十分之一。《华尔街日报》报道说，由于CNN报道海湾战况既迅速又充分，它的收视人数激增，在欧洲的收视率从15%飙升至85%，成为与美国三大广播公司并列的第四位电视传媒巨人。

CNN的崛起彻底改变了电视新闻的传播模式，从此，直播成为电视新闻的主要呈现方式，也成为各大电视新闻媒体竞争的焦点。CNN的成功催生了一批24小时新闻频道的诞生，英国天空新闻频道（1989年）、BBC世界新闻频道（1995年）和半岛电视台（1996年）等纷纷建立，欲与CNN一争高下。20世纪90年代，各主要媒体都开始其在电视新闻直播领域中的竞争。即使是作为新生力量的半岛电视台，也在直播技术与模式的直接推动下，在卡塔尔这一中东弹丸小国成长为影响遍及全球的媒体巨人。

半岛电视台建立于1996年，在短短的几年时间里迅速成长为阿拉伯世界和全球范围内重要的电视新闻媒体。在"9·11"事件之后的阿富汗战争中，半岛电视台几乎垄断了人们最关心的有关这场战争的讯息，这家媒体自身也成为全球关注的焦点，被称为"海湾的CNN""阿拉伯的BBC"。而早已誉满全球的CNN在阿富汗战争期间却深陷于美国的官方舆论中不能自拔，在这次战争的新闻报道上完全败给了半岛电视台。在之后的伊拉克战争等重大国际事件中，半岛电视台因其提供的新闻报道而备受关注，成为全球电视新闻版图中的重要部分，开始与CNN、BBC平起平坐，成为国际电视新闻内容的重要提供者。

半岛电视台的成功，除了其所处的地理位置和它能够提供一些特殊的内容（如本·拉登的录影带）等因素之外，直播同样是不可或缺的重要因素。有学者在分析其成功经验时曾谈道："半岛电视台以快速播送全球各地的即时新闻和组织主题尖锐的国际政治辩论为主。它的特点是时效性非常强，节目覆盖面广，坚持放眼全球的原则，以互动性极强的直播节目吸引观众参与。"①

无论是早已成名的 CNN，还是新近崛起的半岛电视台，都让我们看到，近半个世纪以来，国际电视新闻业务的发展已经深刻地改变了全球电视新闻业的竞争格局、盈利模式和发展方向，也改变了世界的政治秩序和舆论格局。

四、电视对其他媒介的冲击

就像广播的出现曾经向报纸发出挑战一样，现在轮到广播接受电视的挑战了。的确，作为传媒的形式，广播要比报纸直观而快捷，而电视显然又要比广播更具视觉效果。那么电视输出的信息究竟比广播多多少呢？或许人们直观的回答是多一倍，而据有关科学家估计，要多 39 倍。

电视为电报和摄影技术提供了最有力的表现形式，把图像和瞬息时刻的结合发挥到完美的境界，而且进入了千家万户。对电视时代的观众来说，电视是他们首选的、最容易接近的老师。很多人认为电视也是他们最可靠的伙伴和朋友。简单地说，电视是新认识论的指挥中心。没有什么人会因为年幼而被禁止观看电视，没有什么人会因为贫穷而不得不舍弃电视，没有什么教育崇高得不受电视的影响。最重要的是，任何一个公众感兴趣的话题——政治、新闻、教育、宗教、科学和体育——都能在电视中找到其所在的位置。所有这一切都证明，电视的倾向影响着公众对所有话题的理解。

电视在很多方面也以一种微妙的方式充当着指挥中心。例如，我们对于其他媒介的使用在很大程度上受到电视的影响。通过电视，我们才知道自己应该使用什么电话设备、看什么电影、读什么书、买什么磁带和杂志、听什么广播节目。电视在为我们安排交流环境方面的能力是其他媒介根本无法企及的。从此，电视赢得了"元媒介"的地位———一种不仅决定我们对世界的认识，而且决定我们怎样认识世界的工具。②

从 20 世纪中期开始，有关媒介的各项统计资料均得到了妥善的计算和保存，因此，我们或许能够从某些数字的变化中看出电视给其他媒介带来的冲击。首先，电视对人们收听广播的习惯产生了什么影响呢？在第二次世界大战结束的 1945 年，美国大约有 3 300 万个家庭拥有收音机，而只有约 1 万个家庭拥有电视机。到了 1949 年，电视机生产的冻结令行将解除之前，拥有电视机的家庭数目上升到近 100 万，拥有收音机的家庭则上升到 3 900 万。到 1952 年，电视在美国市场上已经获得重要地位，达 34% 以上，也就是 1 500 万个家庭有电视机，20 世纪 50 年代末这一数字达到 86%。1960 年，美国电视机的总数已有惊人的成长，达到约 4 600 万台；收音机则有 5 000 万台。全国广播公司和哥伦比亚广

① 苏克军，赵彬.小国家 大媒体［J］.读书，2003（5）：21-28.
② 波兹曼.娱乐至死［M］.章艳，吴艳莛，译.桂林：广西师范大学出版社，2004：70-71.

播公司都在力争增加它们的附属台数目，全国广播公司以 64 : 31 领先，后起的美国广播公司以 15 家附属台紧随二者之后。

1950 年，当美国全国的电视机达到相当数量后，便开始出现收视时间的调查报告，结果显示，美国家庭花在收看电视节目上的时间只比收听广播多出一点——每天 4 ～ 5 小时。到了 1955 年，每个家庭收听广播的时间滑落了 50%，成为 2 小时 12 分钟；1960 年，每个家庭收听广播的时间更降到了 1 小时 53 分钟。另外，电视的收视时间在 1955 年就已上升到每天 5 个小时，而在 1960 年时接近 6 个小时是收听广播时间的 3 倍之多。值得一提的是，广播花了 24 年（1922—1946 年）才覆盖美国 90% 的家庭，而电视却只花了 14 年（1948—1962 年）。当时，收音机与电视机可以说已经是美国家庭的必备电器。电视的出现还产生了一些其他方面的影响，1949 年，广播获得企业界电子媒介广告总　花费的 11%，电视只有 1%；1953 年，两者各占 8%。从那时起，广播获取的数字便逐年向下滑落，电视则向上剧增；到了 20 世纪 80 年代，电视占比已高达 21%，广播却仅占 7%。[①]

第三节　中国电视的沿革

一、电视业的开端

20 世纪 50 年代是全球电视业大发展的年代，中国也在这时有了自己的电视台。1957 年 8 月 17 日，中央广播局决定成立北京电视台（今中央电视台的前身）实验台筹备机构。同年 8 月，北京广播器材厂受命试制电视发射和播出系统设备。经过技术人员和有关单位的大力协作与共同努力，1958 年春，中国第一套黑白电视广播设备试制成功。从摄像机到发射机，该设备除某些关键器件外，都是技术人员和工人群众坚持自力更生的精神，克服技术上的种种难关生产的。特别是 1 千瓦黑白电视图像发射机的研制成功，在我国广播电视技术史上具有重要价值。

1958 年 5 月 1 日，中央电视台的前身以北京电视台为呼号开始试播，同年 9 月 2 日正式播出。尽管电视是当时世界上最先进的传播媒介，但中国的电视事业却是诞生在一个相当落后的工业基础上的，先天不足和营养不良，严重制约了它的发展，而更加困难的是，中国当时根本就没有多少专业的电视创作人才。

当时的北京电视台开播后，国家为了解决电视收看问题，最先从苏联进口了 200 台黑白电视机应急。不久，天津广播器材厂很快生产出第一批"北京牌"电视机投放市场。最

---

① 施拉姆 . 人类传播史［M］. 游梓翔，吴韵仪，译 . 台北：台湾远流出版公司，1994：341.

初，电视信号的覆盖面积只有 25 公里，当时中国人所拥有的电视机全部加起来只有 200 台，一批党和国家的高级干部，以及一些外国专家成为中国电视最早的观众。

继北京电视台之后，许多省、市也纷纷建立电视台。1958 年 10 月上海电视台成立，同年 12 月哈尔滨电视台开播。1959 年至 1961 年前后，天津、广东、吉林、陕西、辽宁、山西、江苏、浙江、安徽、山东、湖北、四川、云南等地也相继建立电视台。1961 年年底，全国建立电视台、实验电视台和转播台共 26 座，并且预计到 1962 年发展到 50 座。20 世纪 50 年代末全国共有电视机 17 000 台，大多数安装在公共场所供集体收看。我国的电视事业和世界发达国家相比虽然起步较晚且基础薄弱，但是毕竟为以后电视业的发展奠定了人员、技术和物质基础。

早期，电视在中国人的政治生活中没有太高的地位，影响更谈不上，不仅国家没有力量大力发展电视产业，个人也没有经济能力购买电视机，从某种意义上讲，电视机不仅仅是政治奢侈品，同时也是生活奢侈品。当时由于技术手段的局限，电视新闻都用电影胶片拍摄，其他节目都是现场直播，稍有不慎就出差错。

1978 年 5 月 1 日，原北京电视台改名为中央电视台，与中央人民广播电台、中国国际广播电台一起被简化称为"中央三台"，它们作为国家台，共同担负着向国内外进行广播电视新闻宣传的重要任务。各地方台同时也改换了呼号，电视的建设被提到议事日程上来。当时中央电视台的播出时间是每天两个小时至两个半小时，其中一部电影占了一个半到两个小时，还有一些被称为加片的电视新闻、体育比赛和文艺节目，尽管电视节目并不丰富，但在当时单调的日常生活里，看电视却成了人们最重要的娱乐方式。购买电视机变成了一个仪式，也变成了每个小社区中的大事件，旧的文化和社会结构由于电视的介入而发生了改变，电视机成了市场上最抢手的商品，中国人结婚的必备品。1978 年，中国内地的电视机只有 150 万台，一年后变成了 450 万台，在此后的几年里，这个数字以每年上千万的速度直线上升。随着电视机数量的增多，电视作为大众传媒的影响力逐渐显露出来。

1979 年 1 月 29 日，通过电视屏幕，中国人目睹了美国阿波罗 11 号宇宙飞船首次登上月球的全过程，这次播映是为了配合邓小平前一日开始的美国之旅，这也是中国领导人首次正式出访美国。美国阿波罗 11 号宇宙飞船首次登月是在 1969 年 7 月 20 日，当时全球多家电视台进行了实况转播，全世界估计有 6 亿观众在紧张和期待的气氛中同美国宇航员一起登上了月球，但是当时的中国人对"人类的这一大步"却茫然无知。10 年后，当中国人通过电视看到了本该 10 年前看到的奇观，心灵仍然受到了强烈的震撼。

从 1980 年 4 月 1 日起，中央电视台租用国际卫星，传送新闻录像，新闻的时效性大大提高，世界上发生的重大事件，中国的观众第二天就可以耳闻目睹，这成了许多人观看新闻联播的主要理由，中国人了解外部世界的欲望是如此强烈，以至于 1 年后，在全国首次大规模电视节目评选中，《国际新闻》名列前茅。

1982 年 9 月 1 日，从中国共产党第十二次代表大会开始，有关部门将重要新闻的发布时间从通常的 20 点提前到 19 点。电视在中国民众生活中扮演的角色越发重要。

二、中国电视新闻的语态变迁

中国电视从 20 世纪 50 年代末起步，到现今形成拥有 2 000 多个频道、近 13 亿观众的潜力巨大的电视市场，与半个多世纪以来中国的经济发展、政治体制、文化环境等多方因素息息相关。如果抛开外部因素不谈，仅从媒体传播"范式"[①]的转换和变迁来看，至少有三方面的因素在中国电视新闻半个多世纪的发展历程中起到了决定性的作用：一是制作技术，二是节目形态，三是传播语态。

在决定传播范式的这三大因素中，制作技术是物质基础，节目形态是表现方式，传播语态则是语言观念。这三者彼此关联，相互作用，共同推进或是制约着电视新闻业的发展状态。从一定程度上说，电视新闻业从一个阶段向另一个阶段的转化，正是这三大因素同时或渐次变化的结果。

在传播范式的这三个方面发生变化的时候，制作技术与节目形态的变化常常表现为具体的物质形态转化，较易为人察觉和识别；传播语态的变化则发生在观念和语言层面，往往隐藏于技术与节目的背后，不易被人发现和认识。由于语态是"表达和叙述方式"[②]，承载了传播观念和语言方式，其改变相对于制作技术与节目样式而言往往更为缓慢，不过，传播语态的改变也意味着电视新闻业的变化已经非常深刻，标志着一个阶段传播范式的转换已经完成。因此，传播语态的特点可以代表传播范式的整体特征。

从传播语态上看，中国电视新闻业从 1958 年开始到 21 世纪初叶的历程，可以简要地划分为三个阶段："讲话""说话"与"对话"。下文即用传播语态的特点来代表每一阶段传播范式的整体特征，当然，电视新闻在各个阶段的传播范式都由三方面的因素共同决定。

（一）"讲话"的阶段（1958 年至 20 世纪 80 年代初）

1958 年 5 月 1 日，中央电视台的前身，以北京电视台为呼号开播，拉开了中国电视业的序幕。从电视产业创立到 20 世纪 80 年代初的 20 多年里，中国内地的电视机数量都非常少，国家没有力量大力发展电视产业，个人也没有经济能力购买电视机。在这一阶段的

---

① 范式是指"特定的科学共同体从事某一类科学活动所必须遵循的公认的'模式'，它包括共有的世界观、基本理论、范例、方法、手段、标准等与科学研究有关的所有东西"。库恩.科学革命的结构［M］.金吾伦，胡新和，译.北京：北京大学出版社，2003.

② 孙玉胜.十年——从改变电视的语态开始［M］.北京：三联书店，2003：54.

中国媒介生态中，电视还难以显示出其重要性。对于普通百姓而言，电视不仅是政治奢侈品，也是生活奢侈品。

从制作技术上看，这一阶段的中国电视新闻采用的是电影的技术体系。在此期间，电视制作"沿用了电影的手段和方式：拍摄是 16mm 电影摄影机，片长 3 分钟一盒，最多400 尺，约 12 分钟，声画很难实现同步记录，前期拍摄画面在编辑时也采用了电影的剪接方式，全、中、近、特画面线性组合，后期配解说、配音乐，三条平行线组合成声画记录系统"①。

电影技术手段的局限极大地限制了电视新闻节目制作的自由。"用胶片拍电视新闻，后期要洗印、编辑、配声音，时间较长，新闻片、纪录片很难保证时效，选材、制作就容易沿袭老路：影像素材的点式摄取，声画两条线，解说为主体，影像只涉及生活的表层，以及将点连成线的蒙太奇组接。"②镜头长度小、制播一体化、制作量小、摄制周期长成为电影手段在这一时期的电视新闻节目身上打下的明显技术烙印。

与电影技术手段相对应，早期的电视新闻工作者大多也来自新闻纪录电影制片厂和各故事片厂，他们熟悉并习惯运用制作电影的工作方式，制作手法和观念自然也来自电影。"早期北京电视台的摄制人员大都来自'新影'厂和'八一'厂……在观念和实践方面都深深影响了早期的中国电视新闻……创作手法如出一辙。"③由于能够看到的电视节目都是用电影手法拍摄制作的，观众也习惯了用看电影的方式来看电视，他们甚至直接把电视称作"小电影"。

从节目形态上看，这一阶段的中国电视新闻还远未形成具备自身特点的样式。"早期电视新闻节目的形态有图片报道、电视新闻片和口播新闻"④，其中，图片报道大多采用来自新华社的图片，在摄像处理的同时加配解说词；电视新闻片即新闻纪录片加解说，如北京电视台的固定栏目《电视新闻》，主要播放的就是这种节目；口播新闻就是广播新闻的电视版，稿件主要来自中央人民广播电台，如由沈力播报的《简明新闻》就是这类节目的代表。在此期间，由于电视新闻节目制作量小，各种节目形态之间的区分并不明显，各制作机构甚至将新闻片和纪录片合二为一。直到 20 世纪 80 年代初，真正有中国特色的电视新闻节目样式——新闻专题片才开始出现，这种节目样式改变了长期以来电视新闻模仿、照搬其他媒体内容样式的状态，成为很长一段时间里最为典型的电视新闻节目形态。

从节目的语言方式上看，当时的电视新闻同样主要沿用其他媒介的语言样式，其自身所特有的电子媒介优势未能显现。比如，在影像上模仿纪录电影（"新影体"）；在文字风格上模仿《人民日报》（"人民体"）；在播报方式上模仿人民广播（"广播体"）；在报道体裁上则模仿的是新华通讯社（"新华体"）。有人形容说，在传媒系统当中，电视像

① 朱羽君，殷乐.生活的重构［M］.北京：北京广播学院出版社，1998：12.
② 朱羽君，殷乐.生活的重构［M］.北京：北京广播学院出版社，1998：12.
③ 刘习良.中国电视史［M］.北京：中国广播电视出版社，2007：34.
④ 刘习良.中国电视史［M］.北京：中国广播电视出版社，2007：31.

是"新闻纪录电影的缩小版，人民日报的影像版，人民广播的图像版，新华通讯社的精简版"①。

从传播方式上看，此阶段的电视新闻主要是"上传下达"。电视媒体在这一阶段的主要功能是"喉舌""工具"，电视新闻"承担的是'宣传教化'功能，扮演着党和政府的'喉舌'角色，突出强调的是意识形态要求"②，电视新闻主要是"宣传品"，其新闻属性和媒体特性都还未真正地展现出来。

从传播语态上看，这一时期的电视新闻呈现出一种"讲话"的姿态。这一时期的中国电视新闻在观念上深受苏联模式的影响，其中最主要的观念就是"形象化的政论"。受到这种观念的束缚，电视新闻节目制作人员和机构鲜有"受众"的概念，在他们看来，观众是"被教育的对象"，电视新闻因而"强调艺术的教化作用，言必有意义，行必有倾向，思必有升华"③。电视新闻节目的口吻也是高高在上，一派"讲话"的姿态。

（二）"说话"的阶段（20 世纪 80 年代初至 90 年代中后期）

20 世纪 80 年代初，在国家走向开放的大背景下，中国电视界开始与日本同行合作，拍摄了《话说长江》《丝绸之路》《望长城》等一系列文化纪录片，给中国的电视荧屏带来了一股清新的空气。这些纪录片在技术和艺术上的尝试直接影响了一批国内的电视制作人，在随后的几年里，《沙与海》《最后的山神》《龙脊》等一批优秀纪录片相继出现在电视屏幕上。与以往"画面加解说"的方式不同，这些"新派"纪录片大量运用同期声、现场采访、跟踪拍摄等纪实风格的创作手法，令观众耳目一新。在这些运用新的技术手段和语言方式、充满浓厚人文气息的纪录片的引领下，中国电视新闻的传播范式开始发生根本性的变化。

从制作技术上看，这一时期的电视新闻采用 ENG 作为主流设备，不再受到电影技术手段的局限，电视拍摄和制作获得前所未有的解放和自由。"70 年代以来，技术条件有了很大改善，最显著的一个例子就是电子新闻采集手段（ENG）开始使用。"④ENG 设备使用磁带作为记录介质，画面和声音可以同步录制，镜头长度也不再受胶片和发条长度的限制，内容可以反复编辑，为这一时期电视新闻节目样式的创新提供了全新的技术基础。

从节目形态上看，这一阶段中国电视新闻的明显特征在于各种栏目的大量出现。这些栏目以舆论监督、生活纪实为内容重点，节目风格追求平民化、个性化。很多节目不仅富于探讨的深度和思考的力度，在制作上也反复推敲、非常精良。电视新闻因而一改以附庸、传达为主要取向的"宣传品"面貌和属性，成为充满人文内涵和艺术表现力的"作品"。在这一时期风生水起的各种电视新闻栏目中，最具代表性的要算中央电视台的早间新闻栏目《东方时空》。

---

①② 胡智锋，周建新.从"宣传品""作品"到"产品"——中国电视 50 年节目创新的三个发展阶段［J］.2008（4）：1.

③ 朱羽君，殷乐.生活的重构［M］.北京：北京广播学院出版社，1998：12.

④ 同③ 13.

　　《东方时空》开播于 1993 年 5 月 1 日早上 7 点，常常被视为中国电视新闻新一轮改革的发端。这一方面由于《东方时空》开栏目化运作和制片人制度之先河，另一方面则因为这个栏目为中国电视新闻带来了新的杂志型节目形态，以及迥乎以往的制作手法和语言样式。此前的电视新闻，主要用解说词的方式呈现报道的结论，人们很少能在其中看到采访的过程。画面上也经常是一些万能镜头：一拍农村就是麦浪滚滚、农民在收割打场，一派丰收的景象；一拍工厂就是机轮飞转、纺织女工在忙碌，一派繁荣的景象。《东方时空》改变了这种千篇一律、老套死板的状态，节目中饱含着真实的生活、新鲜的细节和朴实的情感。当时有观众写信说："看完《东方时空》，就像刚从南方的早市上拎回一条扑腾着的活鱼，一捆绿油油的青菜。"① 这正是观众对这种全新的节目形态的积极回应。

　　《东方时空》子栏目《生活空间》制片人陈虻曾说："我们刚开始去拍老百姓的时候，他们的概念就是我也没做什么，你们为什么要拍我，换句话说就是我也没做什么好事儿，你们怎么要拍我，所以我觉得老百姓是不了解我们的拍摄意图的。他是对以前的电视应该播放什么、播放了一些什么的一种理解，在此基础上来习惯性地理解我们的拍摄行为。随着这个节目的不断播出，观众慢慢明白了，并不一定你要做了什么，而是你的生活本身就有一种值得人们关注的价值。"这正是这一时期的电视新闻所发生的重要转变。从《东方时空》开始，电视新闻节目的制作者就把镜头对准了普通人的生活，用一种平视的眼光去观察和发现生活本身的价值，强调对象的个性化和素材的原生态，强调用生活本身的逻辑去结构节目的内容，从而使电视新闻逐渐摆脱了"形象化的政论"的窠臼。

　　从节目的语言方式上看，技术条件的更新、国外节目的影响以及自身经验的积累，使得这一时期的中国电视新闻在语言方式上发生了明显变化。同期声和长镜头的大量使用，日常生活细节的频繁出现，真实的时空结构，开放的情节叙述，意味着中国电视新闻开始真正发挥电子媒体的特色，并逐渐寻找到了中国观众喜爱的节目形态和语言方式。而在节目形态和语言方式发生"剧变"的背后，是制作理念和语言观念的深刻变化。

　　20 世纪 80 年代，国外的电视语言观念不断影响着中国电视的理论和实践，其中最受重视、影响也最为深远的是"纪实"，这种观念的核心即将影像作为"物质现实的复原"。"巴赞的写实主义理论和克拉考尔的物质现实复原学说受到普遍重视，它与国内的纪实主义思潮合流，形成有中国特色的纪实美学。内容上注重对人对社会的关注，'人被看作是一个社会关系总和的个体，不仅深化了人对于自身的认识，也深化了对于现实的理解和判断'。自然景观也为人文意识所关照，焕发出生命的美。"②

　　在 ENG 等新技术的基础上，纪实主义推动这一阶段的中国电视新闻在节目样式和传播语态上经常创新，进入了一个飞速发展的"黄金时代"。以"物质现实的复原"为核心

---

① 孙玉胜. 十年——从改变电视的语态开始［M］. 北京：三联书店，2003：51.
② 朱羽君，殷乐. 生活的重构［M］. 北京：北京广播学院出版社，1998：14.

的纪实观念尽管是一种源自 20 世纪 50 年代欧洲电影领域的理念和方法，但在中国的电视新闻界，它一扫长期以来电视作为"小电影"的尴尬局面，不仅一举实现了对"形象化的政论"理念的超越，同时使得我们对电视媒体的本质、电视语言的方式有了全新的认识。

需要指出的是，在纪实主义的影响下，尽管这一时期的电视新闻从内容到形式都发生了彻底的改变，但由于电视新闻和纪录片站在同样的技术基础上，二者又在同样的观念引导下向前发展，导致电视新闻采用的是与纪录片类似的语言方式。整体而言，在这一阶段，电视新闻与纪录片在语言的边界上是异常模糊的，电视新闻还没有真正寻找到自己独立的语言方式。

与制作观念上的"纪实"相对应，这一时期电视新闻节目中另一个重要的改变是主持风格的变化。20 世纪 90 年代末，凤凰卫视主持人鲁豫在《凤凰早班车》的新闻播报中，一改过去正襟危坐、字正腔圆的播音风格，开始用一种"说话"的方式播报新闻，被业界称作"说新闻"。紧随其后，湖南卫视的《晚间新闻》等一批节目也开始用类似的方式报道新闻，亲和、自然的"说新闻"在中国电视新闻界一时蔚然成风。

纪实风格的制作手法与"说新闻"的主持方式，成为这一阶段中国电视新闻在传播语态上的明显表征。从传播观念上看，这一时期的中国电视新闻最为重要的变化在于开始尊重受众，它比之前的任何时候都强调要考虑观众的接受心理、尊重大众的审美趣味，节目也因此显得更为人性化，电视开始了向大众传媒本质的回归。随着观念的变化，电视新闻传播者的姿态不再是高高在上，而是讲求与观众平起平坐，"平等交流"代替了"上传下达"，成了最为重要的传播方式。与"讲话"时代的电视新闻相比，这一时期的电视新闻在传播语态上明显软化，呈现出一种"说话"的状态。

（三）"对话"的阶段（20 世纪 90 年代末至今）

20 世纪 90 年代末以来，中国电视新闻传播进入了一个全新的发展阶段。一方面，数字技术、卫星技术的广泛应用和不断升级，使电视新闻所倚仗的技术基础再一次发生了颠覆和革新，同时也为电视新闻的发展提供了新的契机和前景。另一方面，传播格局的骤然跃升和传媒生态的急剧转化使得电视新闻的制作体系和电视节目的内容与形式都受到了直接影响，传播语态也随之发生显著变化。电视新闻的传播范式再一次发生根本性的转换。

从技术手段上看，20 世纪 90 年代末以来，数字设备、SNG（卫星新闻采集系统）设备和高清设备的广泛采用使中国电视新闻在传播技术上发生了前所未有的升级和转换。在"决定人类生存"[①]的"第三次浪潮"中，作为电子媒体的电视也完成了数字化转换。数字化设备的普遍应用极大地改变了电视制作的状态，摄录设备小型化、后期设备非线化、存储设备虚拟化使得电视制作更为解放和自由。SNG 设备在新闻制作中的普遍采用使得电视具

---

① 尼葛罗庞帝 . 数字化生存［M］. 胡泳，范海艳，译 . 海口：海南出版社，1997：15.

备了无可匹敌的跨越空间的能力，电视新闻进入"即时传播"时代。高清设备的大量使用改变了影像的基本属性和质量，每秒千帧的高速、高清摄影机令 24 格 25 帧的电影画面格式成为过去时，清晰度和宽容度接近电影胶片的高清画质和 5.1 声道的环绕立体音效使电视带来的视听享受远超以往。

简言之，技术上的划时代变革不仅没有使电视这一"传统媒体"落伍，相反，电视良好地适应和融入了新的技术潮流，并在新的技术条件下将自身的媒体特征彰显得更为充分。电视机仍然是良好的媒体终端，电视媒介大众化程度仍然最高，它依然具有非凡的活力和巨大的潜力。在新闻传播业界，电视仍然是迄今为止最为强势的大众媒体，电视新闻时效性最强，受众最广泛，影响力最大。

在数字革命的另一面，随着技术革新带来的影响逐步走向深入，媒介融合的趋势愈演愈烈，传媒生态正进行深刻调整，使得包括电视在内的传统媒体面临挑战。"由于数字化的缘故，全新的节目内容会大量出现，新的竞争者和新的经济模式也会浮出海面，并且有可能催生出提供信息和娱乐的家庭工业。"[①]一方面，媒介融合趋势的发展使得网络、手机等新媒体在较短时间内取得长足进步，迅速威胁到传统媒体的生存；与此同时，电视业在新技术平台上诞生和分化出其他类型的产业类型与模式，网络电视、手机电视、移动电视、IPTV 等业态的发展，使传统媒体遭遇受众分流、收视下滑的险境，同时又为传统电视业升格为新的内容产业提供了可能。受到新技术的解放与促动以及新的传媒生态的施压与抬升，从 20 世纪 90 年代末以来，中国电视开始向一个新的阶段转型，应该说，当前的中国电视正处在一个新阶段的起点上。

而自 20 世纪 90 年代中后期以来，中国电视新闻所依存的传播格局也发生了急遽变化。"电视传媒市场化程度不断加深，电视的内容与市场、观众的收视率日益紧密地结合在一起。产业化、集团化、市场、效益、效率、收视率、受众需求以及成本核算、营销、广告等影响着电视实践。中国电视全面进入了以'产品'为主导的阶段。"[②]随着各省级电视台纷纷成为全国频道，电视业内的商业竞争迅速白热化。受收视率和广告效益的驱使，电视新闻内容走向多元化，社会新闻、娱乐新闻比重加大；在形式上，故事化、差异化、刺激性成为明显的追求和取向。

在激烈竞争的业态压力下，电视新闻利用新的技术手段和平台，实现了语言样式的更新。在这一时期的电视新闻制作中，共时性的一体化制作代替了多工种分时制作，多机位分工合作代替了单机的挑等抢，非线性编辑替代了线性编辑，在线切换代替了后期剪辑；非常规画面替代常规画面成为影像的主体，声画分录代替声画同录形成新的声画关系。在数字平台上，感性、离散的思维方式与影像的非语言属性相吻合，理性、线性的思维方式

---

① 尼葛罗庞帝.数字化生存［M］.胡泳，范海艳，译.海口：海南出版社，1997：28-29.

② 胡智锋，周建新.从"宣传品""作品"到"产品"——中国电视 50 年节目创新的三个发展阶段［J］.2008（4）：4.

则与口语和文字的语言属性相匹配，电视新闻的各种语言要素寻找到了各自对应的思维方式。在"形象化的政论"阶段，画面屈服于解说；在"物质现实的复原"阶段，语言让位给影像。在新的技术系统与思维观念下，电视新闻的制作者不再纠结于画面与声音、文字之间孰轻孰重，电视语言要素之间的关系不再紧张，语言符号与非语言符号之间的组合与对位也就更为自由和协调。至此，电视新闻终于摆脱了电影语言和纪录片样式的束缚，寻找到了更为独立也更具活力的语言方式。

从节目形态上看，由于电视跨越空间的能力和多种符号共用的优势在即时传播领域无可匹敌，这些优势又集中体现在直播形态上。因此，直播成为电视新闻在这一阶段成为最为重要的节目形态。这种变化，仅从《东方时空》由以前的纪实类杂志型栏目变身为直播消息类节目即可见端倪。由于数字技术带来的设备小型化趋势，电视的摄录设备更便于携带，更便于现场操作，现场制作逐渐成为电视新闻节目中最为核心的制作方式。甚至，电视节目编排和频道结构的方式也因直播而发生改变，不仅突发事件的直播会随时打破常规的节目编排，常规节目之间的过渡与衔接也越来越多地用直播的方式实现。一言以蔽之，对新闻频道而言，不仅节目是直播的，整个频道都是直播状态的。

随着直播时代的到来，电视新闻的传播方式和传播语态又一次发生了显著变化。在电视新闻直播中，主播与记者之间的连线交流成为最能体现电视媒体优势的传播样式。对新闻事件的报道在主播与记者的一问一答之间完成，新闻的传播方式一变而为"互动交流"。麦克卢汉曾说电视是"冷媒介"[①]，具有"使人深度介入的特性"[②]，要获得好的传播效果必然需要观众的参与，但与观众的互动是电视传播最大的难题。只能是观众听电视上的人说话，观众的声音则无法让电视上的人听到，电视传播中的反馈链条是被切断的。作为大众传媒的电视只能通过抽样调查的方式获得收视率、忠诚度、美誉度等收视数据，而无法获得像人际传播那样实时的、在场的、鲜活的互动与反馈。

正是在这个意义上，连线直播报道改变了电视新闻的传播模式。主播与记者之间的实时连线实际上围绕观众展开，主播代表观众提问，记者回答主播也就是回答观众关心的问题，一问一答之间，观众被带入到一个互动的交流过程中来，从而实现了"参与"。连线报道通过主播与记者之间实际、实时存在的人际交流，实现了观众与主播、观众与记者之间的互动。由于人际传播在所有的传播模式中效果最好，对人际传播要素的使用和对人际传播模式的模拟就非常有利于改善电视新闻传播的效果。在"人际传播的拟态"这种模式下，电视新闻的传播语态改变了以前以传者为中心的状态，开始以观众的参与为目标，以观众的取向为主导，呈现出一种"对话"的姿态。

直播并不是一个新鲜事物，但它促进了中国电视新闻良好地适应了这一时期传播技术、传媒生态和传播格局的变革，带来了电视新闻在节目形态和语言方式上的更新，并使

①　麦克卢汉.理解媒介——论人的延伸［M］.何道宽，译.北京：商务印书馆，2000：51.
②　麦克卢汉.理解媒介——论人的延伸［M］.何道宽，译.北京：商务印书馆，2000：380.

电视新闻的传播方式和传播语态又一次出现了更替。在直播的促动下，中国的电视新闻正用一种新的"对话"语态迎接并参与到媒介融合的时代中来。

第四节　电视传播模式：人际的拟态

电视之所以能够形成人类传播的一个高峰，按"沉默的双螺旋链"来理解，很大程度上是因为电视不仅对空间的跨越能力非常强，同时它能运用多种符号来对效果进行补偿，从而将之前传播方式中出现的信息损耗降低到一个其他媒介都无法达到的程度。空间上的自由度与多符号系统提供的保真度构成了电视在传播模式上的基本特点。当然，这些特性首先立足于电视的技术系统。

一、空间媒介

人类发明电视的初衷是什么？其实早在 100 年前"television"一词出现时就已明确，它的意思就是远距离观看。这一初衷对于电视媒体的发展至关重要，因为它涉及电视传播最基本的特性和优势。我们不仅希望足不出户便知天下事，更希望我们的视力能够跨越遥远的空间，亲眼看到异国他乡发生的实在场景，正是电视实现了人们"千里眼"的梦想。因此，从双螺旋链中的一个链条——跨越时间与空间的角度来看，电视首先是一个空间媒介，无论与其他媒介还是与自身跨越时间的能力相比较，电视在跨越空间这一维度上都表现出非凡的能力，这种能力主要立足于不断提升的电视传播技术，当然，无所不在的传播终端——早已进入千家万户的电视机也是一个必要的前提。

简单回顾一下电视技术的发展史，我们会发现，电视在技术上的多次重大突破都主要集中于如何提高电视媒介跨越空间的能力，也就是说，如何扩大电视信号传播的范围，并降低电视信号跨越空间所消耗的时间成本，有线电缆、微波传送和卫星技术的实质都是如此。以在电视传播中具有重大突破意义的关键技术——卫星技术来说，从 1962 年 7 月美国发射的第一颗通信卫星（"电星一号"）成功地进行了横跨大西洋的电视转播试验，到现今 SNG 设备在全世界范围内的广泛采用，其主要目的在于打破空间的束缚，获得在全世界范围内传播电视信号的自由。

现今的直播卫星技术帮助人类实现了久违的传播理想——异地同时的信息共享，更重要的是，这样的信息还包含着那个遥远的异国的形象、声响等具体内容。可以说，电视将人类利用媒介跨越空间传播信息的能力发挥到极致，它是一种即时的传播，电视信号的发送和接收都在同一时间进行。自 CNN 在第一次海湾战争中的神奇表现之后，电视新闻直播已成为人们获取新闻的习惯性方式，现在人们要在最短的时间内了解远方发生的事情，首先就是求助于电视。电视的这种迅速跨越空间的能力曾经让文字媒体相形见绌而不得不将自己的重点转向深度报道。因此，电视所谓时效性强的优势，其实是跨越空间的能力，它指的是电视跨越空间需要花费的时间非常少而已。毫无疑问，电视是性能优良且高度大众化的空间型媒介。

从跨越时间的角度来说，电视同样能够记录和保存信息，但它并不是一个非常好的时间型媒介。这是由于电视的载体和介质决定的，电视至今也没有找到一种跟文字传播中的纸张类似的介质。这种介质集存储与播放于一身，制造成本非常低廉，同时占用的空间非常之小，便于携带、储存和观看。与文字相比，电视信号所需要的存储空间更大，这限制了电视克服时间束缚的能力。即使到了数字时代，在虚拟空间中影像所占用的空间也比文字要大得多。同时，电视信号比文字远为复杂，它需要的处理系统也更加复杂，人们必须借助专用的设备才能接收电视信号，这个设备常常需要坐落于客厅的中央，而显然不便于随身携带。

另外，对电视信息的读取也受到时间的严格限制。至少在数字时代之前，电视节目何时播出，以及按照什么样的顺序播出，都还无法由观众自由选择，你必须严格按照时间顺序来看电视，而不可能像看报一样可以随意选择，比如先看完末版再看头版。而且，电视的收看过程是不可逆的，除非用录像机把电视节目录制下来，否则看电视的过程就不可能像看书看报一样可以重复，在这一点上，电视节目跟口语相似，"说"完就形迹全无，你再也无法找到之前电视节目的踪迹。

二、全能符号

除了在传播的自由度方面具备克服空间限制的优势以外，电视在媒介的双螺旋链的另一个维度——保真度方面的优势非常明显。电视能同时传递包含画面、声音、文字、音乐、音响在内的多种符号，这些符号同时作用于接收者的不同感官通道，因而无论从传送信号的信道系统来说，还是从接收信息的感官通道而言，电视都是一个多通道的传播系统。

其实，从利用口语作为主要传播符号的人际传播开始，人类的传播都是在多个符号层面上进行的。"人们进行传播时，几乎都会通过多种符号渠道传递和接收信息。"[①] 而当人类传播进入电视阶段后，这种特征就体现得更为明显了。"按符号学的观点，从总体上说，电视节目最重要的特点之一或许是同时使用五个频道的趋势（五个频道指的是：图像、文字、声音、音乐、音响）。"[②] 同时使用多种符号通道是电视的媒体优势所在，这一特点正好可以解释电视为什么能够提供一个比报纸和广播等大众传播媒介看起来更为"真实"的

① 胡正荣 . 传播学总论［M］. 北京：北京广播学院出版社，1997：118.
② 艾伦 . 重组话语频道［M］. 麦永雄，柏敬泽，等，译 . 北京：中国社会科学出版社，2000：18.

世界。

与报纸、广播相比，电视提供给人类世界的好像是真实世界的自然复制，原因在于电视能为各种来自生活的信息提供最接近其本真状态的符号平台。而且，这些符号系统之间相互组合、相互限定，从而使意义的传递十分地确切、具体和固定。电视使用的多通道的符号系统使得对真实世界的复制不再像文字符号那样可以随心所欲地被切断和组合。"电影画面却是十分明确的，至少从它在每个观众身上所引起的思想活动来看，它还是单一的。因此，很明显，以画面—思维为基础的电影画面，其含混性远较口头语言为少，而从其严密性看，它倒更能使人联想到数学语言。"[1] 在这一点上，电视具有同样的特质。

更重要的是，在同一时间传送给观众的这些符号无比"自然"地聚合、重叠在房间里的一个 4：3 的画框中，互相之间配合默契，用一个二维平面向人们传达着这个世界多维度的信息和意义。正如文化评论家雷蒙德·威廉姆斯（Raymond Williams）指出的那样，电视建构一种不断流进家庭的文本材料"洋流"。这种"洋流"的比喻说法所喻指的不是一系列孤立的文本，而是一条形象和声音的河流：虽然它到处有通道，到处被堵塞，但此河流从没有任何一个部分是与其余部分完全分隔开来的。正是因为能够为多种符号提供通道，使得电视具备了良好的还原生活"原生态"的能力。

除了为多种符号提供通道以外，电视还具备强大的符号整合能力，后期合成平台（无论是线性的还是非线性的）能够将各种符号自由组合完成意义的传达，画面与画面之间、画面与声音之间丰富的蒙太奇方式就是再好不过的例子。为多种符号提供通道是电视传播的基本特点。电视传播的多符号特征随着电视技术的日新月异而表现得愈发明显。电视成为现今大众传播体系中最强势的媒介，与电视传播的这一特点密不可分。

从以上的分析中我们看到，电视几乎兼容了以往所有种类的传播符号与传播方式：它是从绘画传播开始一直到电影的图像的延伸，它是从说话开始一直到电话、广播的口语的延伸，它还是从石刻甲骨开始到纸张印刷的文字的延伸。不过有趣的是，这仿佛让我们又回到一个老生常谈的话题上面了，即电视符号是图像、声音、文字三者的组合，果真是这样吗？

经过之前对于媒介发展过程中的两大要素进行检索，我们应该可以明白，图像、声音、文字这样看似清楚的三分法其实并不能表明电视在符号层面的真正特点。电视的重点在于，它同时在对包含语言符号和非语言符号的多种符号进行传递，其中尤其重要的是它能为多种非语言符号提供传播通道，实现了多种符号的同时传播。正因为这样的特点，在保真度方面，也没有哪一种媒介能与电视相比。

从符号性质上来划分，电视的这些纷繁复杂、让人眼花缭乱的符号种族，可以归为语言符号和非语言符号两类。电视集成了视觉、声觉方面的非语言符号，它同样集成了口语和文字两大类语言符号，电视展现给观众的是一个由多种符号构建的复杂系统，它至少包

---

① 　马尔丹.电影语言［M］.何振淦，译.北京：中国电影出版社，1980：6-7.

括文字、口语、表情、手势、活动图像、音响、音乐等语言符号或是非语言符号中的几种甚至是全部。电视之所以强大，正是在于它在符号层面无与伦比的优势，它几乎可以对所有的语言符号与非语言符号进行传递。

尤其重要的是，电视使得大量的非语言符号进入大众传播中并使这些语言符号取代传统的语言符号（比如前两次传播高峰中，第一次以口语语言作为主要符号，第二次以文字语言作为主要符号）而成为主要的符号形式，同时它又能够按照语言的逻辑来对各种符号进行编码，从而达到一个前所未有的传播状态。

如果从技术的角度来看，电视为了达到这样的效果，得力于有多种技术上的发明来进行支持和解决，这构成了电视技术进步的另外一个非常重要的方面。比如从黑白电视发展到彩色电视，使得色彩这种非常重要的非语言符号进入传播中；ENG 技术的采用使得声音和画面能够被同时记录和采集，从而使得表情、动作、服饰、氛围等借助于视觉传递的非语言符号能够与口语、口音、音响等另一类听觉层面的非语言符号同时传递；方兴未艾的数字技术正在改写历史，它将会带来电视的各种符号在呈现方式上的巨大变化。

可以说，电视之所以能成为迄今为止最为大众化的媒介，很大程度上正是因为它立足于一个非常强大的技术平台，而在符号层面又能将语言符号与非语言符号良好地结合，从而为形成一种平易近人的传播状态提供了可能性。

三、人际拟态

一旦从符号的功能角度来考察电视符号系统内部两类符号的运作方式，我们会发现电视总是以语言的方式（在行为上体现为说话）来组织语言符号和非语言符号，使二者成为一个能够传递具体信息的符号体系。

尽管目前有很多研究表明，非语言符号（包括画面、音乐、音响）在传递信息的过程中起到了主要的作用（有的研究结果证明是 70%），但从叙述的组织这一角度来看，这样的划分显然有些简单。实际的情形是，语言符号和非语言符号互相配合来完成意义的生成。借用符号学中的"能指与所指"理论，语言符号和非语言符号在形成电视意义的过程中互为所指，限定对方的意指范围。比如，画面上说话者的表情可以加强他说的话的意义，而屏幕上出现的他的身份的字幕又可以提醒观众他说话的立场，这种"加强""提醒"都会产生对意义的限定。不过，在传递信息的过程中，由于非语言符号在大多数时候是模糊的、不明确的，因此，语言符号更多地承担了所指的任务，这也就意味着，电视是按照语言的方式来组织语言符号和非语言符号并形成叙述的，这也正是研究电视新闻"语言"的重要出发点。

但是，电视在按照语言的逻辑对语言符号和非语言符号进行组织的时候，它更多地倾向于口语的逻辑而不是文字的逻辑。"任一媒介都有其独特的个性，而电视语言的'符码'

（code）算起来比较偏向说话，而非书写。如果我们任意将'电视正文'（television text）当作文学作品来'解码'（decode）的话，除了注定要失败，也会得出一种对电视不公平的负面评估。"①这样的叙述方式在具体的语言行为上体现为：电视是按照类似于说话的方式，也就是人际交流的模式，来组织叙述的。尽管文字已有五六千年的历史并且是人类文化的主要记录方式，但"事实上，电视却有违文字世代的基本价值……以文字书写而言，它注重前后一致、因果逻辑、抽象、清晰、人称等要素；相反地，电视则是短暂、片段、特定、具体和戏剧性，且它的意义来自对比、矛盾、'符号的并置'（juxtaposition of signs）与口语及视觉的逻辑。"②在尼尔·波兹曼看来，电视甚至在根本上是文字文化的颠覆者："电视无法延伸或扩展文字文化，相反，电视只能攻击文字文化。如果说电视是某种东西的延续，那么这种东西只能是19世纪中叶源于电报和摄影术的传统，而不是15世纪的印刷术。"③

那么，电视为什么要按照说话——人际交流的方式组织自己的叙述呢？按照媒介进化论的观点，这是人类的自然选择，简单地说是因为人际传播在所有的传播模式中效果最好。利用电视的即时传播的特性以及利用多种通道传递多种符号的能力，电视新闻在传播模式上已经能够最大限度地接近人际传播这种模式，这种模式和效果正是电视所独有的，同时也是其他媒介所无法达到的。当一个新闻节目开始的时候，总是由主播向你问好，引出事件，与现场记者交流情况，对当事人进行采访。总之，这一切信息的传递，都是在人与人的交流中展开的，尽管是以变动的现场画面作为核心，但它必须包裹在一个类似于人际传播的系统之内。它实现的效果正像一个人把你带到他所要告诉你的实物面前，细细地向你解释其来龙去脉，它是一种人际传播的拟态，或者说是拟人际传播。"电视就像是理所当然的日常语言，它有助于了解人类如何建构周围世界。事实上，正因为'电视论述'与口语类似，我们才会有兴趣研究电视在社会中所扮演的传播角色。"④

当然，电视传播还是人际传播的拟态。之所以称"拟"，是因为电视的说话还是单向的，不可逆的，在主播和记者向观众说话时，观众是没法向他们说话的。尽管非常投入的观众在主播说"各位观众晚安"的时候也会在心里祝愿主播晚安，但无论如何这位主播是无法听见的。从这个意义上讲，电视还是传播（单向的），而不是交流（双向的）。它接近于面对面的传播。之所以称为人际传播的拟态，是因为种种符号，无论是语言符号还是非语言符号，都被包含在一个"我"向你"说"的人际交流状态中。对于电视而言，这意味着如果没有语言，非语言符号是难以理解的；而如果没有非语言符号，语言是非常干涩的。但这种过程缺乏一个即时回馈的方面，因而还只能是一种"拟态"。数字技术对于符号的整合能力还在加强。我们可以通过短信、电话、邮件的方式对电视传播的效果进行反

---

① 费斯克，哈特利.解读电视［M］.郑明椿，译.台北：台湾远流出版社，2002：8.
② 费斯克，哈特利.解读电视［M］.郑明椿，译.台北：台湾远流出版社，2002：8.
③ 波兹曼.娱乐至死［M］.章艳，吴艳莛，译.桂林：广西师范大学出版社，2004：110.
④ 波兹曼.娱乐至死［M］.章艳，吴艳莛，译.桂林：广西师范大学出版社，2004：110.

馈，但这只是另外一种补偿，在电视利用影像、文字、声音向你传播信息的过程中，你无法用同样的符号向传播者传递信息，它是不可逆的。

数年前，已有研究者非常明确地指出，电视传播的本质是人本化。"电视的本质是实现人本化传播，作为电视产生的本意，电视纪实发展的每一个进步都体现了人们利用技术的手段向人本性的回归。"①的确如此，但我们更加关心的是，电视人本化传播的具体实现方式是怎样的。前面的分析已经表明，正是在这样一种类似于人际传播的模式中，电视传播实现了人本化，因此，"拟人际传播模式"构成了电视人本化传播的实际内容。

电视并不完美，人类对于传播自由和传播效果的追求继续前行，在以互联网为基础构筑的信息社会中，我们已经看到了人类传播的第四次高峰在云端展露的峥嵘。网络解决了电视在超越时间上的瑕疵，它可以随意地读取信息，人类可以通过虚拟空间自由地穿越时间，同时，它又是双向互动的，可以实现远距离的双向的人际交流。无论是对时间还是对空间的跨越，互联网都达到了之前的媒介所无法企及的高度。

而从符号层面来看，互联网时代的传播符号发生了巨大的改变，仅从文字的变化来看，赛博空间中的文字成为超文本（hypertext），一行文字的所指变成了另外的一篇文档、图片或是影像，它从一种语言符号摇身一变，兼具了"指引符号"（index）的功能。这样的变化才刚刚开始。不过在影像等非语言符号传播方面，至少在目前，网络还无法超过电视，这也许是电视不会在网络时代消亡的原因，"一种新媒介的出现并不意味着旧媒介的消亡"，麦克卢汉早已对此先知先觉。

---

① 殷乐．现代电视纪实的发展轨迹——传播的人本化［M］// 朱羽君．现代电视纪实．北京：北京广播学院出版社，2000：378.

第十章　网络：全球连接与虚拟世界

巴芬岛，加拿大第一大岛，该岛大部分位于北极圈内。在极地苔原上，有一望无际的雪原及坚冰覆盖的海岸线，北极熊出没其间。这里是观测极光的绝佳地点，在漫长的极夜里，极光是世上最动人的风景。

在岛上沿岸地区，世代生活着爱斯基摩人，他们更愿意称自己为"因纽特人"。这个世界上最大的原住民自治区，名叫纽纳瓦特，在因纽特语中的意思是"我们的土地"。他们的祖先4 000年前来到这里，以渔猎为主的生活方式延续至今。与2 000公里之外那些喧嚣的城市相比，这里完全是另一个世界，不过令人吃惊的是，这里是加拿大互联网最发达的地区。

岛上超过一半的居民家庭都接入了互联网，为加拿大任何一个别的城市所不及。或许在世界上其他任何地方，互联网在居民生活中所起的作用，都不像在纽纳瓦特这么重要。政府有自己的网站，在专门的网页上可以读到因纽特人的历史。医生借助摄像机为病人做检查，哪怕病人远在离其首府伊卡鲁伊特1 480公里以外的地方，仍可以通过专业电子摄像机得到专家的急救。在这里出生的孩子，5岁起便开始上计算机课，只要一触及信息技术，天生好吵闹的孩子们便马上安静下来。他们通过网络浏览世界各地同龄人的照片，在教师的帮助下，写下平生第一封电子邮件："我们生活在美好自由的国度纽纳瓦特，您什么时候会来我们这里做客呢？"

这是当今世界网络化生存的极致景象。当以最原始的方式生活在极地的人们都被纳入互联网编织的虚拟世界之时，人类就已经进入以互联网命名的全新时代。

第一节　互联网发明的契机与背景

一、"史泼尼克"危机

这是一本2007年出版的美国中学读物——《史泼尼克号太空探索》的电子版。书的一开始写道：1957年10月4日，星期五，天光像往常一样亮起。数百万美国人黎明即起，在家里享用早餐。他们早餐时谈论的内容跟往常也没有太多不同。

然而这一切很快就将改变。就在这一天莫斯科时间的晚上22点28分，在苏联的拜科努尔航天中心，三节捆绑式R-7运载火箭腾空而起，将人类第一颗人造地球卫星送入太空。这颗卫星名叫"史泼尼克"，是旅行同伴的意思。它离地18 000英尺，每96分钟绕地球一周。这本50年后出版的中学读物中说：很多美国人声称第二天就听到了这颗卫星从天空发射出来的"滴……滴……"声。

在当时的苏联，"史泼尼克"并没有吸引人们太多的注意力。就连最高统帅赫鲁晓夫的儿子在第一时间知道这一消息时，也只是觉得苏联在技术领域又取得了一项成绩，就像造出一架新客机或建成第一座核电厂。苏联第一则关于"伴侣一号"卫星的官方消息非常简短,深埋在《真理报》中。直到两天后,相关消息才登上头条。

然而,在媒介更为发达的美国,"史泼尼克"却成为一场危机的名字。《纽约时报》指出,这颗卫星重83公斤,比美国准备在第二年初发射的卫星重8倍,这让包括总统艾森豪威尔在内的美国人感到震惊。《时代》杂志引用国际物理空间年美国轮值主席约瑟夫·卡普兰(Joseph Kaplan)博士的话说:"苏联人的这项成就无与伦比。"总统顾问、经济学家伯纳德·巴鲁克(Bernard Baruch)在《纽约先驱论坛报》上发表了公开信,题目是《失败的教训》,巴鲁克说:"当我们努力制造出新型汽车和更多小玩意儿时,苏联人正在征服太空……"

"史泼尼克"危机甚至在美国股市引发了小股灾。

在接下来的几周时间里,"史泼尼克"成为美国人早餐时间必谈的话题。然而,经历了"史泼尼克"时刻的美国人不会想到,此后的半个世纪人类将经历什么样的变迁。如今在 iPad 上读到这本《史泼尼克号太空探索》的中学生们,也很难想到 50 年前的故事与自己所处的时代有什么样的关联。

二、"阿帕"成立

没有永恒的敌人,也没有永恒的朋友。

20 世纪中叶,第二次世界大战的硝烟刚刚散去,美苏两国因意识形态的不同,更因为争夺世界霸权的需要,由昔日的盟友转而成为剑拔弩张的仇敌。

1947 年 3 月,美国"杜鲁门主义"出台,苏联半年后就在社会主义阵营中成立"情报局"。

1947 年 6 月美国推出援助西欧的"马歇尔计划",7 个月后苏联就建立了"经济合作互助委员会"。

1949 年美国在军事方面建立了北大西洋公约组织,苏联则在 1955 年组织成立了华沙条约组织。

第二次世界大战期间,美国已成功研制原子弹。苏联则在 1949 年 8 月爆炸了第一颗原子弹,紧随美国成为世界上第二个拥有核武器的国家。1953 年和 1954 年,美国和苏联先后成功爆炸了比原子弹更具威力的氢弹。核战争的阴云一时密布于两个超级大国上空。

在史泼尼克一号升空之前,美国一直认为自己在导弹和航天领域占据领导地位。但史泼尼克的成功发射意味着苏联有能力从太空将核武器投射到世界上任何地方,这令美国芒刺在背。对美国而言,国防指挥系统和控制系统的安全问题成为国家安全的最大隐忧。

在经历了"史泼尼克时刻"之后,时任美国总统的艾森豪威尔在 5 天之后的记者招待会上说:"我已一再强调我对国家安全的担心。"

要真正解决国家安全危机，必须保证美国拥有全世界最尖端的军事技术。1958 年 1 月 7 日，艾森豪威尔正式向国会提出建立"国防高级研究计划署"，简称"阿帕"。这个机构最初的工作重心是太空开发及最新战略导弹研究，后来研究领域渐渐拓宽，承担起探索未来技术发展、确保美国技术优势的任务。

5 天之后，国会的资金就拨了下来。这个刚刚成立的科研机构获得了 520 万美元的拨款及 2 亿美元的项目总预算，相当于当时中国国家外汇储备的 3 倍。

按照美国的法律和政策，联邦政府的重大投资项目不由政府包办，而是必须发包给民间，这样的做法，避免了政府部门的腐败和浪费。具有浓厚国防色彩的"阿帕"自然也不例外，它要进行的国防科研计划全部由大学或公司承担，这个军事研究机构由此变身成为慷慨的创新基金。

1965 年，鲍勃·泰勒（Bob Taylor）成为"阿帕"的核心部门——信息技术处理办公室的第三任主任。上任不久，泰勒便拿到了 100 万美元的研究经费，他并不知道，这将带来一个全新的伟大事物的诞生。

第二节　互联网的发明与拓展

一、联网的想法

现在居住在硅谷的泰勒一家房中没有移动电话、复印机、传真机和扫描仪，他的生活与如火如荼的数字世界似乎毫无关联，但是，在他家里可以俯瞰整个硅谷。

因为对互联网的前身——阿帕网、个人电脑和计算机网络等现代计算机技术的发展富有前瞻性的领导，泰勒获得了 1999 年年度美国技术奖章，这是国家最高荣誉，由当时的总统克林顿亲自颁发。但泰勒不愿出差到华盛顿，他说："我这辈子出差已经出够了，现在只想待在家里，实在不愿再出门。"他的理由居然被接受了，最后由他当年在"阿帕"的老上级赫兹费尔德（Herzfeld）替他从克林顿手中领过了奖章。

泰勒负责的信息技术处理办公室的前身是命令控制研究所，更名之后，这个机构一直关注着电脑图形、网络通讯、超级计算机等领域的尖端课题。泰勒的办公室位于五角大楼的三楼，紧挨着国防部部长的办公室。泰勒的办公室有一间里屋是终端室，里面摆放着三台终端，型号都不相同，分别与 3 台主机相连。一台主机远在麻省理工学院，一台远在加州伯克利大学，一台位于加州圣莫尼卡市。三个终端互不兼容，各有各的程序语言、操作系统和上机步骤。

在泰勒看来，三台大型计算机不能相互进行信息交流，这对联邦经费是个极大的浪费。与此同时，使用"阿帕"经费的研究人员对计算机功能的需求越来越大，而当时的计算机是非常昂贵的，一般每台都在 50 万美元以上，甚至要好几百万美元，而且相互不兼容。一个站点的研究人员无法共享另一个站点的计算机资源，除非把机器挪过去。显然，唯一的办法只能将这些互不相干的计算机连接起来。

这种把计算机联结起来的想法并非泰勒的一时灵感。

1946 年 2 月 14 日，世界第一台电子计算机 "埃尼阿克"（ENIAC）在美国宾西法尼亚大学问世。这台为计算弹道而研发的机器并未在战场上使用，但它开启了电子计算机的历史，并为 30 多年后互联网的诞生奠定了第一块基石。

正是在计算机技术及与之关联的硅技术和微加工技术的基础上，人类关于未来技术发展方向的探索才变得越来越明朗。1945 年 7 月，参与发明第一台计算机的万尼瓦尔·布什（Vannevar Bush）在大西洋月刊（*The Atlantic Monthly*）第 176 期第 1 卷上发表了著名的《诚如所思》一文，他在文中假想了这样一台机器，"一种机械化的私人档案馆及图书馆""可以任意地由一条信息立即自动选出另一条信息"，这就是影响深远的 "Memex"（记忆延伸）概念，此后的个人计算机、信息检索、超文本、超媒体、在线公用目录、全球网络及数字图书馆等技术发展方向都在此基础上产生。

万尼瓦尔提出这一概念并非偶然。第二次世界大战以后，科学界对于理解通讯科学显示出极大的热情，一个由科学家、数学家、工程师和社会科学家组成的群体，对探索通讯过程产生了浓厚的兴趣。一些研究者组成跨学科的研究团体，半年或一年集会一次，其中最知名的是 "梅西基金会控制论会议"，从 1942 年到 1953 年共举行了 10 次，科学家们不仅对通讯和交流进行研究，更致力于如何推动有益的实践。

二、"分布式"与"包交换"

1966 年 2 月，有了联网想法的泰勒前去面见 "阿帕" 的主任赫兹费尔德，建议由 "阿帕" 出面创建一个小型的试验网络，先将 4 台主机连接起来，然后再逐步扩大。泰勒讲得很简练，其中最能打动赫兹费尔德的，恐怕就是网络的可靠性：一旦建成了这种由多条通道构成的通讯系统，即使发生了战争，即使某个节点被核武器炸毁，国防部下达的命令仍然可以通过其他节点传送，军事通讯依然畅通无阻。

一向大方的赫兹费尔德马上拨给他 100 万美元。泰勒回忆说："不到 20 分钟，他就从不知什么人的户头上拨出 100 万美元给我，并对我说，'太好了，干吧！'"

但光有钱是不够的，泰勒还需要找到一个能够完全领会他建立网络的思想，并且能够把这一思想贯彻到底的、优秀而有远见的电脑工程师。

在泰勒心中，此人非拉里·罗伯茨（Larry Roberts）莫属。

年方 29 岁的罗伯茨是麻省理工学院的林肯实验室高级研究员。他靠自学计算机技术，为林肯实验室最先进的电脑 TX-2 编了全套的操作系统程序，被人认定是计算机的天才。

1965 年 10 月，罗伯茨曾主持过一次具有历史意义的电脑远程联网实验。他以电话线传输和声音调制方式，将麻省理工学院一台 TX-2 小型电脑成功地连接到千里之外的加州圣莫尼卡，与另一台 Q-32 大型计算机实现了远程通讯。这是人类第一次实现远距离的两种不同电脑之间的联网。而这正是泰勒所需要的。

当泰勒专程到位于波士顿的林肯实验室请罗伯茨的时候，罗伯茨的态度却不那么积极。条件是够优厚的了：罗伯茨可以有足够的钱来"自行其是"，并且有可能在未来担任 IPTO 办公室的主任。但是，他的回答只是"让我再想一想"。

几个星期后，泰勒再次请罗伯茨出山，而得到的回答却更加明确：林肯实验室的工作已经够令人满意了，没有必要去华盛顿。

在此之后，泰勒几乎每两个月就要给罗伯茨打一次电话，苦口婆心地劝他为国家效力，但罗伯茨仍然不为所动。

"1966 年的一年里，我都在挖空心思，想让罗伯茨改变想法，但我屡屡失败。"泰勒回忆说。

泰勒不是个轻易认输的人。屡遭拒绝后，泰勒使出了"杀手锏"——向"阿帕"主任赫兹菲尔德求援："你不是掌握着林肯实验室的经费吗？难道你就没有办法让拉里来为我们工作？"赫兹菲尔德听后立即拿起电话，不一会儿就笑着回答："让我们等着瞧吧。"

两个星期之后，罗伯茨进入"阿帕"履职。几个星期后，年仅 29 岁的他那种废寝忘食、近乎工作狂的精神便已广为同事所知。据说他曾深入研究被称为拜占庭的五角大楼的五环地形，用秒表计算出五角大楼各办公室之间最快捷的路线。

罗伯茨面临的首要任务就是筹建计算机网络。罗伯茨要解决的关键问题在于：网络应该有哪几个节点？网络应该如何互联？节点之间怎样通信？如何解决网络节点计算机的不兼容问题？网络应不应该支持交互式计算？等等。其中，最关键的在于如何解决网络的布局，并找到数据通信交换的关键技术。

在接下来将近一年的时间里，罗伯茨并没有找到解决方案，直到 1967 年 10 月，在美国田纳西州召开的计算机装备协会研讨会上，他和"阿帕"的同事第一次听到了"信息包交换系统"。

罗伯茨听说的"信息包交换系统"来自英国国家物理实验室物理学家戴维斯的工作小组，按照这种设计，戴维斯已经建立了一个实验性的网络。由于经费的限制，戴维斯建立全国性网络的设想还无法实施。

罗伯茨从英国人口中还听说了一个人——保罗·巴兰（Paul Baran），当他们回到华盛顿时，才发现巴兰的论文早就躺在办公桌上，上面已布满了灰尘。

保罗·巴兰是兰德公司的一名研究员，兰德公司这一机构以研究军事尖端科学技术和重大军事战略著称于世。20 世纪 60 年代初，核战争中的军事信息安全让美国国防部的大佬们头疼不已。传统的中央控制式通信网络是标准金字塔结构，一旦指挥系统被摧毁，整个通信网就会万劫不复。兰德公司受命研究这一课题。

1962 年，巴兰构想出一种"渔网"状的网络，"渔网"的每一节点都有多条道路与其他节点相连，这样，网络中的任何一点被破坏后，都不会影响到整个网络的正常工作。巴兰把它称为"分布式网络"。

在此基础上，巴兰进一步设想，分布式网络的通讯可以把传送的信息切分为被称作"信息块"的较小单元，每个信息块自动选择网络中可以走得最快的"道路"传输，一旦所有的"块"都到达了目的地，就重新编排恢复成原来的信息。

巴兰并不孤独。在他进行研究的同时，英国物理学家戴维斯正在进行相似的研究。1965 年 11 月，戴维斯构想出了被称作"信息交换系统"的数据通信网络，4 个月后，当他在一次公开演讲中描述了自己的构想后，一位国防部的官员告诉了他保罗·巴兰的研究。几年后与巴兰碰面时，戴维斯说："可能是你先有了这个构想，但我为它取了名。"

实际上，在巴兰提出"分布式网络"理论半年之前，麻省理工学院的伦纳德·克兰罗克（Leonard Kleinrock）博士已发表过一篇类似的理论文章。三位科学家，在三个不同的地方，在互相完全不知情的情况下竟然得出了完全相同的结论：远距离网络通信必须通过"包交换"来实现。互联网的布局方案与核心技术初见曙光。

分布式网络不仅奠定了互联网的结构基础，还将深远地改变以互联网命名的时代的社会结构。正如阿帕网从一开始设计时就是要改变传统军事指挥系统的金字塔结构一样，当互联网成为信息社会的结构基础以后，整个社会的结构方式也必然从以前的金字塔式变为越来越扁平化的结构，正如弗里德曼所说："一切都是平的。"

三、第一次连接

当"分布式"和"包交换"进入罗伯茨的锦囊之后，计算机网络的基础奠定了。罗伯茨开始将关于网络的构思付诸实施。他首先要把加州大学洛杉矶分校、斯坦福研究所、加州大学伯克利分校以及犹他大学连接起来，以后再从这个核心出发，连接圣莫尼卡的系统 SDC、密执安大学和伊利诺斯大学，然后再与麻省理工学院的马克项目、哈佛大学和位于匹兹堡的卡内基大学相连。

1968 年 6 月，罗伯茨向"阿帕"递交了"资源共享的电脑网络"设计报告，很快就获得了肯定，不到 20 天，"阿帕"就拨付了 50 万美元予以支持。

然而，要在两台遥远的主机之间建立顺畅的连接，每台主机还需要一台连接主机和网络输送线之间的小型计算机，来完成主机之间的信号交换，这就是后来被称作小精灵的批处理机。在罗伯茨递交设计报告的两个月之后，建造批处理机的招投标程序正式启动。

一年以后，第一台小精灵运往加州大学洛杉矶分校，它的大小相当于一只冰箱，重900 多磅，装在战舰那种灰色的钢制箱子里。第二台小精灵在一个月后被送达斯坦福研究所。随着两台处理机安装到位并与主机连接，两个节点的网络形成了。

1969 年 10 月 1 日，斯坦福大学和加州大学洛杉矶分校的计算机将进行首次连接。试验的第一步是要让洛杉矶操作人员把登录命令（英文是五个字母 LOGIN）传送到斯坦福的机器上。从麻省毕业后来到加州大学任教的克兰罗克教授命令他的助手查理·克莱恩（Charles Kline）坐在终端前，戴上头戴式耳机和麦克风，通过长途电话随时与斯坦福大学的终端操作员保持密切联系，以确认在包交换技术基础上建立的分布式网络的传输效果。

22 点 30 分，克莱恩怀着激动不安的心情，准备在第一次联网时传输一个单词：LOGIN。他在键盘上敲入第一个字母"L"，然后对着麦克风喊："你收到'L'了吗？"

"是的，我收到了'L'。"耳机里传来对方操作员的回答。

"你收到 O 了吗？"

"是的，我收到了'O'，请再传下一个。"

克莱恩没有迟疑，继续键入第三个字母"G"。然而，仪表显示传输系统突然崩溃，通讯无法继续进行了。世界上第一次互联网络的通讯试验，仅仅传送了两个字母"LO"！但它已足够成功地成为网络连通的历史性时刻。

克兰罗克幽默地说，根据语音判断，"LO"可以代表"喂"（Hello），是我们向斯坦福大学致意和问候。这是人类通过互联的计算机向世界发出的第一声问候。

这一年年底，加州大学圣芭芭拉分校和盐湖城犹他州立大学的大型计算机主机加入网络。4 个节点采用包交换技术，通过专门的通信交换机和专门的通信线路连接起来，阿帕网正式投入运行。

四、成功的基础

作为最尖端的科研成果，阿帕网的成功建立并非偶然，它根植于美国第二次世界大战以后科技迅猛发展的沃土。

1945 年 7 月 5 日，万尼瓦尔·布什（Vannevar Bush）向刚刚就任的美国总统杜鲁门提交了研究报告《科学，无尽的边疆》。这就是著名的"布什报告"。作为罗斯福总统的科学顾问，万尼瓦尔·布什于 20 世纪 40 年代早期组织和领导了制造第一颗原子弹的"曼哈顿计划"。其后，他先后参与了从氢弹的发明、登月飞行直到"星球大战计划"的众多重大的科学技术工程。

在报告中布什说，为了向疾病作斗争、为了国家的安全、为了公共的福利，就必须依赖科学的进步，而科学的进步，即新知识的获得，只有通过基础科学研究。他因此建议美国政府大力支持科学研究，而且政府不需自己设立研究机构，只需提供研究经费，让大学和私人企业依照研究表现来竞争政府的研究经费。

布什提出一个对美国科研发展至关重要的原则，那就是国家尽最大可能的力量支持科学研究的同时，却不能以损害科学家的独立地位为代价，因为他一贯认为"不戴枷锁"的科学家才能自由地思考并创造出新的知识。

5 年之后，布什的设想得以实现，美国成立了国家科学基金会（NSF），政府提供的科学研究经费大幅增加，一批批杰出的研究成果随之涌现，美国很快成为全球科技头号强国。

而能够让美国科技真正腾飞的，是全世界高端人才前所未有的汇聚。

历史的原因使美国成为全人类的科学高地。早在 1930 年代和 1940 年代，美国从逃离欧洲特别是纳粹德国的难民中挑选了 3 000 多名科学家，他们在第二次世界大战时期美国研制原子弹的过程中发挥了突出的作用。第二次世界大战后，美国政府根据国内外形势需要，颁布了影响深远的《1952 年外来移民与国籍法》，其中有关吸引外来人才的原则规定，具有突出才能的移民占每年入境移民的 50%。

全球人才中心从欧洲向美国转移，高端人才移入美国的浪潮与大西洋的海浪一样汹涌澎湃。在欧洲前往美国的移民中，技术类移民之多，以至于英国政府惊呼其"人才流失"，认为在 1952 年至 1961 年，每年永久性地迁出英国的专业技术人才相当于英国每年授予博士学位人数的 17%。在 1961 年至 1966 年英国流失的工程师和科学家达到 2.67 万人，相当于 1964 年至 1966 年每年新增科学家和工程师的 31%，其中在 1966 年高达 46%。

科技的发展，人才的汇聚，为阿帕网这类科研成果的诞生提供了最好的孕育环境。

五、阿帕网

在美国，凡政府出资的项目，都因体现着纳税人的权利而必须由纳税人分享。这意味着本属于军事科研项目的阿帕网，国防部门也不能将它据为己有。外部的计算机因此可以联上这一网络，阿帕网被越来越多的人使用和共享。

到 1971 年，阿帕网连接了 15 个网络节点，开发小精灵的 BBN 公司、麻省理工学院、兰德公司以及哈佛大学相继接入，科学家们开始使用系统进入数据库，并能彼此交流信息。1972 年，阿帕网向国际计算机通信大会作了精彩演示，初次亮相的阿帕网名声大噪，此后，平均每 20 天便有一台新的计算机上网。1973 年，阿帕网首次跨过大西洋，利用卫星技术与英国和挪威实现了连接。

在世界范围的联网高潮中，美国军方开始担心军事机密的安全问题，1983 年，美国军网建立，阿帕网则变为以科研教育的民用目的为主。两年以后，美国国家科学基金会建立了"国家科学基金网"，把已经建立的各种网络连接起来，并大规模扩充各主要洲际站点的中枢，成为美国因特网的主干网。除科研机构和教育机构以外，美国的政府机构如国家航空、航天局和能源部，以及其他国家的一些组织和机构也加入进来。因特网这一名称正是在这一基础上于 1986 年被正式使用的，其"网间网"（Internet）的含义表明：这是一种把不同的计算机局域网和广域网互联在一起的网络。

1990 年，随着最后一个站点被撤销，阿帕网退出了历史舞台。此时，全世界已有大约 30 万台主机、900 个网络互联在一起，它们构成了当今互联网的雏形。由一个在核战争中免受毁灭性打击的系统，阿帕网最后竟成了和平条件下的民用交互通信网。它"由于自己的成功，而成了一种快乐的牺牲品"。

六、同一个协议

在阿帕网运作之初，通过接口信号处理机实现互联的电脑并不多，大部分电脑相互之间并不兼容，在一台电脑上完成的工作，很难拿到另一台电脑上去用，想让硬件和软件都不一样的电脑联网，也有很多困难。当时美国的状况是，陆军用的电脑是 DEC 系列产品，海军用的电脑是 Honeywell 中标的机器，空军用的是 IBM 公司中标的电脑，每一个军种的电脑在各自的系统里都运行良好，但却有一个大弊病：不能共享资源。

当时科学家们提出这样一个理念："所有电脑生来都是平等的。"为了让这些"生来平等"的电脑能够实现资源共享就得在这些系统的标准之上，建立一种大家必须共同遵守的标准，这样才能让不同的电脑按照一定的规则进行"谈判"，并且在谈判之后能"握手"。

1970 年 12 月，最初的通信协议——由罗伯特·卡恩（Robert Kahn）开发、温顿·瑟夫（Vinton G. Cerf）参与的"网络控制协议"（NCP）制定出来了，但要真正建立一个共同的标准很不容易，1972 年 10 月国际电脑通信大会结束后，科学家们都在为此而努力。

1973 年，加州大学的卡恩与瑟夫在已有网络通信协议的基础上，制定出一个新的"传输控制协议"，即 TCP/IP 协议。这一协议可以协调不同计算机之间的信息传递，发现中继错误，整理网址，完成信息传输任务。

在制定传输控制协议的一次试验中，从美国出发的信息包通过点对点的卫星网络，横越大西洋到达挪威，再从挪威通过陆地电缆到达伦敦，贯穿欧洲，再通过卫星网络和地面传输，传送回美国。传输期间经过各种电脑系统，全程 9.4 万英里竟然没有丢失一个数据，如此远距离的可靠数据传输证明了这一协议的成功。

1983 年 1 月 1 日，TCP/IP 协议成为因特网上所有主机间的共同协议，成为直到今天在开放系统下所有网民仍然遵循的基本规则。在这一协议的约束下，数十亿信息包每时每刻都在进行"瞬息千里"的传递，从不间断，而且完全自动进行，无需人的干预，这不得不说是信息传输的一个奇迹。

在美国的因特网不断扩容的同时，其他国家的大学和科研机构也齐头并进，开始建设自己的广域网。这些网络之间通过 TCP/IP 协议这个灵活的翻译者而得以兼容连通，它们最终构成互联网在世界各地的基础。

1987 年 9 月 14 日的一个晚上，北京计算机应用技术研究所里，十几个人围在一台德国制造的西门子 7760 大型计算机旁，他们的任务是发送一封电子邮件，内容以英文、德文两种文字书写，中文直译为"跨越长城，走向世界"。

这个小组的负责人是王运丰，还有一位来自德国卡尔斯鲁厄大学的专家维纳·措恩（Werner Zorn）。经过一番调试，技术小组在北京的计算机应用技术研究所搭建了邮件服务器节点。但第一次发送却因为服务器上的一个数据交换协议存在漏洞而失败。

在第一次发送失败的 6 天后，技术小组修补了漏洞，第二次试发邮件。

1987 年 9 月 20 日 20 点 55 分，这封邮件终于穿越了半个地球到达德国。这便是中国互联网在国际上的开山之笔。据粗略估算，发送这封邮件的费用将近 50 元人民币。

1990 年 11 月 28 日，中国学术网（CANET）在美国的国际互联网中心正式注册了中国的顶级域名 CN，标志着中国网络在国际上有了自己的位置。

1994 年 4 月，中国科学技术网（CNNET）第一次实现了与国际互联网的全连接，成为我国第一个与国际互联网连接的网络，标志着中国成为世界网络大家庭中的一员，并成为第 77 个接入全功能互联网的国家。

七、献给所有人

欧洲原子核研究会粒子实验室（CERN），位于瑞士日内瓦城地下，是一个直径 17 英里的圆环。在这个圆环中，粒子被加速到接近光速后与其他粒子撞击，物理学家们通过这种撞击的结果来了解我们所存在的这个物质世界的本质。

20 世纪 80 年代末，一位名叫蒂姆·伯纳斯·李（Tim Berners Lee）的英国软件工程师再一次来到 CERN，用他自己的话说，是"回到了这里"，他面临的任务是帮助实验室的物理学家们更好地处理信息。在 CERN 中，太多的信息让物理学家们在获取必要的信息和处理过多的信息时感到非常棘手。蒂姆用了一年多的时间解决了这一问题，物理学家们难以想象的是，他提供的解决方案远远超出了他们的需求，直接导致了互联网历史性时刻的来临——万维网的诞生。

而更让人难以想象的是，这一切的发生，竟然是因为蒂姆的记忆力很差。比如，他经常记不清人的姓名和面容。他说："我需要一个软件来使我更有条理，来保持对事情的记忆。"1980 年，他自己编写了这样一个程序，这时他正在 CERN 参加课题论证工作。几年后再次来到这里时，让他触动的是，这个庞大的实验室竟然也面临着跟自己一样的记忆难题。

CERN 的研究极为复杂，人员流动性又极大，这让保持文件记录的连贯性成了极为艰巨的任务。1989 年初，蒂姆坐在一台电脑前，开始致力于解决这一难题，他写出了一份字斟句酌的建议，这份建议将会使世界发生改变。

　　蒂姆提出用超文本的方式来解决 CERN 的难题，他写道："使超文本系统和现有的数据结合为一体，以便提供一个通用的系统，并尽早达到实用的程度。"

　　1989 年 12 月，蒂姆将他的发明正式定名为 World Wide Web，这就是我们熟悉的WWW，也就是俗称的万维网。

　　1990 年 11 月，蒂姆编写出一个名为"浏览器"的程序，这是一个虚拟的"窗口"，用户可以通过它看到互联网上各种资源链接而成的"网页"。它使大量毫不相干的信息变成了一个互联的统一体。

　　在蒂姆发明万维网之前，人们要访问互联网得使用 MS-DOS 系统，要进入网络必须具有技术知识和昂贵的工具，这使得互联网成为计算机专业人员的独占领域，普通人很难进入。

　　蒂姆的万维网降低了互联网的门槛。他开发的超文本浏览器不仅可以让人们看到互联网上的内容，还可以在阅读文件时直接与其他文件进行链接。为了确保世界上任何地方任何一台联网的计算机上的公开信息都能通过这种浏览器来访问，蒂姆又制订了一整套协议，包括 URL（统一资源定位器）、HTTP（超文本传输协议），并发明了构造文件的统一方法，即 HTML（超文本标注语言），这些发明简单易懂，普通人都能轻松掌握。

　　从概念的提出，到编写浏览器和服务器程序，再到制订各项协议，蒂姆仅用一年多的时间，便完成了万维网创造的全过程。1991 年 5 月，万维网在因特网中首次露面，立即引起轰动，迅速在世界范围内推广应用。

　　普通人可以共享共用的互联网真的诞生了。

　　《数字化生存》一书的作者尼葛洛庞帝（Nick Negroponte）认为：1989 年是因特网历史上划时代的分水岭。万维网技术给因特网赋予了强大的生命力，网页浏览的方式给了互联网靓丽的青春。

　　如果说当初分布式网络奠定了互联网及这个时代的结构基础，那么超文本链接则具体地让每一个个体便捷地连接起来。连接，与他人的连接，与整个世界的连接，必然性地改变了互联网时代的价值坐标，人与人之间连接关系的重要性远远大于单个个体的重要性，群体至上开始替代工业时代以来甚嚣尘上的个人主义、个性主义，成为这个时代价值判断的新标准。

　　为了让所有人不受限制地使用互联网，尽管意识到 WWW 具有无限的商业价值，蒂姆仍然放弃了为"WWW"申请专利，把自己的研究成果无偿向全世界开放。

　　如果蒂姆为万维网申请专利，他将是世界最富有的亿万富豪。1992 年，也就是著名的网景公司发明的浏览器尚未问市之前，蒂姆和他的研究伙伴曾向欧洲权威的律师咨询，考虑销售网络浏览器软件，但他最后放弃了这个决定。因为蒂姆当时预见到一旦他的浏览器软件问世，势必引起网络软件大战，使国际互联网陷入割据分裂。蒂姆个人失去了天价财富，却让互联网成为全人类的福音。

蒂姆说："事实上，我已经对以何种方式度过自己的一生做出了一些相当清醒的决定……我所受教育的核心是这样一种价值体系，即把金钱的得益放在恰当的位置，放在诸如去做我真正想做的事情的后面。"

因无偿把万维网开放给全世界，蒂姆赢得了世人的尊重。他被评为 20 世纪最杰出的100 位科学家之一，人们在介绍他的个人成就时说："很难用语言来形容他的发明在信息全球化的发展中有多大的意义，这就像古印刷术一样，谁又能说得清楚它为全世界带来了怎样的影响。"

今天，人们只需要键入 WWW，就可以非常便捷地在互联网世界遨游，这一切都拜蒂姆所赐。在他波士顿的家中，蒂姆的妻子和两个孩子跟所有人一样，享受着互联网带来的快乐。

2012 年 7 月 27 日，伦敦奥运会开幕式上，"万维网之父"蒂姆隆重登场，在全世界的注目下，他在一台老旧的 NeXT 电脑上敲击着键盘，通过现场大屏幕打出了"This is for everyone"（献给所有人）的字样，"感谢蒂姆"的环节赢得了全场的掌声，也赢得了全世界的喝彩。

第三节　互联网带来的改变

一、虚拟世界

新事物的出现，总是超越我们既有的经验和逻辑，让智慧的人类对未来发生不可避免的错误判断。电话发明时，邮政业发达的英国拒不接受，美国人倒是接受了这一新鲜发明，但美国一个市长在展望未来时说："100 年之后我相信每个城市都会有一部电话。"让汽车走进普通人家庭的福特曾称，人们需要五颜六色的汽车，但我们福特只生产黑色的。而曾在 IT 业呼风唤雨的 IBM 曾放言，世界上只需要 5 台电脑。

互联网开启和创造的一切，更早已超出人类的想象。

在短时间内，互联网成长为一个辉煌的"年轻人"。他在全球范围内席卷了 10 亿台个人计算机，此外还有 27 亿部手机、13 亿部固定电话、2 700 万台数据服务器和 8 000 万台掌上电脑被卷入其中。被他迷住的互联网用户数已超 20 亿，相当于地球总人口数的30%；人们每月为这个迷人的"年轻人"投入的时间达到 350 亿小时，相当于将 400 万年的目光投注在他身上。互联网形成的地球外壳接入了 30 亿只人造眼，以远远超过三大男高音的 14 千赫高频运行，全球的 5% 电力都被这个它消耗。

在 21 世纪的第一个十年结束之际，互联网连接了全球 60 多亿人口中的三分之一，全球移动智能手机用户达 11 亿，互联网经济已占到全球 GDP 的 3.4%，而且还在不断地增长。互联网创造了一个所有人瞬间共在的数字世界，这个上天入海、遍布世界的虚拟网络，已经将人类栖居的地球变为瞬间互联的小小村落。

二、交流方式的改变

万维网带来的全人类信息共享让所有人为之欢呼，当我们用历史的潜望镜回望，这种强烈的情感释放根植于百万年来人类在进化过程中对信息自由传递的永恒追求。

互联网时代的到来，使迄今为止最大范围、最快速度、最自由的信息获取方式出现了。互联网几乎改变了以往的所有交流方式。

他让 244 岁的《大英百科全书》停止印刷；他让 305 岁的报纸广告营收被互联网广告超过；他让固定电话变为移动手机；他让文档存取从文件柜、贴标签变为云存储、多终端；他让信息传递从专业记者、专业媒体变为公民记者、自媒体；他让人与人之间的交往从面对面变为社交网络；他让教育从教室、阅读材料变为网络上的公开课堂；他让知识获得从查阅汗牛充栋的图书馆变为随处可得、实时更新、人人都是权威；他让摄影从专用相机、手动传输、冲洗照片变为手机拍摄、随时分享；他让黄页从纸质目录变为有评论、照片、推荐且易于搜索的网站；他让交通从查阅地图、广播路况变为数字地图、实时交通数据。他把过去令人牵挂渴盼的一封信变成今天每天围绕在周边的 Email、短信、微信；他把过去成为社区一景的老邮差变成今天满城飞奔的快递员；他把珍藏的唱片变成今天人们随意下载的 MP3 文件。他甚至让支撑他的计算设备朝生夕改，从台式机、笔记本变为平板电脑、智能手机，从键盘、鼠标变为触屏、声音。

自从这个名叫互联网的孩子爬上了人类舞台的中心之后，旧有的生活节奏全都不适应了，今天发明了这个，明天发明了那个，他创造了一个发明创造、更新换代的空前节奏，让日历都感到紧张。

如果我们把一天中的 24 小时作为一个单元，Facebook 可以产生 32 亿条评论和 3 亿张照片；Twitter 新增 2 亿条微博，约 50 亿个单词，而这个数字比《纽约时报》60 年的词语总量还多一倍；YouTube 可以上载 7 万小时的视频和获得 40 亿次的浏览量。到 2015 年，互联网上一秒钟传输的视频需要一个人花 5 年的时间才能看完。

这个虚拟的网络为人类堆出了一座信息、知识、智慧的珠穆朗玛峰，让我们高不可攀，但又必须攀登。

三、部落化生存

在滚滚流淌的人类历史长河中，人类从洞穴丛林中的原始部落，走向日出而作、炊烟袅袅的村庄，走向拥挤繁华、昼夜不息的都市，而当互联网把地球变成一个小小的村落的时候，人类是否又开始像地球村的提出者麦克卢汉所说的那样，重新走向部落化。可以肯定的是，我们再次像蚂蚁、蜜蜂一样聚合在一起，但不再是大迁徙、大航海、城市的脚手架那样物理聚合而成的群体；而是个性万千、自由分合、自组织自适应的关系部落。

在这个部落里，微博上的一条转发，微信上的一个留言，随手拍下的一幅街景，与宏大的社会建构似乎毫无关联，但未来世界就是如此建构起来的。每一个微小的努力和细微的个体，都是紧密连接的互联世界的有机组成部分；没有哪一个部分是置身网外的，也没有谁可以充当救世主。信息的公开透明，已经逐步让位于信息的流动。流动性，成为新时代、新世界的新哲学。

"当下午钟敲四下，世上的一切都为茶而停止。"对传统的英国人而言，茶就是生活方式。3 000万英国人每天每人平均喝7杯茶，每一个英国人在一年中要喝掉9磅半的茶叶，英国人夸口说，如果把英国人一年所喝的茶倒到一个湖里去，便能浮起30艘伊丽莎白邮轮那么大的巨轮了。下午茶是英国人一天当中最大的享受，从白金汉宫到普通家庭，下午茶都是不可动摇的生活段落与节奏。甚至在战场上，英国士兵们都有下午茶时间。英军战备口粮中包含咖啡，足够一个士兵在战争时刻喝杯下午茶缓解一下紧张的神经。

而现在，英国人的生活方式正被互联网改变，他们甚至愿意为了互联网放弃下午茶。今天，在英国人的生活中，13.5%的商品是在网上购买的，网上购物的比例大于任何一个主要经济体。即便是在经济不景气的今天，为维持宽带连接，65%的英国人表示宁愿放弃饮酒一年，76%的人表示愿意一年不吃巧克力，78%的人愿意一年不喝咖啡，即便如此，也要换取一年互联网的接入费用。

一个人所共知、共存、共享的互联网时代已经不可抑制地来临，我们每个人都已身在其中了。

四、网络人

我们的孩子还没有学会语言表达，却在所有屏幕面前试图触摸它，而男人、女人、富人和穷人都在这样点着。这个须臾不可离开的强大新事物，不仅让我们有了平均每天超过5小时以这样的姿势伸展着的双臂，而且有了一个被称为技术性病变的鼠标手。这是一种每100人中就会有5～10人患上的手部综合征，除此以外，互联网给人类的身体带来的姿势性病变还包括"键盘腕"和"屏幕脸"。

在曾经熟悉的生活中，每一种表情都与环境互为表里，表情中渗透着环境，环境支配着表情。然而现在，就在身边发生的表情，却属于遥远，它们被一个引力强大的远处世界牢牢牵系，被一个叫作互联网的庞大新生重新支配。

我们就这样不知不觉，又让人震惊地进入了新时代。

千百万年，人类一直生活在地球这唯一的家园中，然而，当人类进入互联网时代的时候，仍然栖居在地球上的人们都将不得不面临前所未有的困惑：我们将更多地生存在真实的、物理的地球之上，还是会更多地生存在虚拟的、数字的村落之中？

图书在版编目（CIP）数据

媒介史 / 崔林著. -- 北京：中国传媒大学出版社，2017.6（2023.4 重印）（广播
电视新闻专业"十二五"规划教材）
ISBN 978-7-5657-1999-8

Ⅰ. ①媒… Ⅱ. ①崔… Ⅲ. ①新闻事业史—世界—高等学校—教材 Ⅳ. ① G219.1

中国版本图书馆 CIP 数据核字（2017）第 115291 号

广播电视新闻专业"十二五"规划教材

媒介史

MEIJIE SHI

著　　　者	崔　林	
责 任 编 辑	姜颖映　司马兰	
特 约 编 辑	刘　英　魏　征	
封 面 设 计	杨　蕾	
责 任 印 制	李志鹏	

出版发行	中国传媒大学出版社			
社　　址	北京市朝阳区定福庄东街 1 号	邮　　编	100024	
电　　话	86-10-65450528　65450532	传　　真	65779405	
网　　址	http://cucp.cuc.edu.cn			
经　　销	全国新华书店			

印　　刷	艺堂印刷(天津)有限公司			
开　　本	787mm×1092mm　1/16			
印　　张	12.25			
字　　数	260 千字			
版　　次	2017 年 6 月第 1 版			
印　　次	2023 年 4 月第 5 次印刷			

书　　号	ISBN 978-7-5657-1999-8/G·1999	定　　价	42.00 元

本社法律顾问：北京嘉润律师事务所　郭建平

致力专业核心教材建设　提升学科与学校影响力

中国传媒大学出版社陆续推出

我校 15 个专业"十二五"规划教材约 160 种

播音与主持艺术专业（10种）

广播电视编导专业（电视编辑方向）（11种）

广播电视编导专业（文艺编导方向）（10种）

广播电视新闻专业（11种）

广播电视工程专业（9种）

广告学专业（12种）

摄影专业（11种）

录音艺术专业（12种）

动画专业（10种）

数字媒体艺术专业（12种）

数字游戏设计专业（10种）

网络与新媒体专业（12种）

网络工程专业（11种）

信息安全专业（10种）

文化产业管理专业（10种）

本书更多相关资源可从中国传媒大学出版社网站下载

网址：http://cucp.cuc.edu.cn

联系电话：010-65783601